PAUL ROBIQUET

HISTOIRE ET DROIT

2e SÉRIE

PARIS
LIBRAIRIE HACHETTE ET Cie
79, BOULEVARD SAINT-GERMAIN, 79

1907

HISTOIRE ET DROIT

DU MÊME AUTEUR

Droit constitutionnel comparé. La Constitution française de 1875, étudiée dans ses rapports avec les Constitutions étrangères. Un vol. in-8 de 400 pages. Paris, E. Thorin, 1876. En collaboration avec M. Bard, avocat à la Cour d'appel et actuellement Président de Chambre à la Cour de Cassation (2e édition revue et augmentée en 1878. Un vol. de 500 pages.

Histoire municipale de Paris. Trois vol. in-8, 2e édition, 1905. Paris, Hachette. Ouvrage couronné par l'Académie française (Prix Thérouanne) et par l'Académie des Sciences morales et politiques (Prix Berger). 22 fr. 50

Histoire municipale populaire de Paris. *Scènes et récits historiques.* Un vol. in-18 de 200 pages, 1887. Paris, Hachette. *Épuisé.*

Le personnel municipal de Paris pendant la Révolution. *Période constitutionnelle.* Un vol. grand in-8 de 686 pages. Paris, Quantin, 1890 (Publication de la Ville de Paris).

Discours et opinions de Jules Ferry. Sept vol. gr. in-8. Paris, A. Colin, 1893 à 1898.

Théveneau de Morande. *Étude sur le XVIIIe siècle.* Un vol. in-12 de 320 pages et 5 planches hors texte. Paris, Quantin, 1882.

1660-06. — Coulommiers. Imp. PAUL BRODARD. — 2-07.

PAUL ROBIQUET

HISTOIRE ET DROIT

2e SÉRIE

PARIS
LIBRAIRIE HACHETTE ET Cie
79, BOULEVARD SAINT-GERMAIN, 79

1907

1ère *PARTIE*

HISTOIRE

(SUITE)

KLÉBER OFFICIER AUTRICHIEN

KLEBER OFFICIER AUTRICHIEN[1]

Jean-Baptiste Kléber[2] est né à Strasbourg, sur la paroisse de Saint-Jean-le-Vieux, le 9 mars 1753, de Jean-Nicolas, tailleur de pierres, et de Reine Borgert, mariés en juillet 1750. L'enfant fut baptisé en l'église de Saint-Pierre-le-Vieux, le 10 mars suivant.

Comme son père était chef d'atelier dans la maçonnerie du cardinal Louis de Rohan, évêque de Strasbourg, Kléber passa son enfance dans les bureaux de

1. Extrait de la *Revue de Paris*, n° du 1er décembre 1899.

2. Voici les principales sources auxquelles nous avons puisé les éléments de notre étude :

1° *Documents manuscrits.* — *Archives historiques de la Guerre*, 26 F. : Notes du général Damas sur la vie du général Kléber, dont il avait été le chef d'état-major. — Observations du même, en réponse aux Mémoires du duc de Rovigo. — *Archives administratives de la Guerre* : Dossier de Kléber, n° 195.

2° *Documents imprimés.* — Article du général L... dans le XIXe volume du *Spectateur militaire*, 1837, p. 70. — *Kléber, sa vie et sa correspondance*, par le général comte Pajol, 1 vol. in-8°, 1877.

Nous avons contrôlé utilement les documents d'origine française par une note officielle que la Direction des archives de la Guerre de l'empire d'Autriche-Hongrie a bien voulu nous communiquer, par la voie diplomatique, sur la demande du ministre des Affaires étrangères de France et de l'ambassadeur de la République à Vienne.

la direction des bâtiments du cardinal, à Saverne. Son père mourut le 15 août 1755, et, deux ans après, sa mère se remariait avec un architecte de Strasbourg, nommé Burger, auquel elle donna quatre enfants. Le jeune Jean-Baptiste continuait à griffonner et à dessiner parmi les employés du cardinal-prince, qui le remarqua bientôt pour son intelligence et sa beauté. Il lui fit donner des leçons de dessin, tandis qu'un brave curé s'occupait de son éducation; puis Kléber alla en pension à Sainte-Marie-aux-Mines, et, à l'âge de quinze ans, vers 1768, il fut jugé capable par Louis de Rohan de suivre à Paris les cours d'architecture de Chalgrin, ce qu'il fit après avoir travaillé quelque temps chez un architecte de Haguenau.

Il paraît être resté à Paris deux ou trois ans. Sa liaison avec une famille de Besançon explique sans doute qu'il ait poussé une pointe dans cette ville; il y eut un duel, motivé par une querelle d'amour, avec un certain Doney, dont le père commandait la place. Comme il avait blessé son adversaire, Kléber fut mis en prison, ce qui provoqua une sorte d'émeute et la mise en liberté triomphale du vainqueur.

Le manque d'argent ramena le jeune homme en Alsace. Il vivait péniblement à Strasbourg de son métier d'architecte, quand il eut l'occasion de défendre, dans un café, deux jeunes Bavarois menacés par quelques-uns de ses propres amis. Kléber provoqua les agresseurs en duel. Les deux Bavarois, qui avaient de hautes relations, lui offrirent de faciliter son admission à l'École militaire de Munich (et non de Munster, comme on l'a dit par erreur). L'électeur de Bavière faisait élever dans cette école les jeunes gens de bonne famille qui se destinaient à la carrière des armes. Kléber accepta cette proposition, et réussit à se faire recevoir à l'École de Munich.

D'après une note de Burger, son frère utérin, il y serait entré en 1775, et n'y serait resté que six mois. La circonstance qui l'en fit sortir est assez curieuse. Le général-prince de Kaunitz, l'un des plus grands seigneurs d'Autriche et fils du célèbre diplomate, fit un jour une visite à l'École de Munich. Frappé, à la fois, par la magnifique prestance de Kléber et par ses talents de dessinateur, il lui offrit de l'emmener à Vienne et de se charger de sa fortune. Kléber accepta : son amour-propre venait d'être profondément blessé; il avait sollicité sans succès un emploi vacant à l'École, peut-être celui de maître de conférences ou de professeur de dessin et d'architecture. Le général Damas affirme même qu'en réponse à ses réclamations, il avait été mis aux arrêts, et que ces arrêts n'avaient été levés qu'au moment de la visite du prince. Quoi qu'il en soit, Kléber aurait accompagné à Vienne (1776) son nouveau protecteur, qui l'aurait gardé quelque temps près de lui, pour mettre son savoir à l'essai. En 1777, il entrait au régiment du prince, où il servit deux mois comme cadet et six mois comme enseigne, avant d'être nommé sous-lieutenant[1]. Le régiment du prince de Kaunitz n'était pas composé d'Allemands. D'après le rédacteur du *Spectateur militaire* qui signe Général L... (1837),

1. Des documents que nous ont fournis les archives austro-hongroises, il résulte que Kléber fut nommé privat-cadet au régiment d'infanterie de Kaunitz (38e de ligne depuis 1809), le 1er octobre 1777; qu'il obtint le grade de porte-enseigne le 19 novembre de la même année, et qu'il parvint, *le 1er avril 1779*, au

c'était un des quatre régiments d'infanterie belge dont l'origine remontait à 1725. Il avait eu successivement pour colonels-propriétaires : le prince de Ligne (d'où la couleur rose de son uniforme), MM. de Mérode et de Kaunitz. En 1778, il tenait garnison à Mons.

C'est dans cette ville que Kléber rejoignit le régiment de Kaunitz. L'Autriche venait de déclarer la guerre à la Prusse, à propos de la succession de Bavière, et deux bataillons du régiment de Kaunitz furent envoyés en Bohême. Le général Damas affirme que Kléber fut attaché, en cette circonstance, au général de Kaunitz comme aide de camp, et commença la campagne en cette qualité. Il est très vraisemblable, en effet, que Kléber accompagna en Bohême les deux bataillons de guerre, car les archives de Vienne constatent qu'il faisait partie des *Gardes du corps* à Senftenberg (Bohême), en 1779. Nous reviendrons plus loin sur ce détail important. Au reste, les hostilités furent courtes; cette *guerre de plume*, suivant le mot de Frédéric II, se termina par le traité de Teschen. Kléber, désolé, dut rejoindre son régiment à Luxembourg.

Le jeune officier n'était pas fait pour l'oisiveté du temps de paix. De plus, il se trouvait, nous dit une note des archives de Vienne, « en mauvaise posture » : presque tous les officiers de son régiment étaient nobles et le tenaient à l'écart de leurs parties de plaisir. On raconte que Kléber se vengea par une scan-

grade de sous-lieutenant. La note de Bruger n'est donc pas exacte quand elle prétend que Kléber fut nommé cadet en 1776, qu'il devint porte-drapeau deux mois après, et ensuite sous-lieutenant. Les états de services signés par Kléber placent en 1777 son entrée au service autrichien.

daleuse plaisanterie, d'un goût douteux. Au milieu d'un banquet par souscription, dont il avait été exclu, il fit porter un pâté, orné de rubans et flanqué de six bouteilles qui semblaient être des bouteilles de champagne; mais, quand le baron de Berg, organisateur de la fête, porta le couteau dans ce pâté, « une explosion imprévue lança sur ses amis et répandit sur la table une espèce de fange semblable à celle dont les Harpies infectèrent le repas d'Enée[1] ». Fureur du baron, auquel répondit avec ironie un certain capitaine Sauvaud qui n'était pour rien dans l'affaire. De là un duel qui se termina par la mort du baron de Berg. Ce fut un grand scandale, car le personnage était député aux États et membre du Conseil privé de Bruxelles. Kléber envoya aussi un cartel aux officiers nobles; mais il ne fut pas accepté, et le feld-maréchal de Bender, gouverneur de Luxembourg, fit mettre aux arrêts Kléber et son ami Menu qui avait porté le cartel. Kléber ne s'en tint pas là, et, au cours d'une représentation du *Barbier de Séville*, organisée par des amateurs, il exposa un grand placard où l'on voyait plusieurs nouveaux anoblis (notamment un certain G..., dont le père et le grand-père, anciens brasseurs, avaient acheté des lettres de noblesse) sortant d'une énorme cuve de houblon et secouant leurs vêtements couverts de mousse. Les insultés ne sourcillèrent pas, tant la bravoure de Kléber en imposait aux plus hardis.

Cependant Kléber ne pouvait se faire à l'idée de mourir capitaine, car un roturier ne pouvait monter

1. Article du *Spectateur militaire*, par le général L... Le général tient ces détails d'un ami de Kléber, Menu, témoin et acteur de la scène.

plus haut, et il disait à son ami Menu : « Un poste de lieutenant ne me convient pas; pour que je puisse m'y mettre, il faut qu'il survienne en Europe un bouleversement général. » Pourtant, il ne dédaignait pas, en attendant, les épaulettes de lieutenant. Le prince Ferdinand de Wurtemberg (un jeune homme de vingt-quatre ans, qui venait de remplacer Kaunitz comme colonel propriétaire du régiment) lui avait promis la première vacance; mais, quand elle se produisit, on donna la préférence à Charlot de Dam, fils du colonel vicomte de Dam, commandant effectif, et, de plus, frère d'une fort jolie femme qui multiplia les démarches.

Kléber, dépité, demanda un congé de semestre pour se rendre à Strasbourg dans sa famille. On était alors en février 1783, et le régiment se trouvait en garnison à Malines. Le prince de Wurtemberg aurait voulu retenir le plus bel homme de son régiment. On lui promit à bref délai le grade de capitaine; mais la mère de Kléber voulait qu'il se fixât près d'elle et renonçât à la carrière des armes. Il demanda donc une prolongation de congé, puis un congé définitif qui lui fut délivré le 13 juin 1785[1].

Voici, d'ailleurs, le texte complet de la pièce (car le général Pajol l'abrège, on ne sait pas pourquoi). Elle porte le sceau du vicomte de Dam et sa signature originale :

Nous Albert, vicomte de Dam, chambellan actuel, commandant le régiment de S. A. S. le prince Ferdinand de Wurtemberg infanterie, ci-devant de Kaunitz, au service de S. M. l'Empereur et Roi, etc., etc.

1. Le général Pajol a publié cette pièce en l'abrégeant, et l'a mal datée : 13 juin 1783 au lieu de 13 juin 1785.

Certifions que M. Jean-Baptiste Kléber a servi au régiment de Kaunitz, actuellement Prince Ferdinand de Wurtemberg, infanterie, l'espace de sept ans quatre mois, tant en qualité de cadet et d'enseigne qu'en celle de sous-lieutenant, avec tant de zèle et d'activité que, par là, ainsi que par sa bonne conduite particulière, il a mérité non seulement notre estime, mais aussi celle de tous ses supérieurs, égaux et inférieurs. De quoi nous ayant demandé un certificat, à sa sortie dudit régiment, qu'il a quitté, avec l'agrément de la Cour, le 22 février de la présente année, Nous lui avons délivré le présent, muni de notre signature et de notre cachet ordinaire.

Signé : Le vicomte de Dam.

Donné à Malines, le treize juin 1700 quatre-vingt-cinq (*sic*).

Rendu à la vie civile, Kléber obtint, par la protection de l'intendant de la province d'Alsace, M. de la Galaisière, la place d'inspecteur des bâtiments de la Haute-Alsace, avec résidence à Belfort. Il s'établit donc dans cette ville et y resta jusqu'à la Révolution. On montre encore, paraît-il, le pavillon qu'il habitait, près des remparts. Ce ne fut pas un fonctionnaire oisif : on lui attribue la construction du château de Granvillars, de l'hôpital de Thann et de la maison des chanoinesses de Massevaux, sans doute une de ces abbayes de femmes où, d'après les renseignements fournis à l'adjudant-général Lomet par un compagnon d'enfance de Kléber, « il résidait souvent des mois entiers, sans qu'on sût dans le pays ce qu'il était devenu ». Enfin, et sur la recommandation du cardinal de Rohan, son fidèle protecteur, l'ancien officier du régiment de Kaunitz fut chargé, en 1787, par le prince de Condé, de l'inspection de ses terres et bâtiments avec un bon traitement.

On a vu par suite de quelles circonstances le futur

général français avait été appelé à prendre, pour le garder plus de sept ans, un uniforme étranger. Il serait fort injuste de le lui reprocher : les mœurs du temps autorisaient cette conduite; d'ailleurs, depuis 1770, la fille de Marie-Thérèse avait épousé le dauphin de France, devenu roi quatre ans après. C'est seulement en avril 1792 que les deux pays devinrent ennemis l'un de l'autre. Or, Kléber avait commencé à servir la France dès le mois de juillet 1789 et, quand il se trouva en présence de ses anciens frères d'armes, on sait que ceux-ci n'eurent pas à s'en réjouir. En 1794, près de la ville de Mons où il avait tenu garnison, il battit à trois reprises le prince de Kaunitz son ancien protecteur; en 1796, le 4 juin, il débusqua de la position d'Altenkirchen les trente mille hommes du prince de Wurtemberg, ancien colonel de son régiment, lui prit quatre canons, douze drapeaux et la plus grande partie de ses équipages. « Ah! c'est Kléber, c'est Kléber! » s'écria douloureusement le pauvre prince, que l'Empereur releva de son commandement pour le punir d'avoir été vaincu par l'ex-lieutenant autrichien.

*
* *

A cette histoire — que nous avons essayé d'établir avec exactitude — de Kléber, officier autrichien, se mêle une légende étrangement romanesque : Kléber aurait été l'ami intime de Marie-Thérèse; et la grande impératrice, frappée de sa beauté, l'aurait fait officier dans sa garde, pour lui procurer le droit d'entrer au palais à toute heure. A la mort de l'impératrice, en butte à des menaces, exposé aux représailles de la cour, il aurait quitté Vienne, après avoir fait passer à son frère utérin Burger des fonds assez considérables.

Plusieurs historiens parlent de cette légende; M. Chassin n'y voit d'autre fondement « que la chronique scandaleuse de Vienne ». Mais le général Pajol après avoir dit en courant « que les biographes ne s'accordent ni sur la date précise de l'entrée de Kléber au service de l'Autriche, ni sur les faits qui appartiennent à cette période de sa vie », nous a mis sur la trace de pièces manuscrites existant aux *Archives de la Guerre.* Ces pièces méritent d'être lues et discutées.

Il s'agit d'une notice rédigée par Antoine-François Lomet, baron Desfontaines. M. Lomet, né en 1759, était un ancien élève de l'École des ponts et chaussées, ingénieur de mérite et protégé du grand Carnot. Il fut conservateur des modèles à l'École polytechnique, arriva au grade d'adjudant-général, chef de brigade, le 25 prairial an III; il fit partie ensuite de la Grande Armée en pluviôse an XII, de l'armée d'Espagne en 1808, fut retraité en 1811 et mourut en novembre 1826. Or ce savant officier rencontra, en ventôse de l'an XIII, un dessinateur d'architecture, autrefois employé à l'École des ponts et chaussées, « qui avait passé une partie de sa jeunesse en qualité de commis près de Kléber, longtemps avant la Révolution ». C'était un nommé Krafft, fort ignorant et parlant mal le français; mais cet homme naïf connaissait dans le plus grand détail l'histoire de la jeunesse de Kléber, et notamment des particularités que le célèbre général « avait toujours cachées avec le plus grand soin, disait Krafft, même à ses amis les plus intimes ». Lomet trouva ces renseignements fort intéressants

— en quoi il n'avait pas tort — et il les a résumés dans une longue note manuscrite.

Après avoir rappelé que Kléber fut, dans son enfance, le protégé du cardinal de Rohan, qui l'envoya à Paris suivre les leçons de M. Chalgrin, Krafft racontait que le cardinal munit son jeune ami d'argent et de lettres de recommandation, et lui facilita un voyage en Italie et en Allemagne. Kléber aurait obtenu des prix d'architecture à Rome, Florence et Naples, aurait failli être enrôlé de force dans les troupes prussiennes; il se serait ensuite rendu à Vienne où Marie-Thérèse l'aurait remarqué, à cause de sa persistance à observer les exercices des troupes. Renseignements pris sur l'étranger à la haute stature, l'impératrice, l'ayant fait venir, lui proposa d'entrer dans sa garde. Il n'accepta qu'à la condition d'être nommé capitaine. Marie-Thérèse, tout en lui assurant les appointements de ce grade, le fit mettre, pendant deux ans, à la caserne du Belvédère pour lui apprendre le métier de soldat. Puis, il aurait reçu le commandement d'une compagnie des gardes; enfin l'impératrice, ne pouvant se passer de lui, l'aurait élevé au grade de major, parce que les officiers de ce grade étaient tous les jours de service pendant quelques heures au Palais. Admis « dans la dernière intimité » de la souveraine et comblé de faveurs, il conseilla diverses réformes dans l'organisation militaire de l'empire, ce qui lui attira de nombreuses inimitiés. Quelques heures après la mort de Marie-Thérèse, Kléber, averti qu'il risquait une prison perpétuelle, s'esquiva, non sans avoir pris la précaution de faire passer des fonds assez considérables à son frère utérin, qu'il alla bientôt retrouver à Belfort.

Ce roman présente de grandes invraisemblances; il faut le concilier avec la constatation officielle et certaine du séjour de Kléber en Bavière et en Belgique, à l'École de Munich, à Mons, à Luxembourg et en Bohême, et il s'agit de savoir s'il est possible que le futur général ait séjourné à Vienne de 1775 à 1780, date de la mort de l'Impératrice.

D'après les notes de son frère Burger, qui sont au ministère de la guerre, il avait *vingt-deux ans* quand, à Vienne, l'impératrice le remarqua. Comme Kléber est né en 1753, la rencontre se serait faite vers 1775. Il n'y a à cela aucune impossibilité, puisque (d'après Burger et le général Damas, dont les notes concordent) il serait revenu à Strasbourg en 1775, entré à l'École de Munich à la fin de cette même année, pour en sortir peu de mois après et accompagner le général Kaunitz à Vienne, en 1776. Damas rapporte que « Kléber partit pour Vienne *dans le courant de l'année 1776* », et qu'à son arrivée, il resta quelque temps auprès de Kaunitz, « qui voulait mettre son savoir à l'essai. ». Il est vrai qu'il entra le 1er octobre 1777 comme privat-cadet au régiment de Kaunitz, fut nommé enseigne le 19 novembre de la même année et sous-lieutenant le 1er avril 1779; mais il se peut qu'il ait été nominalement attaché au régiment de Kaunitz et n'ait fait à Mons qu'une rapide apparition avec le général. De plus, la note officielle du ministère de la guerre autrichien constate que Kléber, en 1779, avait été versé *dans les Gardes du Corps* cantonnés à Senftenberg en Bohême, au moment de la guerre austro-prussienne. Il y a ensuite une lacune dans les renseignements relatifs aux services de Kléber, et nous ne savons pas exactement à quelle date il rejoignit son régiment à Luxembourg. Il est donc fort possible qu'il soit retourné à Vienne avec les gardes du corps, après la paix conclue, et qu'il y ait servi jusqu'à la mort de l'impératrice en 1780. Par suite il ne faut pas se hâter de conclure que le récit de Krafft soit complètement dépourvu de vraisemblance [1].

Il est fort naturel que Kléber ne se soit pas vanté plus tard, si ce n'est dans ses conversations avec un vieux camarade très obscur, de ses relations avec la mère *de l'Autrichienne*, l'ennemie de la Révolution. Il n'aimait pas parler de cette première période de sa vie. Plusieurs fois, le ministère de la guerre français lui réclama des renseignements sur son passé militaire. Aux archives de la guerre se trouve cette lettre, adressée au citoyen Kléber, général de division à l'armée de Sambre-et-Meuse : « Le ministre me charge de vous informer, citoyen, que vos services antérieurs à votre nomination de général de brigade sont *inconnus* dans ses bureaux, d'où il résulte qu'on ne peut établir votre rang d'ancienneté parmi les généraux de division en activité. C'est pourquoi vous êtes invité à lui en envoyer un état. Vous voudrez bien

1. Le général Pajol affirme que le prince de Kaunitz, « content des travaux de Kléber, lui fit faire par la suite *plusieurs voyages* à Vienne; qu'il le conduisit même à une revue où il attira l'attention de l'empereur Joseph II ». Le même auteur ajoute : « *On assure la vérité* des faits racontés par un sieur Krafft, employé autrefois à l'École des ponts et chaussées, qui avait passé avec lui une partie de sa jeunesse ». Quoi de surprenant s'il fut aussi présenté par Kaunitz à l'impératrice mère? Damas raconte que le général l'appela près de lui, à l'époque de la guerre avec la Prusse (1778-79), pour l'employer comme officier d'état-major, et c'est mal connaître la complaisance d'un courtisan que de s'étonner s'il consentit à mettre son aide de camp au service de la souveraine.

y joindre votre acte de naissance ». Quand il était à l'armée de l'Ouest, Kléber fut interrogé comme tous les généraux par le Comité de Salut public, car le registre des officiers généraux, dressé en vertu de l'arrêté du 30 nivôse an II, porte simplement cette mention : « Kléber, Jean-Baptiste, âgé de quarante ans, né à Strasbourg, district du département du Bas-Rhin, a résidé successivement à Haguenau et à Belfort, et a servi dans un *régiment wallon*, en *Autriche*, puis dans la garde nationale (4e bataillon du Haut-Rhin) ». Lorsque, plus tard, en nivôse an V, le ministre de la guerre accepte sa démission et lui accorde le traitement de réforme des généraux de division, il lui écrit encore — lettre du 8 nivôse — pour lui réclamer son extrait de naissance et « un état exact et *détaillé* de *ses services* qui, *jusqu'à présent, n'est pas parvenu au département de la guerre* ».

Kléber finit cependant par envoyer ses états de services signés de sa main, à la date du 1er thermidor an V. Dans cette pièce, à la colonne *Campagnes actives et blessures*, on lit : « 1778-79. En Autriche contre la Prusse »; et, à la colonne *Services* : « A servi en Autriche dans le régiment de Kaunitz, actuellement prince Ferdinand de Wurtemberg, en qualité de cadet, enseigne et sous-lieutenant, depuis l'année 1777 inclusivement jusqu'en 1785 exclusivement... ». Trois ans plus tôt, en l'an II, la transmission de ces états de services eût entraîné sans doute pour Kléber le sort de Westermann et de Philippeaux. Qu'auraient pensé les farouches jacobins s'ils avaient connu l'intimité de Kléber avec le cardinal de Rohan, les princes de Kaunitz et de Wurtemberg, et le service aux gardes de corps de Marie-Thérèse?

LE GÉNÉRAL BARD

ET LA GUERRE DE VENDÉE EN L'AN II

LE GENÉRAL BARD

ET LA GUERRE DE VENDÉE EN L'AN II[1]

M. Alphonse Bard, le conseiller rapporteur de la Chambre criminelle dans l'affaire de la revision, cet austère magistrat dont toute la vie est faite de silencieux labeur et de dévouement discret, a pu, au moment où il a été appelé à remplir de difficiles et délicats devoirs, s'inspirer, non seulement de la fermeté de sa conscience, mais aussi des traditions de sa famille.

Son arrière-grand-père, le général Bard, a été une victime et un persécuté, et il y a quelque intérêt à rapprocher aujourd'hui, dans une rapide étude, le conseiller à la Cour suprême du héros des guerres de Vendée, qui, suspendu et jeté en prison par l'inepte Turreau pour cause de modérantisme, écrivait, le 7 thermidor, au président de la Convention : « Depuis quatre mois, je languis dans les prisons sans qu'on puisse alléguer aucun fait contre moi. Justice, président, justice !... La liberté ou la mort ! »

1. Extrait de la *Revue historique*, n° de mars-avril 1899.

Cette biographie nous est connue aujourd'hui par le volume qu'a publié, en 1897, à très petit nombre, le petit-fils du général, Antoine Bard, représentant de Saône-et-Loire à l'Assemblée législative de 1849 et père du conseiller Alphonse Bard.

Lorsque la Révolution éclata, Antoine-Marie Bard avait trente ans. Né à Montmort, près Toulon-sur-Arroux, il avait servi, de 1778 à 1781, dans la compagnie « d'hommes d'armes d'ordonnance sous le titre de gendarmes bourguignons ». Élu major de la garde nationale de Toulon le 24 juillet 1789, il entra dans l'armée active en mai 1792 et fut blessé à Jemmapes. On le retrouve, en qualité de capitaine, à la prise de Namur (2 décembre 1792).

Il faisait partie de l'armée de Dumouriez quand ce traître passa à l'ennemi (4 avril 1793). A cette époque, la situation de la République était terrible. Custine s'était réfugié sous le canon de Landau. La bataille de Nerwinden, perdue par nous, ouvrait la frontière à Cobourg et au prince Charles. Nous venions de déclarer la guerre aux Anglais, à l'Espagne, à la Hollande, à l'Autriche. Lyon s'insurgeait contre la Révolution; les Sardes marchaient sur Lyon. La Bourgogne, l'Auvergne, le Calvados s'agitaient dans les convulsions de l'anarchie fédéraliste.

Mais l'insurrection de la Vendée, qui reprend, le 10 mars 1793, par le massacre de Machecoul et se continue par les affaires de Saint-Florent, de Cholet, de Pontivy, exposait la République à un mortel péril. Le fanatisme du prêtre a exalté les Vendéennes, et, par elles, les Vendéens jusqu'à la fureur. Le *Dies iræ* est la Marseillaise des Blancs, qui poussent devant eux les curés constitutionnels en les lardant de leurs piques et se servent des enfants comme bourreaux pour que le supplice soit plus long. Ainsi faisait Souchu à Pontivy. Et, pour résister à ces sauvages, la Convention disposait, de Nantes à la Rochelle, d'une armée de 2 000 soldats peu valides, sortis des dépôts!

Le Comité de Salut public, institué le 6 avril, n'a qu'une arme ; la *levée en masse* et la *réquisition*. Tout est improvisé. Les soldats nomment leurs chefs. Et c'est ainsi qu'à la date du 27 mai 1793, Bard fut élu, à Tours, chef du 10e bataillon de la formation d'Orléans. Il fut versé dans l'armée des côtes de la Rochelle, qui s'échelonnait de Tours jusqu'à l'embouchure de la Charente, et dont le général en chef, le ci-devant duc de Biron, avait son quartier général à Niort, tandis que l'armée des côtes de Brest, sous le général Canclaux, couvrait le nord de la Loire. On sait avec quels faibles moyens militaires le brave Canclaux dut faire face aux 60 000 Vendéens de d'Elbée, Stofflet, Charette et Cathelineau : dix à onze mille gardes nationaux et mille ou quinze cents vrais soldats; et comment le courage des Nantais, soutenu par le représentant Merlin de Douai, sauva Nantes après la mort de Cathelineau. Quant à l'armée des côtes de la Rochelle, elle reçut pour chef, le 24 juillet, à la place de Biron démissionnaire, l'ancien ouvrier bijoutier Rossignol, qui disait de lui-même : « Je ne suis pas foutu de commander une armée ». Mais il était l'idole des hébertistes et du Comité de Salut public. Jouet de Ronsin, qui voulait tout détruire et faire le désert dans trois départements, Rossignol fut un moment suspendu par les représentants Bourdon et Goupilleau ; la Convention le renvoya justifié, plus puissant que jamais, et il assistait, le 2 septembre 1793, au conseil de guerre de Saumur, sur lequel Ch.-L. Chassin, au début du tome III de sa *Vendée patriote*, a donné des détails si intéressants, notamment une relation de Kléber. Il suffira de dire que le plan adopté prescrivait la marche de la colonne de Mayence (transportée dans l'Ouest à la suite de la capitulation de cette place, 23 juillet) dans la direction de Nantes, pour se rabattre ensuite sur Mortagne et donner la main à l'armée de la Rochelle vers le 16 septembre.

C'est de cette dernière armée que faisait partie le commandant Bard. A la bataille de Chantonnay (5 septembre), il est déjà lieutenant-colonel et se comporte très vaillamment, sous les ordres du brave général Lecomte, qui avait Marceau pour adjudant-général. Le rapport de Lecomte rend « justice au 10e bataillon, commandé par Bard ». Il contribua puissamment à rallier les républicains, écrasés par les 30 000 hommes du généralissime vendéen d'Elbée. La division fut reconstituée à Luçon par les soins du général Beffroy. On trouve au livre que nous analysons le journal des ordres de cette division (du 9 septembre au 13 octobre), qui est complètement inédit et rédigé par la main de Marceau, chef de l'état-major. Il permet de se rendre compte des difficultés que rencontra cette poignée d'hommes dans sa marche à travers la région accidentée du Bocage. Le 10e bataillon se couvrit de gloire dans la soirée du 11 septembre, et Bard enleva la forte position de Saint-Laurent-de-la-Salle, après quatre heures de combat. Le 15, il triompha avec Beffroy et Lecomte, de la résistance des Vendéens dans la marche de Saint-Hermand vers Mortagne. C'est ici qu'un ordre inepte de Ronsin arrêta le mouvement des colonnes victorieuses et les mit en retraite sur Luçon, ce qui fut la cause des défaites subies par Santerre à Coron (18 septembre), par Duhoux au Pont-Barré (19) et, le même jour, à Torfou par Kléber et l'avant-garde mayençaise. Beysser fut battu à son tour à Montaigu le 21, et Canclaux dut ordonner la retraite sur Nantes, tandis que la division des Sables, sous Mieszkowsky, était mise en déroute à Saint-Fulgent.

Rossignol et Ronsin avaient donc commis un véritable crime militaire que dénoncèrent en vain Merlin de Thionville et Philippeaux; mais Robespierre, qui s'appuyait alors sur les Hébertistes, évita aux favoris du ministre Bouchotte la flétrissure et la destitution qu'ils méritaient. Dans la réorganisation de l'armée de la Rochelle, Bard reçut provisoirement le grade de général, avec les éloges de l'héroïque représentant Dubois de Bellegarde, un de ces admirables missionnaires aux armées qui se couvraient de gloire à la tête des colonnes. Lorsque Canclaux reprit l'offensive dans les derniers jours de septembre et fit appel à l'armée de Luçon, le général Bard revint défendre la région de Chantonnay, avec ce mot d'ordre : vaincre ou mourir.

Malheureusement, Kléber dut céder, le 7 octobre, le commandement de la nouvelle armée de l'Ouest à un protégé du Comité de Salut public, le général Léchelle, que les Mayençais accueillirent aux cris de *Vive Dubayet!* Il eût été intéressant de connaître en détail les opérations de Luçon, dirigées par Bard et par Marceau, son adjudant-général, mais le journal de marche s'arrête au 13 octobre, et c'est le 15 et le 17 que se livrèrent des batailles importantes dans lesquelles Bard fut grièvement blessé. Il faut donc s'en rapporter à Savary, qui raconte le combat de la Tremblaye (15 octobre), dans lequel Lescure fut blessé à mort, où Marceau et Bard combattirent côte à côte. Bard en fut le véritable héros : Marceau, qui ne fut nommé général à titre provisoire que lors de l'arrivée à Baupréau (18 octobre), n'a servi qu'en sous-ordre dans cette circonstance.

Le 17 octobre, l'armée catholique se rabattit sur Cholet et une nouvelle bataille s'engagea. Les républicains étaient commandés nominalement par Léchelle, et en fait par Kléber, Beaupuy, Haxo, Marceau, Muller Chalbos, Westermann, et enfin par Bard, qui, appuyé par la réserve d'Haxo, rallia les grenadiers de sa division et, couvert de blessures, enfonça à la baïonnette les masses vendéennes. C'est là que tombèrent, grièvement blessés, d'Elbée et Bonchamps, avec plusieurs milliers de royalistes. Les républicains avaient perdu 600 hommes et plus de 700 blessés! Tous les historiens de la Vendée, Patu-Deshautschamps, A. de Beauchamp, du Chatellier, Crétineau-Joly, l'abbé Deniau, nous montrent, dans cette terrible bataille de Cholet, qui ne finit qu'à huit heures du soir, le général Bard perdant son sang par trois blessures et haranguant les grenadiers de la Convention comme un héros d'Homère : « Camarades, seriez-vous moins braves que les Mayençais ? En avant, en avant, grenadiers! » Et, dans la victoire, il est frappé d'une nouvelle blessure!

Cette fois, le vaillant officier paraissait hors de combat. Il revint à Luçon à travers un pays couvert de cadavres et, malgré son épuisement physique, joua un rôle important dans la lutte contre Charette, ainsi que dans l'œuvre de pacification du Bocage.

Mais son humanité égalait sa bravoure, et quand Turreau, nouveau général en chef, voulut mettre la Vendée à feu et à sang, alors qu'elle ne combattait plus, Bard réprouva énergiquement les projets sanguinaires du futur baron de l'empire. Mais il ne fut pas plus écouté que Lindet et Philippeaux. On était au plus fort de la Terreur. Robespierre venait d'innocenter Ronsin; il s'appuyait sur les Hébertistes, menaçait les représentants en mission et laissait carte blanche aux exagérés.

Bard, dont les plaies s'étaient rouvertes, demanda à Bouchotte, le 1er mars 1794, la permission de se rendre aux eaux pour rétablir son bras, « cette portion de son corps qu'il veut faire contribuer à la destruction des ennemis *de toute espèce* de sa patrie ». Le lendemain, il écrivit à Turreau pour protester contre l'incendie sauvage de Chantonnay, et réussit à préserver de la dévastation Luçon et Fontenay-le-Peuple.

Turreau, furieux, destitua le général Bard (24 mars 1794) et donna l'ordre au général Huché, nommé à sa place, de tout brûler dans la région de Luçon. Ce Huché, aussi féroce qu'incapable, était digne de son chef. Il commit de tels excès que le comité de surveillance de Luçon le fit arrêter par l'adjudant-général Cortez (9 avril). Son aide de camp fut condamné à mort et exécuté pour pillage et viol. Turreau répondit en dénonçant Bard aux représentants Hentz et Francastel, récemment arrivés à l'armée de Brest, et ceux-ci firent emprisonner Bard à Angers, le 15 avril, sous l'inculpation de connivence avec les insurgés. Toutes les sociétés populaires et les administrations municipales de la Vendée, les corps de troupes eux-mêmes signèrent des adresses en faveur du général, persécuté et renvoyé en jugement. Telle fut la force du mouvement d'indignation contre Turreau que le Comité de Salut public se décida à le rappeler (13 mai); mais Bard restait détenu et en danger de mort. Il écrivit au terrible Comité, aux Jacobins, et enfin à la Convention pour demander justice :

« Si je suis coupable, que ma tête tombe; mais, si je suis innocent, qu'on me rende ma liberté et qu'on ne me traite pas comme un brigand » (lettre aux Jacobins). Son appel à la Convention est du 7 thermidor. Le 9, Robespierre était renversé et Bard, dix jours après, était remis en liberté. Rétabli dans ses fonctions de général, le vaillant officier devait remplacer Beaupuy à la tête de la division de Cholet, sur la demande de Grouchy, alors chef d'état-major de Canclaux. Mais il avait trop présumé de ses forces : sa santé était irrémédiablement perdue, et il dut se faire réformer, pour cause de blessures, le 15 fructidor an III. Pendant toute la durée du Consulat et de l'Empire, il n'exerça aucune fonction; mais, quand les armées étrangères envahirent le sol de la France en 1814, il reprit du service et, à la tête des gardes nationales de Bourgogne, fit rétrograder, en diverses rencontres, les troupes de la coalition. Après la défection d'Augereau, il fut mis en état d'arrestation par les Autrichiens. Il mourut à Toulon-sur-Arroux le 9 novembre 1837.

Telle est l'histoire peu connue de ce héros des guerres de Vendée, qui fut l'ami et le chef de Marceau. Il a été grand sur les champs de bataille où il a versé son sang; il a été grand aussi par son humanité et par sa lutte courageuse contre un général inepte et féroce qui compromettait la cause de la République. Pas plus que Kléber, il ne savait s'incliner devant la sottise et la lâcheté. C'est une belle figure que ses dignes petits-fils ont eu raison de faire revivre.

UN SOUS-PACIFICATEUR DE LA VENDÉE

LE GÉNÉRAL D'HÉDOUVILLE

LE GÉNÉRAL D'HEDOUVILLE [1]

Dans son numéro des 4-5 avril 1825, le *Moniteur universel* publiait cet entrefilet :

> Le comte d'Hédouville, pair de France, lieutenant général des armées du roi, grand officier de la Légion d'honneur, chevalier de Saint-Louis et de Saint-Lazare, grand-croix du Lion palatin de Bavière et de la Fidélité de Bade, né en 1755, est mort en sa maison de Lafontaine, près Arpajon, dans la nuit du 30 au 31 mars dernier [2].

Le 16 juin de la même année 1825, et suivant l'usage des assemblées de ce temps, un collègue du

1. Extrait de la *Revue historique*, t. LXXVIII, année 1892.

2. La partie inédite de cette étude consiste dans les notes rédigées vers 1823 par le général d'Hédouville sur la pacification de la Vendée en 1799-1800. — Ces notes, qui ne paraissent pas avoir été connues des historiens des guerres de Vendée, proviennent des *Archives historiques de la guerre* (Mémoires sur la Vendée). Elles nous ont été communiquées par M. Ch.-L. Chassin, dont les savantes publications sur les *Pacifications de l'Ouest* nous ont permis de contrôler et de compléter les souvenirs un peu fardés de l'ancien chef d'état-major de Hoche. — A peine avions-nous terminé notre travail que nous apprenions la mort de notre excellent confrère !

Ajoutons que notre travail a été lu à l'*Académie des Sciences morales et politiques* dans les séances des 2 et 30 mars 1901. Voir le compte rendu des séances de l'Académie, n° de juillet 1902.

noble pair montait à la tribune et prononçait l'éloge du défunt. Ce collègue n'était autre que le comte Louis-Auguste-Victor de Bourmont, l'ancien instigateur des insurrections de 1797 qu'Hédouville et l'abbé Bernier avaient sauvé en 1800 de la colère de Bonaparte, l'ami de Fouché, l'ancien officier d'ordonnance de Junot et du prince Eugène, celui enfin qui, d'après ses états de services officiels, « a joint l'armée royale en Belgique le 15 juin 1815 ». Ce pair de France était mieux qualifié que personne pour tracer la biographie sommaire d'Hédouville, avec lequel il avait négocié, de novembre 1799 à février 1800, la soumission des bandes royalistes. Aussi le proclame-t-il « le véritable pacificateur des départements de l'Ouest », en le mettant « sur la même ligne que Berthier », l'idéal, selon lui, du chef d'état-major. Si l'on ajoute qu'Hédouville, après avoir été le bras droit de Hoche dans la pacification de 1796, a été le principal agent de la pacification de 1800, qu'il a été ensuite ambassadeur de France en Russie, vers la fin de 1801, et fort apprécié de l'empereur Alexandre; qu'il a enfin terminé sa vie sur les bancs de la Chambre des pairs, on conviendra que la carrière de cet officier général n'a pas été sans éclat, et que ses souvenirs méritent peut-être de retenir un moment l'attention des historiens, voire celle du grand public.

I

Les notes qui servent de point de départ à notre étude se réfèrent au commencement de l'an VIII; mais, pour comprendre les événements dont elles parlent et l'influence considérable qu'exerça l'auteur du mémoire sur les choses et les hommes de cette époque, il faut relier la pacification de 1799-1800 à celle de 1796, et parler de Hoche autant que de son lieutenant.

Gabriel-Marie-Théodore-Joseph d'Hédouville naquit à Laon le 27 juillet 1755. Son père, ancien officier d'infanterie et chevalier de Saint-Louis, était chef de la branche aînée d'une famille militaire qui rattachait ses origines à Louis d'Hédouville, sire de Sandricourt, un des compagnons d'armes de Charles VIII et de Louis XII. C'est du moins ce qu'affirme le comte de Bourmont. Le jeune Gabriel fit ses études au Collège royal de la Flèche, puis à l'École militaire de Paris. Il en sortit en 1773 et fut nommé sous-lieutenant au régiment de Languedoc-dragons. Il est lieutenant en 1788, capitaine d'état-major à l'armée du Nord au début de 1792, adjudant-général le 1er octobre suivant, général de brigade et chef de l'état-major de l'armée de la Moselle le 8 mars 1793; il est suspendu deux fois, au cours de cette année, comme ci-devant noble, et emprisonné, ainsi que Hoche, dont il est déjà le collaborateur et l'ami. Quand on l'arrêta, il venait de charger à Kayserlaütern avec quatre régiments de cavalerie et s'était couvert de gloire. Conduit à Paris, il fut logé dans la prison où avait passé récemment Luckner et aurait subi le même sort que son vieil ami si le 9 Thermidor ne l'eût délivré. Son crime était de ne pas avoir suffisamment dissimulé ses tendances royalistes, et d'avoir versé des larmes en apprenant la mort de Louis XVI.

Lorsque, au refus de Bonaparte, qui, suivant les belles expressions d'Edgar Quinet, craignit « de trébucher, dès les premiers pas, entre deux haies, sous les sabots sanglants d'un paysan de la Vendée », Lazare Hoche, l'illustre vainqueur de Quiberon, eut été nommé, par décret du 31 août 1795, commandant en chef de « l'armée de l'Ouest » en remplacement de Candaux malade, il eut tout d'abord à se préoccuper de choisir des collaborateurs dévoués pour remplacer les Willot et les Villaret-Joyeuse, dont la loyauté politique était plus que suspecte. La constitution du Directoire exécutif et la nomination d'Aubert-Dubayet, commandant de l'armée des côtes de Cherbourg, au ministère de la Guerre, avaient entraîné des remaniements dans les états-majors. C'est ainsi que le général d'Hédouville, que Hoche avait donné à Aubert-Dubayet comme chef d'état-major, passa, en la même qualité, sous les ordres de Bonnaud, le nouveau commandant de l'armée des côtes de Cherbourg, et il y gagna le grade de général de division (26 novembre 1795). Quelques jours après, le 12 décembre, Hédouville fut nommé commandant en chef de l'armée des côtes de Brest, dont Hoche voulait se débarrasser, afin de se consacrer tout entier à ses projets d'opérations contre Charette. Mais, quand le Directoire eut résolu de constituer une dictature militaire pour en finir avec la Vendée; quand l'arrêté du 5 nivôse an IV (26 décembre 1795) eut fondu les trois armées de l'Ouest, des côtes de Cherbourg et des côtes de Brest en une seule armée, qualifiée « armée des côtes de l'Océan », Hoche, investi du commandement en chef de cette armée, avec pleins pouvoirs, constitua son état-major en arrivant à Montaigu, au milieu de janvier 1796. La première chose qu'il fit fut de se débarrasser du général Willot, son remplaçant par intérim et « de moitié dans l'émigration », comme l'écrivait Tulot, des Cinq-Cents, dans ses *Mémoires*. Il le renvoya dans les Pyrénées et annula tous ses « accordements » avec les chefs royalistes de l'armée du Centre, tels que Sapinaud et Béjarry. Willot, furieux, s'unit aux terroristes et aux royalistes masqués pour le dénoncer au Directoire, sous prétexte de ses tendances absolutistes et des excès commis par ses troupes. Mais le gouvernement eut la sagesse de rester sourd à ces dénonciations, refusa la démission que Hoche lui offrait et annula les délibérations des administrations départementales de la Vendée.

Ainsi soutenu par l'autorité centrale et par le ministre de la Guerre, Aubert-Dubayet, le général en chef choisit pour chef d'état-major le général Hédouville, qui connaissait mieux que personne les hommes et les choses contre lesquels allaient se heurter la diplomatie et les armes de la République.

Au moment de partir en guerre contre les insurgés de Bretagne et de Normandie, Hoche donna à Hédouville l'ordre d'abattre avant le 4 février « les arbres et haies à cent toises de chaque côté des routes et grands chemins », et de combiner une grande attaque de Laval à Nantes. Mais il faillit ne pas pouvoir se mettre en route, car des émissaires royalistes aveuglèrent ses quatre chevaux en leur enfonçant des aiguilles dans les yeux. « Sans Hédouville, écrit-il au ministre de la Guerre, tous les autres étaient perdus. Quel pays! quels gens et quelle perspective j'ai devant les yeux! Le poignard, *le poison*, que dirai-je? L'envie ne me prépare-t-elle pas quelque chose de plus ignoble? »

Cependant Puisaye, le généralissime de Bretagne, avait achevé sa réorganisation; les agents du prétendant de Vérone, le comte de Rochecotte et le comte de Bourmont, nommés chevalier de Saint-Louis et lieutenant-général par Monsieur, réconciliaient Stofflet avec Charette et provoquaient une reprise générale de la guerre civile. Hoche fait savoir au Directoire que Stofflet « a levé le masque », mais trouve que cet événement est heureux pour la République. Il comptait, d'ailleurs, sur les divisions des chouans, « ne dormait que d'un œil » et déployait une merveilleuse activité. Le 15 janvier, l'adjudant-général Travot avait surpris Charette près Dampierre et lui tuait 20 cavaliers. Il paraissait perdu et offrait de passer à l'étranger par l'entremise du général Gratien et de l'abbé Guesdon (5 février). Mais ce n'était qu'une ruse. Le 20, Charette écrit à Gratien une lettre où il jure de « vaincre ou mourir pour son Dieu et son roi ». Il accentue cette rupture en faisant saisir, attacher à une croix, dans un cimetière, et fusiller, une lanterne au cou, le malheureux curé Guesdon. Mais, peu de jours après, le 24 février, Stofflet, qui était sorti de la forêt de Maulevrier pour conférer avec l'abbé Bernier, à la métairie de la Saugrenière (district de Cholet, canton de Jallais), fut surpris, à l'aube, par un détachement républicain, jeté à terre, blessé et emporté.

Hédouville, par dépêche au Directoire du 5 ventôse an IV, rendit compte du jugement et de l'exécution de l'ex-garde-chasse et de quatre de ses compagnons. La légende royaliste veut que le chef catholique ait été livré par l'abbé Bernier. Hédouville affirme dans sa dépêche que Stofflet se défiait de l'abbé et n'avait pas voulu lui révéler la cachette où se trouvait son trésor de guerre, — quatre ou cinq cent mille francs, — qu'un autre prêtre transmit à d'Autichamp. Bernier fut, du reste, poursuivi très mollement, ce qui donne quelque créance à la supposition de son entente avec les républicains.

Restait Charette. Hoche voulait le prendre à tout prix. Il écrivait, de Nantes, le 1er mars 1796, à un de ses lieutenants : « Quel que soit le temps qu'il fasse, ne laissez pas respirer votre proie. Rassemblez vos troupes partout, tuez vos chevaux.... Promettez, récompensez, punissez s'il le faut, mais amenez Charette ou faites-le prendre par d'autres. Puisse mon âme vous animer! » Le général royaliste paraissait, d'ailleurs, à bout de forces. Le 28 février, l'adjudant-général Travot était tombé sur son cantonnement de la Bizonnière et avait dispersé sa dernière troupe de chouans en lui tuant 60 hommes; mais Charette lui-même avait pu s'échapper à travers les landes. Pendant quelques jours, à travers mille périls, il se cache dans les taillis et les genêts, traitant de lâches ses officiers, qui presque tous l'abandonnent, et faisant fusiller les paysans qui lui donnent asile, afin de prévenir les trahisons. Enfin, le 23 mars, après avoir vainement tenté de fuir par l'Herbergement, dans la direction de Saint-Fulgent, il arrive la nuit, mouillé jusqu'aux os, avec les 40 fidèles qui lui restaient, dans une maison des Lucs, d'où il se glisse jusqu'au petit bois de la Chaboterie. C'est là que les grenadiers de Travot l'entourent, le blessent, le désarment et tuent ses derniers soldats. On conduisit le prisonnier à Pont-de-Vie.

Hoche, qui alors était en Bretagne, ne se dérangea

pas pour recevoir « le ci-devant vice-roi du bas Poitou ». Le général Grigny avait donné à Travot l'ordre de le conduire à Angers.

Là, ce fut Hédouville, chef du grand état-major de l'armée des côtes de l'Océan, qui interrogea Charette. Après avoir annoncé à Travot qu'il était promu général (ce que blâma Hoche, par ce motif qu'on ne doit pas « récompenser le vainqueur devant le vaincu »), le chef d'état-major traita humainement ce vaincu, fit panser ses blessures et le fit souper à la table des officiers supérieurs que le chouan éblouit de sa faconde et de ses déclamations contre « ces scélérats d'Anglais ». Hédouville, après avoir consulté Hoche, autorisa l'envoi du prisonnier à Nantes, cette ville réclamant la triste satisfaction d'être le théâtre de l'exécution du « chef de brigands » qui l'avait terrorisée pendant trois ans. Charette fut conduit par la Loire à Nantes, où il débarqua le 26 au soir. Le lendemain, il répondit fièrement à l'interrogatoire secret que lui fit subir le général Duthil, et fut promené processionnellement dans la ville, au milieu des gendarmes, avec son étrange costume (mouchoir blanc sur la tête, habit-veste, au col rabattu de velours cramoisi, brodé en or, grosse cravate, ceinture et pantalon de flanelle blanche). Le 29, il fut jugé par un conseil militaire que présidait le chef de bataillon Jacques Gauthier, et condamné à mort. En présence de 12 généraux, en grand costume, on le fusilla sur la place des Agriculteurs (place Viarme). Puis, les troupes et un peuple immense défilèrent devant son cercueil.

Charette disparu, Hoche renonça immédiatement à sa dictature en Vendée. Dès le 27 mars, il expédia à son chef d'état-major Hédouville une dépêche ordonnant la levée de l'état de siège, sauf à Angers et à Nantes, puis transporta son quartier général à Rennes. Hédouville, avant de l'y joindre, crut devoir publier, sous forme de correspondance de Paris, une apologie de son général en chef, qui parut dans les *Affiches d'Anjou* le 14 germinal an IV (3 avril 1796). Il y constate que l'organisation des gardes nationales « est le moyen le plus sûr de détruire cette sorte de rebelles et de pillards appelés chouans ». De son côté, le Directoire exécutif, par deux lettres du 6 germinal, félicita Travot en lui envoyant son brevet de général de brigade. Hédouville écrivit, le 30 avril, au ministre de l'Intérieur pour presser l'organisation constitutionnelle des départements de la Vendée, qui s'abstinrent, d'ailleurs, de tout remerciement pour la cessation du régime militaire.

II

L'exécution de Stofflet et de Charette pouvait terminer la guerre civile, mais elle n'assurait pas une pacification immédiate. Hoche se trouva en butte aux dénonciations perfides des commissaires spéciaux Le Tellier et Dumas. Immédiatement circonvenus par les prêtres, ceux-ci recommandèrent au gouvernement de substituer au vainqueur de Quiberon le général Willot, qui avait appelé le comte d'Artois, et ils dénoncèrent les soldats de la République comme coupables de « violer les petits enfants et la vieillesse la plus caduque ».

Le général découragé, demandait un successeur

(12 mai), mais le ministère de la Guerre refusait sa démission et écrivait, le 20 juin, au chef d'état-major Hédouville pour le féliciter, ainsi que son chef, de « leur prudence et de leur activité »; il les assurait de « l'entière confiance du Directoire ». L'enthousiasme provoqué par les victoires de Bonaparte (Lodi) et de Masséna (entrée à Milan) n'avait pas peu contribué à faciliter les efforts des pacificateurs de la Vendée. Le rappel de Le Tellier (septembre 1796) les débarrassa d'un collaborateur incapable que le Gouvernement couvrit, du reste, de fleurs.

Hoche n'usa de sa liberté d'action que pour recommander à ses lieutenants « d'adopter la voie de la douceur » et de la persuasion « en évitant toutefois les actes de faiblesse que la prudence, la gloire du nom républicain et les lois désavouent ». Vainement, certaines administrations, par exemple celle de Nantes, réclamèrent l'arrestation immédiate des émigrés, même pourvus de certificats et passeports de l'autorité militaire. Hédouville et Hoche refusèrent énergiquement de les déférer aux conseils militaires, et, le 15 juillet, Hédouville envoya aux généraux une circulaire qui attribuait compétence exclusive aux tribunaux de département pour statuer sur les faits d'émigration. Mais aucune suspension d'armes ne fut accordée, malgré leurs demandes formelles, au « major-général Mercier-la-Vendée », pas plus qu'à Georges Cadoudal.

A la fin de juin 1796, le désarmement faisait des progrès rapides. Le 30, le général de brigade Augustin Mermet, que son chef qualifiait dans ses notes de « bon patriote, bon fils et bon ami », annonçait à Hédouville qu'il avait mis dans les arsenaux « les armes et munitions des fiers Bretons du Morbihan », plus de 2000 fusils et 5000 cartouches, et que « la guerre était finie », les prêtres « non émigrés ni déportés jurant de prêcher la paix dans les campagnes ». Georges Cadoudal prêchait aussi la soumission, le pape traitant avec la République et « Dieu même ne devant pas demander l'impossible » (lettre trouvée par Travot sur le curé de Berric et envoyée par le général à Hédouville, puis au Directoire [20 juillet]).

En résumé, la chouannerie était dissoute dans la Mayenne, depuis la soumission de Scépeaux; dans la Sarthe, le général Watrin avait recueilli 24000 fusils et la guerre avait cessé dès le début de juin, tandis que Travot pourchassait l'indomptable Puisaye dans l'Ille-et-Vilaine, et que le général La Barolière faisait fusiller Louvart de Pontigny à Rennes (1er juillet). Dans la Basse-Normandie, Louis de Frotté, découragé par la soumission des chefs les plus vaillants, comme Tranche-Montagne et Brin-d'Amour, par l'offre de du Boisguy de marcher aux frontières avec ses hommes (rapport d'Hédouville du 28 juin), Louis de Frotté lançait une proclamation à ses soldats pour leur expliquer « qu'il lui était impossible de résister » et annonçait, de Flers, au général de division Dumesny (lettre du 22 juin) qu'il ne voulait pas se rendre et préférait partir pour l'Angleterre. Encore une fois (le 30 juin), Hoche écrivait au Directoire : « La guerre est finie, j'ose le dire », et recevait l'autorisation de venir à Paris pour « recevoir des ordres particuliers ».

III

Il s'agissait d'organiser une expédition en Angleterre, et, dans le courant de juin, Hédouville, chef d'état-major de l'armée des côtes de l'Océan, avait désigné quarante officiers « d'une bravoure à toute épreuve et d'une bonne santé » pour prendre part au coup de main projeté qui devait être appuyé d'une colonne de 1 000 à 1 200 forçats dont l'amiral Villaret-Joyeuse eût assuré le débarquement sur les côtes du pays de Galles. Carnot recommanda cette combinaison, bien qu'elle eût un caractère féroce, pour débarrasser l'armée d'éléments dangereux et rendre aux Anglais « le mal qu'avait fait la chouannerie, alimentée par eux au sein de la République » (instructions du Directoire à Hoche du 12 juin 1796). Quelques jours après, le Directoire élargit ses plans et tourna ses vues vers l'Irlande, qui réclamait son affranchissement. Hoche, par arrêté secret du 19 juillet, fut nommé général en chef de l'armée d'Irlande.

Il ne restait plus qu'à constituer un corps expéditionnaire. Par lettre du 24, Hoche chargea son chef d'état-major Hédouville de recruter encore 125 officiers « d'une bravoure à toute épreuve et d'une bonne santé, devant compter sur un avancement et sur une fortune rapides ». Il ajoute qu'à son retour, il choisira lui-même parmi eux et donnera des compensations aux éliminés.

Quelques jours auparavant (le 13 juillet), Hoche avait présenté au Directoire un compte rendu général des opérations qui avaient terminé la guerre des Vendéens et des chouans. C'est un tableau très bref et très clair des opérations de l'armée des côtes de l'Océan, depuis sa constitution par l'arrêté directorial du 7 nivôse, six mois auparavant. Le rapport se termine par l'indication des officiers qui « ont rendu des services éminents à la République ». Au premier rang, figure le général de division Hédouville, chef de l'état-major général à Rennes.

Le 15, le Directoire adressa au Corps législatif un message solennel pour célébrer « la gloire immortelle de l'armée des côtes de l'Océan » et la reconnaissance que lui doit la patrie, ainsi qu'au général dont cette armée « a si bien secondé les talents ». Les conseils votèrent d'enthousiasme que « l'armée des côtes de l'Océan avait bien mérité de la patrie ». Hoche reçut, « au nom de la République, deux des plus beaux chevaux existant dans les dépôts de la Guerre, avec les harnais et une paire de pistolets de combat de la manufacture nationale de Versailles ». Le général Hédouville fut gratifié aussi d'une paire de pistolets, d'une carabine et de deux chevaux. Enfin, le 21 juillet, le ministre de la guerre Pétiet félicita Hoche d'avoir préféré le titre de *pacificateur* à celui de *conquérant*.

Le 25 août 1796 (8 fructidor an IV), le Directoire décida que l'armée des côtes de l'Océan cesserait d'exister le 22 septembre, et que les départements de l'Ouest seraient placés sous le même régime que les autres départements, Hoche restant général en chef jusqu'au départ projeté de l'expédition d'Irlande. Mais il restait beaucoup à faire pour déjouer les trames royalistes, et, d'autre part, les soldats de la République, manquant de souliers et attendant leur solde et leurs vivres, menaçaient de refuser le service, comme à Nantes, à la Rochelle, à Brest, au point qu'Hédouville, pendant une absence du général en chef, dut multiplier les promesses et les flatteries pour calmer les troupes. Louis de Frotté, qui s'intitulait toujours « général en chef de Normandie », envoyait 2 000 louis au vicomte de Chambray, son major général, et annonçait une prochaine reprise de la guerre civile.

Hoche, de retour à Rennes, lança, le 24 août 1796, un ordre général pour aviser ses subordonnés de se tenir sur leurs gardes, et il prémunit le Directoire, par une lettre curieuse (du 14 septembre), contre l'exagération du prétendu péril terroriste :

« Que viendra-t-on parler de terroristes? Où sont-ils? Où est leur armée? Celle des chouans est partout. N'a-t-elle pas occupé 110 000 républicains? Et, après tout, pourquoi les royalistes, *pour couvrir ses desseins*, ne prendraient-ils pas le bonnet rouge? »

Les royalistes étaient sans doute informés de la ferme attitude de Hoche, qui se refusait obstinément à trahir la République, car, le 17 octobre, ils essayèrent de le supprimer violemment. Vers neuf heures du soir, il rentrait dans son logement de Rennes, en compagnie du général Hédouville et du général Debelle, son beau-frère, quand il essuya le feu d'un homme caché derrière une borne qui, à une distance de dix mètres, déchargea sur lui son pistolet. Deux officiers de l'état-major d'Hédouville arrêtèrent l'assassin qui fuyait et le conduisirent au corps de garde. C'était un pauvre ouvrier qui avait reçu six livres d'un chef de chouans, nommé Alexandre Rossignol et se faisant appeler Charles-Martial Teyssière.

La fin de l'année 1796 et le commencement de

l'année suivante ne furent pas signalés par des faits mémorables dans la région vendéenne. Si la loi du 29 brumaire an V (19 novembre 1796) avait interdit la circulation des armes et la substitution de nouveaux passeports aux anciens, les administrations civiles laissaient aux paysans une grande liberté pour s'assembler, sous prétexte de rendre un culte à l'image de Sainte-Anne ou aux martyrs de Quiberon. « Plaindre la crédulité de ces imbéciles », écrivait, le 27 octobre, au ministre de l'Intérieur, le commissaire du Directoire dans le Morbihan, « en rire et le tolérer, est, je le pense, le seul parti à prendre ». D'autre part, le prétendant Louis XVIII réprouvait l'intransigeance de Puisaye, faisait appel à l'opinion publique, « garantissait l'oubli des erreurs, même des crimes », dans sa déclaration aux Français du 10 mars 1797, et conseillait aux électeurs de nommer « des gens de bien, amis de l'ordre et de la paix ».

Si le général Hédouville faisait arrêter Boisguy dans la nuit du 17 au 18 mars, les directeurs Carnot et Le Tourneur ne songeaient qu'au péril terroriste et laissaient de Frotté venir tranquillement à Paris pour s'entendre avec les comités royalistes. Cette tolérance aboutit aux élections législatives de l'an V et à la contre-Révolution légale.

Le prétendant, qui se croyait certain de remonter à bref délai sur le trône de ses pères, crut politique de calmer les impatiences de Puisaye, qui voulait immédiatement reprendre les armes. Pichegru présidait les Cinq-Cents, le marquis de Barbé-Marbois, les Anciens. Sans attendre l'abolition de toutes les lois contre les prêtres réfractaires, ceux-ci rentraient en masse, et Barras, bien que menacé de mort par les chouans, vendait à bureau ouvert des radiations sur la liste des émigrés. Cependant, l'entrée de Barthélemy au Directoire et les complots, à peine dissimulés, des royalistes, provoquèrent une crise ministérielle qui enleva la police à Ch. Cochon et donna les Affaires étrangères à Talleyrand, en appelant Hoche à la Guerre. Informé de sa nomination le 19 juillet, à Châlons, il n'hésita pas à rapprocher ses troupes de Paris, malgré l'article 69 de la Constitution, qui fixait autour de la capitale des limites que nulle force armée ne devait franchir; mais, attaqué par Carnot en pleine séance du Directoire et abandonné par Barras, le nouveau ministre refusa son portefeuille, sous prétexte qu'il n'avait pas trente ans, et quitta Paris, après avoir offert à Reubell, Barras et La Revellière de se rendre auprès d'eux, au milieu de son armée, pour « prendre ensemble une vigoureuse détermination et soustraire la patrie au pouvoir de ses ennemis ». Tandis que Bonaparte expédiait d'Italie des adresses révolutionnaires contre les Conseils qui trahissaient la République, Hoche menaçait, dans sa lettre du 12 août, adressée au ministre de la Guerre, « de faire justice des royalistes dès qu'ils oseraient se montrer ouvertement ». Il participa au coup d'État du 18 fructidor (4 septembre 1797) par le général Lemoine, l'un des vainqueurs de Quiberon, comme Bonaparte y participa par Augereau, et Lemoine a raconté lui-même « qu'il avait, dans plusieurs conférences, combiné avec le gouvernement le mouvement sur le château des Tuileries pour la nuit du 17 au 18 fructidor, et que ses dispositions furent prises avec Augereau ». Du reste, lorsque Hoche, qui était malade, reçut de Barras, dans la nuit du

21 fructidor, la nouvelle du coup d'État, il sauta de son lit, fou de joie, et s'écria : « Vive la République! Les traîtres ne sont plus : je suis guéri! » Toutefois, dans sa dernière lettre à Barras, il dénonça Bonaparte comme visant peut-être à la tyrannie et comme devant être surveillé par la République. Mais la mort stupide qui emporta le pacificateur de la Vendée le 19 septembre 1797, au quartier général de Wetzlar, laissa le champ libre à son ambitieux rival et sonna le glas de la liberté.

IV

Après la mort de Hoche, Hédouville, qui avait été nommé commandant des 1re, 15e et 16e divisions militaires sous le général Kilmaine, se borna à préserver nos côtes et à veiller à la mise en route des conscrits. Le coup d'État de Fructidor paraissait avoir découragé les royalistes qui s'épuisaient en vaines intrigues; ils flottaient sans direction depuis la fuite de Frotté et Puisaye en Angleterre. Puisaye alla même cacher au Canada la ruine de ses espérances.

Il fallut les arrêtés maladroits du 14 brumaire an VII (4 novembre 1798) contre les prêtres réfractaires pour provoquer une reprise de l'agitation vendéenne. L'emprunt forcé de cent millions sur les riches (loi du 10 messidor) et celles du 24 sur les otages ne firent qu'exaspérer la désaffection. Dans l'ouest, Michaud, le nouveau commandant de l'armée d'Angleterre, et ses lieutenants Travot, Rey et Grigny, puis le général Moulin, qui remplaça Michaud le 28 décembre 1798, luttèrent de leur mieux contre la reprise de la chouannerie, fomentée par l'or de Pitt et organisée au château de la Jonchère les 14 et 16 septembre 1799 par d'Autichamp, Bourmont et Cadoudal.

Le général Hédouville observait sans doute les événements, car il ne paraît pas avoir joué un rôle appréciable dans la *troisième guerre* des chouans et Vendéens qui débuta, au milieu d'octobre, par l'attaque audacieuse de Bourmont contre le Mans, se continua par les coups de main de Châtillon sur Nantes (nuit du 19 au 20) et de Cadoudal sur Vannes (26 octobre) pour se terminer par l'échec de d'Autichamp, dont le général Dufresse dispersa les 8 000 chouans (le 29 du même mois). Cette défaite ruina la réputation du général en chef des catholiques, car il n'avait eu affaire qu'à une poignée de républicains.

Tout le monde comprenait cependant que le défaut d'unité dans l'action des troupes républicaines et l'insuffisance du commandement de l'armée « dite d'Angleterre » appelaient de prompts remèdes. En réponse aux demandes de renseignements formulés par les Cinq-Cents et les Anciens, les ministres se trouvèrent d'accord sur la nécessité de substituer au général Michaud un chef plus habile et plus diplomate. Fouché constatait, dans un rapport du 22 octobre 1799, que « les chouans étaient maîtres des campagnes ». Dubois-Crancé, le nouveau ministre de la Guerre, décida que sept légions, tirées de l'armée de Batavie, seraient expédiées à l'armée d'Angleterre, et demanda au général Hédouville les instructions secrètes que le général Hoche avait laissées à son ancien chef d'état-major[1]. Il les envoya le 23 octobre, de Rouen, par un de ses aides de camp. Après avoir pris connaissance de ces précieux documents, le Directoire estima que le confident du vainqueur de Quiberon serait plus apte que personne à continuer son œuvre, et il le manda à Paris.

Voici comment Hédouville raconte son voyage dans la capitale :

> Aussitôt qu'il y fut rendu, le Directoire le nomma général en chef de l'armée d'Angleterre. Il s'empressa d'aller remercier les cinq directeurs[2] pour recevoir et leurs conseils et leurs instructions sur la conduite qu'il aurait à tenir dans son commandement. Aucun d'eux ne lui dit rien de positif; seulement, Sieyès lui dit que, depuis la pacification du général Hoche, Bourmont avait fait des démarches pour faire rentrer une de ses sœurs, émigrée, dans ses propriétés, et qu'il pourrait profiter de cette ouverture.
>
> Le général Hédouville alla demander, avant son départ de Paris, au ministre de la Guerre, Dubois de Crancé, ses instructions. « Qu'avez-vous besoin d'instructions? » lui répondit-il, avec son ton de voix brusque. « Si vous faites bien, tout ce que vous ferez sera approuvé. — Mais si je fais mal, répartit le général, quel pourra être mon recours? » Le ministre se détermina à lui donner des instructions assez insignifiantes, dont cependant la stricte exécution ne pouvait que contribuer à augmenter les malheurs et la dévastation des départements de l'Ouest.

On sait fort bien en quoi consistait ces instructions du ministre, puisqu'elles n'étaient que le commentaire de l'arrêté du Directoire en date du 1er bru-

1. Ici commence le mémoire inédit que rédigea le général Hédouville en 1823 sur la pacification de 1800. Nous y ferons quelques emprunts textuels, et nous analyserons le travail du général dans notre texte, car son style ne présente que peu d'intérêt littéraire.

2. Sieyès, Roger-Ducos, Barras, Gohier, le général Moulin.

maire an VIII, qui renouvelait l'arrêté du 7 nivôse an IV. Il prescrivait notamment de faire dresser par les administrations des listes exactes de « chouans anciens et actuels » et de « les enlever de leurs communes ». Or, Hédouville avait d'autres desseins. Quoi qu'il en soit, après ces visites réglementaires, il partit en poste, non pour le quartier général de Rennes où était Michaud, mais pour Angers, où il arriva le 3 novembre. Il donne pour raison de cette singulière détermination « qu'il savait que les plus grandes réunions des chefs de chouans étaient dans les environs de cette ville ». Le général explique que les troupes républicaines, à cette époque, n'occupaient que les grandes villes, et que « la presque totalité des communes était sous la domination forcée des chouans ». Ceux-ci, répartis en compagnies sous le commandement d'émigrés, recevaient l'ordre de se rassembler sur tel ou tel point et d'attaquer les cantonnements les plus faibles ou les plus mal commandés. Un espionnage, parfaitement organisé, les informait de tous les mouvements des troupes régulières. Ces espions étaient surtout les femmes « qui, la quenouille en main, étaient stationnées sur les hauteurs environnant les plus gros cantonnements ». Elles transmettaient leurs informations, « par des signes convenus, dans les ailes des moulins à vent ». Telle était l'efficacité de cette organisation que le général, pour informer Michaud qu'il le remplaçait, « en fut réduit à charger de sa lettre un piéton étranger à l'armée et tout à fait vêtu comme les Bretons; la dépêche fut cousue dans ses habits pour qu'elle ne tombât pas entre les mains des chouans ». Et il fallut quinze jours pour expédier cette dépêche d'Angers à

Rennes, de telle sorte que Michaud ne sut pas avant le 11 novembre qu'il avait un successeur et continua à donner des ordres dans l'intervalle. Le 16, Michaud put enfin adresser à Hédouville un rapport où il peint la situation très en noir, fait connaître qu'il ne reçoit plus aucune lettre des généraux Rey, Vimeux et Desbureaux, et que, le 15, un courrier a remis à l'administration du département « un décret qui annonce qu'il n'y a plus de Directoire et que soixante et un députés (qui sont nommés) ne sont plus membres de la représentation nationale ». C'est seulement le 29 novembre que Michaud fit sa jonction avec son successeur à Angers. Il partit ensuite pour Paris, d'où il fut envoyé à l'armée de Masséna. Ce dernier lui donna le commandement de son aile droite.

Hédouville, sans autrement se préoccuper de Michaud, avait, dès le 3 novembre, informé l'armée, par un ordre du jour, de ses pouvoirs dictatoriaux promis de veiller à la solde, à l'habillement et « principalement à la chaussure des troupes ». Le 8, il avait mis en état de siège tout le département de Maine-et-Loire. Mais, en même temps, il avait recours à d'autres moyens pour apaiser la rébellion.

Les historiens de la Vendée ont déjà beaucoup parlé de la célèbre vicomtesse, veuve de Turpin de Crissé, qui avait négocié, en mai 1796, les soumissions de Scépeaux et de d'Autichamp, et avait engagé Hoche « à se faire roi lui-même », Hédouville raconte qu'il fut sollicité par cette dame, qui « avait, dit-il, l'ardent désir de voir son pays rendu à la tranquillité, d'employer de nouveau ses soins à déterminer les chefs chouans à se prêter à une pacification ». Or, Mme Turpin de Crissé était sous le coup d'un mandat d'arrêt comme otage depuis le 4 septembre précédent. Cela n'arrêta pas le général. Il lui envoya un passeport pour faire rentrer ses deux filles à Angers, et fit mettre en liberté un de ses domestiques « pour lui inspirer de la confiance ». Dans le rapport « au citoyen Gohier, président du Directoire exécutif », qui porte la date du 19 brumaire (10 novembre), le général fait éloge de la dame, « de son esprit, de ses qualités personnelles, etc. » Il trace un tableau poussé au noir de l'organisation des chouans qui « ont des administrations civiles et judiciaires, maintiennent en fonctions les municipalités qui n'ont pas fui, et ne font fusiller que « les hommes qui refusent de marcher à leur réquisition ». Il analyse les demandes formulées par Mme de Crissé au nom des chouans, et dont les principales étaient une amnistie générale pour les rebelles qui remettraient leurs armes dans l'espace d'un mois, la liberté des cultes, la permission pour les prêtres déportés de rentrer dans leurs foyers. Elle insistait, en outre, pour qu'on laissât aux insurgés quelques fusils par commune. Le général se montrait disposé à « laisser au plus dix fusils dans les communes les plus populeuses... ».

Quand Hédouville écrivit ce rapport embarrassé et très suspect, le Directoire avait vécu, et la loi du 19 brumaire, fabriquée par les conspirateurs, l'avait remplacé par « une *commission consulaire exécutive*, composée de Sieyès, Roger Ducos, ex-directeurs, et du général Bonaparte, prenant le nom de *Consuls de la République française* ». Bien que les consuls eussent juré, le 20 brumaire, « fidélité à la République une et indivisible », le coup d'État de Saint-Cloud fut très bien accueilli par d'Hédouville, dont Mercier du

Rocher a dit dans son journal manuscrit (4e cahier) « qu'il aimait la Révolution comme un émigré », et par Mme Turpin de Crissé elle-même, qui, dans un billet intime, écrivit au général en célébrant « la révolution qui s'opère à Paris pour le bonheur de la France ». Elle se met immédiatement en rapports avec le comte de Châtillon, « général en chef du Bas-Anjou et de la Haute-Bretagne », et avec d'Autichamp, bien démoralisé depuis sa défaite des Aubiers. Ces chefs affectent de traiter d'égal à égal avec Hédouville, réclament une suspension d'armes avant de négocier, et la liberté pour les chouans de se rassembler, sans crainte « d'être fusillés en route ». Le ministre de la Guerre, Berthier, avait écrit à Hédouville pour l'assurer de la confiance du nouveau gouvernement, et, le 20 novembre (29 brumaire), il l'autorisait « à promettre aux chefs les avantages pécuniaires qui pourraient les rattacher à la *famille* » et « à mener vivement une négociation si essentielle ».

Ainsi couvert, Hédouville fit passer des lettres par Mme Turpin de Crissé à MM. de Châtillon et de Bourmont, qui étaient chez elle au château de la Roche, et la correspondance se continue, les chouans voulant traiter comme « réunion de chefs » et le général préférant traiter avec chacun d'eux isolément. Mais ce qu'Hédouville n'avoua qu'en 1823, c'est qu'il avait vu personnellement MM. d'Autichamp et de Bourmont, et qu'il ne se contenta pas de leur envoyer son aide de camp, Paultre de Lamotte. Voici son récit :

D'Autichamp et Bourmont demandèrent au général Hédouville une entrevue. Elle eut lieu dans un des faubourgs d'Angers, dans une maison à M. d'Autichamp. Les chouans étaient les maîtres dans les faubourgs, et l'animosité était telle entre eux et les républicains que, pour pouvoir sortir des murs sans donner d'ombrage aux habitants de la ville, le général Hédouville prit la précaution de faire placer une garde entièrement à sa dévotion à une porte bâtarde de la ville, par laquelle il sortit de nuit pour se rendre au rendez-vous. Il était accompagné d'un seul de ses aides de camp, de Lamotte, actuellement général commandant la division de Lyon.

Le général Hédouville, confiant dans la bonne foi des chefs chouans, dont il n'a eu qu'à se louer pendant le cours des pourparlers, Georges Cadoudal excepté, se mit ainsi à l'entière discrétion de d'Autichamp et de Bourmont....

C'est ce que le général en chef d'une armée républicaine appelait « jeter la première base de la pacification ». Il se garda bien, dans ses rapports, de parler de ces entrevues suspectes, d'autant plus que les instructions des Consuls, en date du 29 brumaire (20 novembre 1799), portaient « qu'ils ne se résoudraient que très difficilement à traiter avec des rebelles ».

Pendant que le général en chef se livrait à ces négociations plus que délicates, la guerre continuait dans le Bocage entre les troupes républicaines, commandées par le brave général Travot, et les bandes vendéennes du marquis de Grignon et autres émigrés. Le 17 novembre, le marquis avait été tué par le poste des Herbiers avec cinquante insurgés, expiant ainsi le massacre atroce des prisonniers républicains qui s'étaient rendus après l'affaire du Puy-du-Fon. Or, parmi les papiers de Grignon, les républicains avaient saisi une lettre de d'Autichamp, disant à son ami : « Tiens toujours ton monde rassemblé ; je te dirai *ce que m'a écrit Hédouville*; en attendant, j'écris à

Delaage qu'il ne m'inquiète pas ». Les soldats portèrent cette lettre à Travot, qui, furieux, alla déposer le document chez un notaire de Nantes, et ne se gêna pas pour crier comme ses troupes à la trahison. Le général Grigny, en informant Hédouville de ces faits, écrivait dans son rapport confidentiel : « Mon général, *je ne suis pas content*; je voudrais vous voir ». De son côté, le divisionnaire Desbureaux, qui venait d'apprendre que les chouans s'étaient saisis du Poiré, en tuant plusieurs soldats; qu'en outre, des rassemblements se formaient à Légé, l'ancienne capitale de Charette, s'écriait, dans un rapport du 27 novembre : « Les chouans sont aux Lucs, au nombre de six à sept cents; ils *se foutent de la pacification et de la suspension d'armes*; ils disent que nous avons peur, et que c'est le moment de se rassembler et de nous battre ». On devine quelle dut être la colère des troupes républicaines quand elles rencontrèrent à Montaigu un officier de l'état-major du général en chef, accompagné de deux officiers chouans qui portaient des panaches blancs. Ils venaient notifier la suspension d'armes. On faillit les massacrer.

Hédouville se plaint, ainsi qu'il suit, dans son mémoire inédit, de l'attitude des généraux, qui, dit-il, « partageaient les inquiétudes de leurs troupes ».

Le général Travot, commandant la division de Sables-d'Olonne avant la suspension des hostilités, ayant surpris quelques correspondances de chouans qui parlaient des entrevues que le général Hédouville venait d'avoir avec leurs chefs, eut l'audace de mettre à l'ordre de sa division que leur général en chef était un *traître*. Le général Hédouville, qui aurait pu le livrer à un conseil de guerre, se contenta d'ordonner au général Travot de se rendre à son quartier général, à Angers, où il le retint, sans lui confier aucun commandement, à peu près trois semaines, jusqu'après la pacification.

La destitution de Travot, remplacé par le général Gillibert, et celle du divisionnaire Desbureaux, qui n'aimait pas non plus les palabres avec les émigrés, et fut, pour ce motif, remplacé par le général Muller, irritèrent profondément les patriotes de la Vendée maritime. La municipalité des Sables écrivit à la députation de la Vendée à Paris pour exprimer sa consternation et son désespoir, demander le rappel de « ce brave officier » (Travot) et déclarer qu'elle n'ajoutait « aucune foi à la prétendue pacification des chouans », qui continuaient à se recruter dans les environs. Ils faisaient plus. Dans la nuit du 29 au 30 novembre, une bande de 150 hommes envahit le bourg d'Aizenay et tua un maréchal des logis et un administrateur du canton.

Hédouville, dans ses mémoires de 1823, se garde bien de raconter ce qui se passa après sa proclamation du 24 novembre, qui annonçait « aux habitants de l'ouest et à l'armée » la suspension des hostilités. Rien n'était plus singulier et plus déconcertant pour les patriotes que de voir les officiers d'état-major du général en chef escortés par des cavaliers royalistes, comme Kainlis, aide de camp de Châtillon. Les chefs vendéens n'étaient pas maîtres de leurs hommes, qui avaient souvent toutes les apparences de simples voleurs, comme ce prétendu chevalier de la Gelinière, espion qui passait d'un camp à l'autre, et fut finalement fusillé par l'ordre de Bourmont.

D'autre part, les Anglais ne s'inquiétaient nullement de l'armistice négocié par Mme Turpin de

Crissé avec Frotté, Bourmont, Châtillon, d'Andigné et consorts. Ils avaient débarqué 5 000 hommes, dans la nuit du 29 au 30 novembre, à l'embouchure de la Vilaine, vers Billiers et Pont-Scorff. Georges Cadoudal et de Sol s'étaient joints aux troupes britanniques avec quatre à cinq mille chouans. Le général Hardy, qui n'avait rien su prévoir, marcha contre eux avec une petite colonne, et, les ayant rencontrés dans la lande d'Elven, leur tira quelques coups de canon, puis se replia sur Vannes, où il reçut avis, par un aide de camp de Georges, de la pacification conclue par Hédouville (30 novembre). Ce dernier avait, d'ailleurs, donné rendez-vous à Georges pour le 15 décembre, et le chef royaliste promit de se rendre à Pouancé afin de traiter de la suspension d'armes.

L'administration centrale du Morbihan écrivit aux consuls pour signaler la présence de 30 000 insurgés, appuyés par une population de 500 000 paysans, tandis que des escadres anglaises menaçaient Cherbourg, Granville et Ouessant. Dans les Côtes-du-Nord et le Finistère, les royalistes se rassemblaient, enlevaient les armes, arrêtaient les diligences, et le général Hardy s'indignait « de la façon dont les chouans tenaient leur parole ». Il en était de même dans l'Ille-et-Vilaine, où les bandes royalistes venaient piller les faubourgs de Rennes et attaquaient les détachements isolés. Le ministre de la Police fournissait, à la même époque, des rapports circonstanciés au ministre de la Guerre, pour signaler les vols et les exactions des chouans en Normandie, ainsi que dans le Maine, la Touraine, l'Anjou et la Vendée. Hédouville, accusé par les commissaires du gouvernement près les administrations municipales « de suspendre la guerre quand les brigands la continuaient », se bornait à mettre en état de siège une partie de la Vendée et des Deux-Sèvres. Il ne donnait aucun ordre à Travot, réintégré dans son commandement le 7 décembre et que son impuissance forçait à offrir déjà sa démission au ministre de la Guerre (29 décembre). Hédouville louvoyait, gagnait du temps, excusait dans ses rapports les insolences des chefs royalistes, faisait donner quinze jours d'arrêt au général Grigny, coupable de défendre obstinément ses postes dans la Loire-Inférieure, et négociait avec les généraux catholiques, réunis à Pouancé, à quatre lieues de Chateaubriant.

Ces négociations, ouvertes au début de décembre avec Frotté et La Prévalaye, et auxquelles Georges Cadoudal vint prendre part le 18, furent très laborieuses, parce qu'une partie des chefs royalistes, comme Georges, Frotté et Bourmont, « ce petit homme de salon », comme disait Hoche, ne désiraient nullement une pacification, et que les instructions du comte d'Artois, apportées de Londres par le baron de Suzannet, prescrivaient « de ne faire jamais de traités particuliers et de conserver une force armée sur pied ». Enfin, un avant-projet put être rédigé en cinquante articles par les généraux royalistes, et le général Hédouville le transforma en un acte revêtu de sa signature. Il comprenait quarante articles qui, à côté de beaucoup de verbiage et de phrases vagues, promettaient aux chouans le libre exercice des cultes, la revision des jugements politiques pour opinions et actes contre-révolutionnaires, l'ouverture de deux ports neutres, la mise en liberté des prisonniers, l'abrogation des lois « destructives de la liberté civile », le désarmement des compagnies de « gens sans aveu », la suppression des colonnes mobiles de la garde nationale et de nombreuses radiations de la liste des émigrés.

Bonaparte avait d'abord laissé Hédouville se compromettre dans ces transactions équivoques avec les chefs royalistes parce qu'il voulait obtenir les votes des populations de l'Ouest; mais, quand la Constitution consulaire du 14 décembre eut été acceptée et mise en vigueur le 25 décembre 1799; quand le premier Consul fut devenu un véritable souverain pour dix ans, avec deux collègues (Cambacérès et Lebrun) subalternisés; quand le Corps législatif, le Tribunat, le Sénat et le Conseil d'État eurent été formés de ses créatures, l'attitude de Bonaparte devint subitement hautaine et cassante. Il reçut très froidement le négociateur royaliste Hyde de Neuville, que lui présenta Talleyrand (26 décembre), et refusa un délai de dix jours à d'Andigné pour faire venir à Paris les chefs catholiques. Le roi de Mitau dut reconnaître qu'il était joué et se drapa un peu tard dans sa dignité de « fils de saint Louis ». Le premier Consul légiféra de son chef, sans s'inquiéter autrement des projets et avant-projets de Pouancé, et la proclamation du 7 nivôse an VIII (28 décembre 1799) se borna à promettre aux chouans la liberté des cultes « garantie par la Constitution », la suppression de l'emprunt forcé et de la loi des otages, enfin une amnistie aux habitants des départements de l'Ouest « pour les événements passés ». Quant aux communes qui resteraient en rébellion, elles seraient déclarées *par le général Hédouville* « hors de la Constitution et traitées en ennemies du peuple français ». Le faible négociateur reçut, par l'aide de camp du premier Consul, Gérard

Lacuée, les instructions détaillées du ministre de la guerre Berthier pour agir au plus vite, « car la patience de Bonaparte était à bout ». En même temps, des renforts portaient l'armée d'Angleterre à 40 000 hommes.

Les royalistes furent « atterrés », comme l'écrivait Kainlis à Bourmont le 1er janvier 1800. « Ils traitèrent le premier Consul de tyran, d'Italien, d'aventurier. Louis de Frotté qui, d'après Barras, connaissait les avances faites par Bonaparte aux Bourbons, lors de son retour d'Égypte, ne cacha pas son mépris pour le Corse. Il ne voulut pas venir en personne à Pouancé pour s'entendre avec Hédouville, et Georges Cadoudal ne sôngeait qu'à livrer Belle-Isle et Brest aux Anglais.

Le malheureux général en chef de l'armée d'Angleterre se trouvait dans une situation très délicate et très périlleuse, après toutes les compromissions auxquelles il s'était livré avec les chefs royalistes. Il envoya à Bonaparte, le 2 janvier 1800, une longue note, dans laquelle il prend à tâche de mettre en relief la savante organisation des chouans, leur habileté à former des rassemblements et à les dissoudre, à percevoir des contributions et à empêcher les républicains de faire rentrer l'impôt dans les caisses républicaines, etc. Par prudence, il exprime une opinion favorable sur les dispositions pacifiques de Châtillon, Bourmont et d'Autichamp, avec lesquels il s'était gravement compromis, et dénonce Georges et Frotté comme « gagnés et soldés par les Anglais ». Bien que Clarke, directeur du dépôt de la Guerre, eût répondu immédiatement à cette filandreuse dissertation que le premier Consul « trouvait inutile toute nouvelle démarche pacifique », qu'il fallait « en finir » et *brûler* les communes où se rassemblaient les rebelles, Hédouville alla en personne à Candé travailler avec les chefs royalistes à conclure la singulière convention préliminaire du 11 janvier 1800, qui admettait « le licenciement absolu des hommes assemblés dans les cantonnements, armés et non armés ». La Palisse eût rédigé la dernière clause, qui portait que, si *un des habitants de l'Ouest* envoyé à Paris « pour aplanir les difficultés existantes » échouait dans sa mission, « la présente convention serait nulle ». Ce délégué n'était autre que le chevalier d'Andigné, que Gérard Lacuée emmena à Paris.

En attendant, Hédouville prenait sur lui de prolonger l'armistice de cinq jours, jusqu'au 1er pluviôse. Mais Bonaparte, aux dates des 8 et 11 janvier, avait lancé deux proclamations terribles qui traitaient les chouans de brigands et de stipendiés de l'Angleterre, et les menaçait « du glaive de la force nationale, car une plus longue patience ferait le triomphe des ennemis de la République ».

Cette pauvre Mme Turpin de Crissé tremblait pour sa sécurité, prenait, le 14 janvier, un passeport pour Paris, et demandait à son ami Hédouville un certificat authentique « de la loyauté de sa conduite ».

Sur ces entrefaites, le célèbre abbé Bernier rentrait en scène, et, mécontent du dédain que lui témoignaient le prétendant de Mitau, le cabinet de Saint-James et le comte d'Artois, offrait ses services au premier Consul pour réaliser la pacification. L'intrigant, découvert par les agents d'Hédouville dans les mauges angevines, déploie aussitôt une activité fébrile, va trouver les chefs vendéens à leur quartier général de Montmoutier, puis s'abouche avec Hédouville à Angers (14 janvier 1800), le séduit par sa faconde, et, finalement, après une conférence orageuse, à Montfaucon-sur-Moine, avec les chefs de la rive gauche de la Loire, écrit, le 18 janvier, au général en chef que « la paix était acceptée par eux avec reconnaissance ». Ce ne fut vrai que deux jours plus tard. Le 20 janvier, dernier jour de l'armistice accordé par Bonaparte, d'Andigné et les autres chefs de la division de la Haute-Bretagne et de l'Anjou avisèrent Hédouville qu'ils acceptaient la paix et que l'ordre de de licenciement de leurs troupes « était donné ».

Pour obtenir ce résultat, Hédouville ne s'était pas servi seulement de la diplomatie de Bernier. Il avait aussi employé l'or. C'est ainsi que « l'Achille vendéen de la grand'guerre », Henri Forestier, reçut par son entremise une somme de 13 000 francs, qui disposa très favorablement l'ancien ami plébéien de Stofflet à se départir de son intransigeance et à conseiller la soumission aux rebelles de la rive gauche.

Voici comment Hédouville avoue ce fait dans ses mémoires inédits :

> Le général Hédouville avait eu plusieurs fois l'occasion de voir *M. Forestier*, un des chefs les plus influents de la rive gauche de la Loire. Il était réputé très brave et avait reçu, avant la pacification opérée par le général Hoche, un coup de feu à travers la poitrine : il le perça de part en part. Il ne succomba pas à cette blessure, mais il lui en resta un tel état de faiblesse qu'il ne put prendre aucune part à la reprise d'armes qui désolait de nouveau les départements de l'Ouest, ayant témoigné au général Hédouville le désir d'y voir cesser l'effusion du sang. Le général, sachant que sa position pécuniaire n'était pas brillante, *lui promit*, si les bandes de la rive gauche, commandées par le comte d'Autichamp, consentaient les premières à la paix, de lui faire donner par le gouvernement 13,000 fr.

L'adhésion des chefs des bandes de la rive gauche ayant eu lieu avant celle de la rive droite, le général Hédouville, avec l'approbation du Gouvernement, fit passer cette somme de 13 000 fr. à M. Forestier.

Au fond, Hédouville fraternisait avec tous les chefs vendéens : il ne voyait que par les yeux de Bernier et de Mme Turpin de Crissé. C'était le premier qui l'avait informé avant la lettre de la pacification de Montfaucon. Le général en chef avoue encore dans ses mémoires son intimité avec l'abbé. Il s'exprime ainsi qu'il suit :

M. Bernier envoya, par trois chefs vendéens, la première nouvelle de cette adhésion au général Hédouville et vint lui-même à Angers lui témoigner la joie qu'il ressentait de cet heureux événement. Le général *lui proposa d'aller à Paris pour y suivre auprès de Bonaparte les intérêts des Vendéens*. Il accepta cette *offre* avec empressement. Quelques jours après, il partit pour Paris, après avoir reçu 1 800 fr. que le général lui fit compter pour les frais de son voyage....

Ainsi, en dépit des phrases embarrassées par lesquelles Hédouville affirme « que, dans tous les pourparlers qu'il a eus avec les chefs chouans et vendéens, il n'a été fait aucune proposition et aucune demande d'argent (excepté les 13 000 francs donnés à M. Forestier) ; il est certain que les considérations matérielles et les avantages personnels, offerts aux intermédiaires, Bernier et Forestier, ont eu une notable influence sur l'issue des négociations. De même, lorsque à la date du 19 janvier 1800, le comte de Châtillon fit savoir à Hédouville « qu'il donnait des ordres pour le licenciement » des bandes de la rive droite de la Loire, il y eut des promesses singulièrement compromettantes du général en chef, en échange de l'engagement des chouans de rendre ou plutôt de *cacher* leurs armes, comme le recommandait Suzannet, le principal chef de la Vendée. La proclamation adressée, au début de nivôse an VIII, aux habitants de l'Ouest par Hédouville, contient ce paragraphe final :

Si le licenciement est opéré sans aucune restriction, ainsi qu'il est dit ci-dessus, le général en chef *s'engage* à faire obtenir aux individus rentrés les *avantages particuliers* que le Gouvernement est dans le cas de leur procurer....

Ces avantages particuliers consistaient dans la restitution de leurs biens. Beaucoup d'émigrés le comprenaient ainsi, notamment Quatre-barbes, l'un des signataires de la déclaration de Candé, qui, par lettre du 20 janvier, demanda au général, en termes attendris, « d'appuyer sa réclamation auprès du premier Consul », et réclama un passeport pour aller à Paris « solliciter, sous les auspices du général ».

Hédouville mit le comble à ses faiblesses par sa conduite à l'égard de M. de Bourmont.

A l'expiration de l'armistice, le 21 janvier, le général Chabot avait repris l'offensive contre les bandes de Bourmont, les avaient atteintes le lendemain à Meslay, près de Laval, et mises en déroute en leur infligeant de grosses pertes. Bourmont lui-même n'avait pu se sauver qu'en abandonnant son cheval. Mais Chabot fut arrêté dans sa poursuite par un courrier du général Hédouville « qui lui annonça que M. de Bourmont et sa division *s'étaient réunis* aux divisions de MM. de Châtillon et d'Autichamp, qui avaient accepté avec reconnaissance la paix, et qu'il devait (lui Chabot) cesser toute attaque... ». (Voir le rapport de Chabot au premier Consul, en date du

26 janvier 1800.) Cela n'empêcha pas les lieutenants de Bourmont, notamment M. de Ménard, de persister dans leur rébellion, et de massacrer, avec des raffinements de cruauté, un détachement de républicains qui escortait la diligence de Laval. Bourmont, battu, écrivit à Hédouville, le 23 janvier, pour se plaindre d'avoir été attaqué par Chabot, et demander « si la continuation de la guerre était le seul parti qui lui restât, ou s'il pouvait obtenir pour le Maine ce qui avait été accordé à M. d'Autichamp ». Mme de Turpin devait transmettre la réponse. En attendant, les chouans continuèrent à batailler, car il y eut encore des engagements le 25 janvier à Foullebourte et à Vallon, et ce n'est que le 4 février que le vicomte de Malartic, dit *Sauvage*, adhéra, pour Bourmont, aux conventions de Montfaucon et de Candé.

Mais le pauvre Hédouville devait subir encore bien des épreuves, par suite des incartades de ses nouveaux amis. La guerre continuait ou recommençait dans le Morbihan, où Georges Cadoudal luttait vigoureusement contre le général Hardy. La bataille de Plaudren, du 27 janvier, fut particulièrement meurtrière, puisque les chouans y perdirent 400 hommes. Les 12000 partisans de Cadoudal se concentrèrent dans les bois d'Elven, entourés par 15000 républicains. Il allait se trouver en présence d'un adversaire plus résolu et moins complaisant que le général Hédouville.

Bonaparte avait été furieux, à bon droit, des faiblesses excessives du général en chef de l'armée d'Angleterre pour les meneurs de la chouannerie. Hédouville avoue lui-même, dans ses notes de 1823, qu'il avait prolongé la trêve jusqu'au 1er pluviôse, et ensuite du 1er au 5, « quoiqu'il eût reçu des *ordres impératifs* du Gouvernement d'attaquer les bandes de chouans dans tout l'arrondissement de l'armée le *1er pluviôse* » (21 janvier 1800). En outre, et avant le 1er pluviôse, Bonaparte avait envoyé à Hédouville le général Lacuée, l'un de ses aides de camp, pour presser l'exécution de ses ordres. Lacuée accomplit sa mission, mais se laissa persuader par Hédouville que « les circonstances avaient seules forcé de prolonger la trêve de cinq jours ». Le premier Consul « se fâcha » quand Lacuée vint lui présenter les excuses du général en chef, et renvoya un autre aide de camp, Duroc, pour renouveler ses ordres. Hédouville, « fort, dit-il de sa conscience et de ses espérances dans la bonne foi des chefs chouans, persista à ne vouloir les attaquer que le 5 pluviôse ». Duroc ayant de suite rendu compte à Bonaparte, ce dernier envoya à Angers un troisième officier, Alexandre d'Alton, aide de camp du ministre de la guerre, « pour témoigner au général Hédouville son mécontentement, et lui ordonner derechef d'attaquer le 1er pluviôse ». Au lieu d'attaquer, Hédouville traita à Candé le 1er pluviôse, avec le comte de Châtillon et d'Andigné.

Une pareille indiscipline eût provoqué la colère de chefs d'État plus endurants que Bonaparte. Dès le 14 janvier 1800, il supprima *l'armée d'Angleterre*, la remplaça par une nouvelle armée, dite *de l'Ouest*, et en confia le commandement au général Brune, conseiller d'État, auquel il donna des instructions minutieuses. Elles excluaient de la suspension d'armes Georges Cadoudal, et Brune, aussitôt arrivé à Angers devait marcher contre ce chef « et faire sentir tout le poids et les horreurs de la guerre aux révoltés du Morbihan ». « N'ayez plus aucune espèce de pourparler diplomatique.... Commencez à faire des exemples. » C'était un blâmé direct contre Hédouville, qui était privé du commandement en chef. « Le général Hédouville, disait Bonaparte, remplirait très bien le poste de votre chef d'état-major ou de votre premier lieutenant. Il connaît très bien les individus et les localités, mais il n'a ni assez d'énergie ni assez d'habitude de diriger de lui-même des opérations militaires pour pouvoir commander en chef. » Brune était invité à « remuer un peu les généraux qui, habitués à ne pas être commandés, ne se donnent pas assez de mouvement. Ne souffrez pas qu'ils restent dans les villes : le poste d'honneur est dans le bivouac et les granges. Tous ceux que vous jugerez trop âgés ou hors d'état de commander, vous pouvez les envoyer à Paris ». Telle fut la raison pour laquelle on remplaça le vieux Canclaux par Gardanne, et Vimeux par Chabot. Le général en chef recevait le droit de faire des règlements, même portant peine de mort. Les jugements des conseils de guerre seraient sans appel, revision ni cassation, et la Constitution était suspendue pour trois mois dans les 12e, 13e, 14e et 22e divisions militaires.

Il faut admettre que le gouvernement ne croyait pas pouvoir se passer des services d'Hédouville, car, dans la lettre qui notifiait son remplacement au général en chef, et lui faisait part « de l'extrême mécontentement du premier Consul » à raison du nouveau délai accordé au chef des révoltés, Clarke ajoutait : « Le général Brune désire vous conserver comme chef d'état-major de l'armée de l'Ouest.... J'ai, en quelque sorte, répondu de votre acceptation ». Cette acceptation était, du reste, quelque peu forcée, car la lettre de Clarke ne cachait pas à Hédouville que, « s'il n'acceptait pas, il ne voyait plus pour lui qu'une perspective de désagréments », le Gouvernement devant être forcé, dans cette hypothèse, « de motiver son appel sur la *violation* de ses ordres, et de le faire devant la France entière ».

Hédouville, dissimulant son dépit, accepta donc d'être le lieutenant d'armée du nouveau général en chef. Il resta à Angers avec les troupes de la droite (ordre de Brune du 30 janvier). Il y eut même un second lieutenant d'armée, qui n'était autre que Debelle, le beau-frère de Hoche. C'est ce dernier qui commanda la gauche, avec Grigny, Travot, Gency, Hardy pour sous-ordres. Brune, arrivé à Angers le 18, adressa, le 20 janvier, un premier rapport à Bonaparte. Il y raconte, un peu ironiquement, qu'Hédouville, « qui accepte d'être son lieutenant », lui a déjà amené un chouan, nommé Beauvollier, « porteur de lettres d'un prêtre, nommé Bernier », et que ces lettres assuraient un prochain licenciement sur la rive gauche de la Loire. « Ainsi, ajoute Brune, le général Hédouville aura, à juste titre, le nom de *Pacificateur*. » Quant à lui, Brune, il va marcher contre Georges. « Il va se battre, tandis qu'Hédouville négociera. » Dans une nouvelle dépêche à Bonaparte, en date du 22, Brune précise sa pensée : « Je porte la terreur et le respect, et le général Hédouville attire la confiance. Le général Hédouville est chargé de ce qui concerne les émigrés et la pacification ».

V

Quand le conciliant Hédouville eut annoncé à Bonaparte, par son aide de camp, Paultre de la Motte, les pacifications de la rive droite de la Loire (signées à Montfaucon le 28 nivôse et à Candé le 1er pluviôse), il rentra en grâce, et le ministre de la Guerre Berthier lui écrivit, au nom des Consuls, le 4 pluviôse an VIII :

Personne plus que moi, mon cher général, n'applaudit à vos succès, et par l'amour du bien public et par l'amitié que je vous porte. J'ai communiqué toutes vos dépêches aux Consuls, et ils me chargent de vous témoigner toute leur satisfaction. Salut et fraternité.

Bonaparte lui-même félicita Hédouville, le 22 janvier 1800, « du premier pas fait pour le rétablissement de la tranquillité » sur les bords de la Loire. Il ajoutait qu'il verrait Bernier avec plaisir. Après avoir lu la lettre de l'abbé en date du 28, par laquelle était annoncée l'heureuse issue des conférences de Montfaucon, le premier Consul qualifiait le curé de Saint-Laud « d'homme éclairé et digne de coopérer au bonheur et à la gloire de la patrie. Il le verrait avec plaisir ». Hédouville exultait, après ce qu'il appelle « ses tribulations ». D'ailleurs, le *Pacificateur* n'est pas ingrat. Il est content de tout le monde et se répand en épithètes flatteuses pour les officiers qui ont pris sa défense auprès du terrible Bonaparte : le colonel Gérard Lacuée « dont la franchise avait déplu au premier Consul », le général Dupont, le général Clarke, le ministre Berthier. Sa gratitude s'étend même aux policiers : depuis le ministre

Fouché, qui l'avait fait mettre en surveillance à partir du 18 brumaire, jusqu'à l'agent chargé de cette surveillance, M. Duperret « dont les rapports ont peint la conduite du général Hédouville et toutes ses démarches sous un jour avantageux. » Et le général exprime dans ses notes le regret « de n'avoir pas eu le plaisir de revoir » cet aimable observateur, de 1800 à 1823!

On a dit que Brune, après avoir pris le commandement en chef le 18 janvier, dès son arrivée à Angers, avait aussi félicité Hédouville, dans son premier rapport à Bonaparte, d'avoir accepté « le titre de son lieutenant et de chef d'état-major ». Le nouveau général en chef, en partant pour attaquer les chouans de Cadoudal, du côté de Vannes, laissa Hédouville à Angers « avec un seul détachement de la compagnie des *guides* ». Cette compagnie « s'était montée, équipée et habillée aux dépens de chaque guide ». Hédouville, avec sa petite troupe de volontaires, parcourut les départements de Maine-et-Loire et de la Mayenne, et reçut partout, dit-il, « de grandes marques de reconnaissance de toute la population et des autorités civiles », notamment à Laval, à la Flèche, au Mans. Dans cette dernière ville, il assista à une représentation théâtrale : on jeta des fleurs dans sa loge « en le proclamant le *Pacificateur des départements de l'Ouest* ».

Mais l'ère des « tribulations » n'allait pas tarder à se rouvrir pour le pacificateur fleuri. Cadoudal, cerné par Brune dans les forêts de Lauvaux, Florarge et Camors, avait parlementé en personne avec le général en chef et consenti à rendre une partie de ses armes. Mais, au moment où Georges offrait de capituler « sur les bases d'Hédouville », Brune reçut une lettre de « l'émigré Bourmont » datée du 5 février et qui contenait la menace « d'appeler au secours de leurs camarades bretons tous les hommes que lui Bourmont faisait rentrer dans leurs foyers, si le général en chef faisait à Georges des conditions plus dures qu'aux autres chefs qui avaient traité avec Hédouville ».

Bonaparte, furieux de cette lettre insolente de Bourmont, expédia, le 13 février, deux courriers à Hédouville et à Brune. Le premier apportait à Hédouville l'ordre de réunir toutes ses troupes et de marcher contre Bourmont, qu'il qualifie de « rebelle ». Le premier Consul ajoute : « Bourmont nous joue. Il n'a rendu ni ses canons ni ses armes ». Il faudrait le sommer de les remettre dans un délai de vingt-quatre heures. « Sur sa réponse négative, mettez-vous à la tête de vos troupes et ne quittez vos bottes que lorsque vous l'aurez *détruit.* »

Cette fois, Hédouville était mis au pied du mur et réduit à employer des moyens énergiques contre Bourmont, d'autant que Brune avait reçu le double des dépêches de Bonaparte. Mais le pacificateur éluda encore des ordres aussi formels, et c'est Bourmont lui même qui, dans l'éloge du général Hédouville à la Chambre des pairs (10 juin 1825), a raconté le service dont il fut redevable à son adversaire républicain ou soi-disant tel :

Neuf jours après la signature de la paix pour la province du Maine, le 15 février 1800, j'allai à Angers. Le général Hédouville venait d'y recevoir du premier Consul l'ordre formel de me poursuivre à outrance, si je ne lui faisais remettre sur-le-champ les pièces de canon que j'avais prises et, sous trois jours, 3 000 fusils. Je refusai de rendre ni canons ni fusils, et le général Hédouville n'hésita pas à me donner un passe-port pour Paris et à représenter au premier Consul qu'il ne pouvait ni me faire arrêter ni me proscrire sans manquer à la foi promise, et que cette considération ne lui permettait pas d'exécuter ses ordres à mon égard....

L'homme qui amortit et canalisa la colère de Bonaparte, et l'empêcha sans doute de destituer Hédouville une seconde fois, n'était autre que l'abbé Bernier, qui était arrivé à Paris le 26 janvier 1800, en compagnie de Du Bouchet, autre chef de la Vendée angevine, sous l'escorte de l'aide de camp Paultre de la Motte, et avec l'autorisation de Clarke et de Bonaparte lui-même. Dès le 27, Bernier écrit à Hédouville pour le mettre au courant de ses démarches. Il raconte d'abord que Clarke « l'a accueilli avec cet air de bonté qui lui est naturel » et qu'ils doivent aller ensemble le lendemain chez le premier Consul, avant même d'avoir vu le ministre de la Guerre. L'abbé s'était logé au petit hôtel de Vauban, rue de la Loi, n° 1249, vis-à-vis la fontaine, et se cachait jusqu'à nouvel ordre sous le nom de citoyen Deschamps. De même qu'il avait charmé Hoche, Bernier fit immédiatement la conquête de Bonaparte. Le 1er février, il écrivit à Hédouville : « Je rendrai difficilement l'accueil que j'ai reçu du premier Consul. J'ai dîné avec lui à la campagne, et successivement chez les autres consuls et différents ministres ». Dans une autre lettre, écrite quinze jours plus tard, Bernier raconte ses entretiens intimes avec Bonaparte, « qui se plaint des lenteurs de Bourmont ». Le négociateur avertit Hédouville de faire tout son possible pour « n'être pas obligé d'en venir à des hostilités » et « d'amener Bourmont au point que le gouvernement désire » au moyen d'intermédiaires pris parmi les ci-devant officiers du chef royaliste. Puis, l'abbé fait sentir sa protection bienveillante au général, et lui offre, de la part de Bonaparte, de cumuler, au moins pendant quelque temps, « les deux fonctions de général et *de préfet*, à Angers ».

C'est grâce à cet avis qu'Hédouville se dispensa d'anéantir Bourmont, conformément à la dépêche consulaire du 13, et l'autorisa à se rendre à Paris pour aller trouver le ministre de la Guerre. Quelques jours après, Hédouville reçut une autre lettre très intéressante. Elle lui était adressée à Angers, sous la date du 30 pluviôse an VIII (19 février 1800), par l'aide de camp d'Alton, qui venait d'arriver à Paris quelques heures après l'aide de camp du général Brune, et avait vu également le premier Consul[1]. L'impression qui en résulte, c'est que Bonaparte, le 18 ou le 19 février, était encore fort monté contre Hédouville, quoi qu'en dise Bernier. Il insistait sur l'emploi de la force pour opérer le désarmement dans le délai d'un mois, et désapprouvait hautement la promesse (faite par Hédouville) de laisser les armes, surtout aux propriétaires. « Vous vous foutez du monde, s'était écrié Bonaparte, lorsque je voulus, raconte d'Alton, insister sur les différentes promesses : je laisserais ce pays en état, dans une circonstance difficile, de gouverner le gouvernement.... Le général Hédouville, auquel nous devons cette pacification, n'aurait rien fait si le désarmement ne s'effectuait

1. Cette lettre, qui fait partie de la collection d'autographes de M. Georges Cain, l'aimable conservateur du musée Carnavalet, a été reproduite in extenso par M. Chassin au t. III, p. 573, des *Pacifications de l'Ouest*.

pas. » Et le premier Consul avait ajourné d'Alton à deux jours pour lui remettre des dépêches et voir Bourmont dans l'intervalle. Il voulait voir aussi Georges Cadoudal, et Brune l'envoya le 28 février à Paris, sous l'escorte de l'aide de camp Pastol, qui emmenait, en outre, Le Ridant, ex-aide de camp de Georges, Biget, dit Achille, un des principaux chefs de l'armée des chouans du Morbihan, du Finistère et des Côtes-du-Nord, et Yves Mathieu, leur commissaire ordonnateur. Dans une dépêche du 5 mars à Brune, Bonaparte annonce qu'il a vu Cadoudal ce jour-là, et voici comment le premier Consul traduit ses impressions : « J'ai vu ce matin Georges. Il m'a paru un gros Breton, dont peut-être il sera possible de tirer parti pour les intérêts mêmes de la patrie ».

Les notes d'Hédouville laissent clairement entendre que Bonaparte, malgré les plaidoiries de l'abbé Bernier et de d'Alton, taxait de *faiblesses* les complaisances du général pour les chefs royalistes. On comprend l'état d'esprit du premier Consul quand on se rappelle que Louis de Frotté, qui, un moment, avait participé aux préliminaires de pacification, s'était mis, dès les premiers jours de janvier 1800, à la tête de l'armée catholique royale de Normandie. Et, tout aussitôt, cette nouvelle insurrection avait pris un caractère nettement antibonapartiste. On répandit et on afficha dans ces régions les placards les plus injurieux contre « l'aventurier italien » en l'accusant d'avoir été lâche au 18 brumaire, d'être tombé pâle et défaillant dans les bras de ses soldats en entendant crier : « Bonaparte hors la loi ! » Aussi, le premier Consul, dès qu'il connut l'entrée en campagne de Frotté, prit-il des mesures énergiques. Il remplaça le vieux

Canclaux, chef de la 14e division militaire, par le général Gardanne, l'un des Égyptiens, et rattacha cette division à la 17e division (Paris), sous le commandement de Lefebvre, qui détestait les royalistes. Il marquait ainsi son peu de confiance dans le zèle antiroyaliste d'Hédouville puisqu'il lui enlevait une partie de ses troupes pour les placer sous la direction d'un autre officier général. Il y avait, d'ailleurs, des représailles à exercer, car les premiers exploits des chouans de Frotté avaient été signalés par des cruautés abominables, comme le massacre de pauvres gens, inoffensifs et non armés, par la bande de la Haye, au bourg du Sap.

Frotté ignorait les changements survenus dans l'organisation de l'armée de l'Ouest lorsque, le chef royaliste, battu et traqué par Avril, Dumoulin, Chamberlhac et Guidal, adressa à ce dernier général, le plus mou de tous ceux qu'il avait en face de lui, une lettre par laquelle il demandait quelles conditions on pourrait lui faire. Et c'est encore à Hédouville que Guidal en réfère; il autorise, en même temps, un officier royaliste, Saint-Florent, à porter à Hédouville, en son quartier général d'Angers une lettre de Frotté, qui offre de se soumettre aux mêmes conditions que les autres chefs de l'ouest; mais il réclame « le non-désarmement parce qu'il n'aurait *ni la volonté* ni le pouvoir de le faire faire ». Il est évident qu'Hédouville se fût arrangé pour sauver Frotté, malgré le caractère hautain et inadmissible de son offre de soumission, s'il en avait encore eu le pouvoir. Mais il venait précisément d'apprendre que l'Orne, la Manche et le Calvados étaient réunis à la 17e division militaire, celle du général Lefebvre.

Voici comment Hédouville explique lui-même, dans ses notes de 1823, l'attitude qu'il prit dans cette circonstance. Après avoir raconté que « quelques officiers généraux, qui ne connaissaient pas les difficultés de terminer la guerre civile et étaient témoins de l'impatience de Bonaparte », blâmaient le général de sa modération, et disaient « qu'il n'y avait qu'à sabrer sans ménagement », — et le pair de France classe dans cette catégorie de sabreurs le général Lefebvre, auquel on avait attribué la 14e division, enlevée à l'armée de l'Ouest, — Hédouville arrive à la lettre de Frotté, dont il donne l'analyse et que lui avait apportée M. de Saint-Florent, un des officiers royalistes. Puis, il dégage, dans les termes suivants, sa responsabilité du tragique dénouement de l'affaire Frotté :

... A l'arrivée de M. de Saint-Florent à Angers, le général Hédouville, n'ayant plus aucun pouvoir pour accepter l'adhésion de Frotté à la pacification, puisque les départements de l'Orne, de la Manche et du Calvados venaient d'être soustraits de l'armée d'Angleterre, dépêcha, sans perdre un instant, M. de Saint-Florent au général Guidal, *en engageant celui-ci*, s'il avait des pouvoirs suffisants, *à accepter les propositions de M. Frotté.* Il lui envoyait, en même temps, dans le plus grand détail, les conventions qui avaient été faites pour la pacification. Il expédia, le même jour, un courrier extraordinaire à Bonaparte, lui portant copie de la lettre de M. de Frotté, et lui rendant compte de l'invitation qu'il avait faite au général Guidal d'accepter la proposition de ce chef. Bonaparte répondit au général Hédouville qu'il avait reçu sa dépêche trop tard et que ses ordres avaient été donnés.

En effet, Saint-Florent n'était arrivé à Angers que le 8 février, et Bonaparte n'avait pu encore recevoir le rapport conciliant d'Hédouville le 10, lorsqu'il adressa à Lefebvre l'ordre « de *détruire* entièrement Frotté et ses bandes », avec l'invitation d'envoyer au général Chamberlhac un officier d'état-major « qui ne reviendrait qu'avec la nouvelle de la mort ou de la prise de Frotté ». Lefebvre et Chamberlhac exécutèrent ces ordres terribles à la satisfaction du maître. Après de nombreuses conférences entre de Commarque et d'Hugon, lieutenants de Frotté, et les généraux Guidal et Chamberlhac, Frotté avec son état-major vint à Alençon, le 15 février, se mettre entre les mains de la Guidal. Celui-ci laissa saisir les prisonniers volontaires par ses grenadiers, et l'administration départementale les dirigea sur Paris avec 1 500 hommes d'escorte, commandés par Chamberlhac. Mais, en route, Lefebvre les fit arrêter à Verneuil, les déféra à une commission militaire (que le colonel Louis Bonaparte refusa de présider), et cette commission, sur des ordres venus de Paris, condamna à mort Frotté et ses amis. Ils furent fusillés le 18, dans un champ qu'on appelle depuis le *clos Frotté*. Par ordre de Bonaparte, le ministre de la Guerre Berthier écrivit, le 22, aux généraux Guidal[1] et Chamberlhac pour les « féliciter du résultat des poursuites dirigées dans la 14e division militaire contre les bandes rebelles ».

Personne n'a éprouvé plus de peine que le général Hédouville, — lit-on dans ses notes, — de ce manque de

1. Il est assez étrange que le félicité Guidal ait été destitué le 27 mars 1801, mis en réforme le 21 mai suivant et exilé à quarante lieues de la capitale. Il était en prison à Paris, en 1812, lorsque éclata la conspiration du général Malet. Guidal, délivré avec le général Latour, prit possession du ministère de la Guerre; mais, après l'échec de Malet dans sa tentative sur l'état-major, Guidal fut réintégré à la Force, passa devant la commission militaire et fut fusillé avec Malet. Il mourut très crânement.

foi et de cette barbarie envers M. de Frotté, qui n'avait pas moins de sentiment d'honneur que les autres chefs qui avaient accédé à la paix.... Ce malheureux événement fut une suite des criailleries de ceux qui prétendaient que cette affreuse guerre ne pouvait se faire qu'en sabrant sans miséricorde tous les insurgés.

Bonaparte préférait, à coup sûr, avoir dans l'Ouest des généraux moins compatissants qu'Hédouville pour les émigrés, car il avait hâte de finir la guerre des chouans pour former à Dijon une grande armée de réserve. Mais l'envoi à Paris de la plupart des chefs catholiques avait accéléré la pacification. Travot, lui-même, obtenait le désarmement par des moyens pacifiques, et Brune, qui avait hâte de quitter l'Ouest pour aller faire campagne sur le Rhin, adressait à Bonaparte des rapports optimistes sur « les départements ci-devant révoltés ». Le 27 avril, ayant appris que Bernadotte allait le remplacer comme général en chef de l'armée de l'Ouest, et qu'il serait lui-même général en chef de l'armée du Rhin, il écrit que « tout est tranquille et que rien ici ne motive plus sa présence ». En conséquence, il fit ses adieux à l'armée de l'Ouest et nomma commandant par intérim le général Hédouville.

C'est donc ce dernier qui fut chargé « des mesures d'exécution qui furent la suite de la pacification ». Il usa de ses pouvoirs pour transmettre au Gouvernement la liste des « quarante chefs les plus influents » qu'il avait été autorisé à proposer pour les radiations sur la liste des émigrés.

Il demanda à MM. de Châtillon, d'Autichamp et de la Prévalaye les noms des officiers sous leurs ordres et les envoya au Gouvernement « sans y rien changer ».

Il ne se priva pas de dépasser le maximum des quarante noms, et en ajouta d'autres par des moyens indirects. Toute la famille de Mme Turpin de Crissé, grâce à ses recommandations, obtint des ministres la restitution de ses biens. Le vieux Châtillon, bien accueilli du premier Consul, reçut de larges indemnités. Bernier sollicita aussi avec succès de nombreuses radiations et le rappel de plusieurs prêtres. Hédouville, après s'être attribué à lui-même le mérite de la rentrée en France de la plupart des plus considérables familles de l'Ouest constate l'importance du rôle de Bernier comme dispensateur des grâces consulaires :

Bernier obtint insensiblement, plus que les autres insurgés, la confiance de Bonaparte. Il en profita pour être utile à plusieurs de ses compatriotes et fut employé avec succès pour la conclusion définitive du Concordat. C'est probable que ses propres intérêts ne souffrirent pas de sa conduite. Il est mort évêque d'Orléans, et on a pu même prétendre que Bonaparte avait projeté de le faire nommer cardinal. Mais des *réflexions qu'on lui fit* sur la trop grande part qu'il avait prise trop longtemps à la guerre civile le firent changer d'idée.

Quant à Bourmont, il était aussi rentré en grâce auprès de Bonaparte qui, le 23 avril, écrivait à Brune : « Bourmont est arrivé. Il va se marier. Il déclare vouloir vivre tranquille, dans cette ville ou partout ailleurs, et ne se mêlera de rien ». Il était devenu assez intime avec Fouché et jouait au plus fin avec lui, chacun espérant se servir de l'autre. Seul, Georges Cadoudal rompit brusquement avec Bonaparte, après d'orageuses entrevues où le vigoureux Breton eut bien envie d'étouffer le petit Corse dans ses bras, comme il l'avoua, en sortant des Tuileries, à Hyde de Neuville. Georges fila sur Londres et y fut rejoint par Hyde et Choisy.

Hédouville, nommé commandant de la 13e division militaire, établit son quartier général à Pontivy, et, bien que la Bretagne et la Vendée fussent toujours agitées, dans l'attente d'un débarquement de troupes anglaises, il conserva son imperturbable optimisme, répondant comme de lui-même de Suzannet, d'Andigné et de son ami Bourmont. Vis-à-vis du Clergé, il pense « qu'il faut le surveiller de tout près, mais ne pas avoir l'air de s'en occuper ».

Appelé à Paris le 1er août, en même temps que le général en chef Bernadotte, Hédouville fut retenu par Bonaparte pour collaborer à un projet sur l'amnistie ou les amnisties. Hédouville fit observer au premier Consul :

> ... Qu'il serait digne de sa magnanimité de prolonger de trois mois, depuis le 1er nivôse jusqu'au 1er floréal, les amnisties qui avaient été accordées par le général Brune dans les départements de l'Ouest. Bonaparte agréa cette proposition, et le décret qu'il rendit de suite fixa au 1er floréal la cessation des amnisties. Ce décret fut un grand bienfait pour ceux qui avaient obtenu des amnisties postérieurement au 1er nivôse [1].

Hédouville termine ses notes en constatant avec quelle faveur et quelle bonne grâce le premier Consul avait accueilli le second pacificateur de l'Ouest :

> Il a eu singulièrement à se louer, écrit-il, de l'accueil de Bonaparte, et il est très remarquable que la première chose qu'il lui ait dite est qu'il avait été trompé sur la

1. Un décret antérieur, pour couper court aux abus reprochés au général Brune, avait, en effet, annulé toutes les amnisties accordées par lui postérieurement au 1er nivôse.

malheureuse affaire de Frotté. C'est à vous, ajouta-t-il ensuite, que nous devons la pacification des départements de l'Ouest. Vous devez bien jouir de la confiance que votre conduite y a inspirée. Ce glorieux suffrage fut alors une des plus grandes satisfactions que le général Hédouville ait jamais éprouvées.

Vers la fin de 1801, le général d'Hédouville fut nommé ambassadeur de France en Russie. Bonaparte l'estimait sans doute plus propre à la diplomatie qu'à un service actif sur les champs de bataille. Bourmont nous assure, dans son panégyrique, que l'empereur Alexandre, l'impératrice Marie et le grand-duc Constantin « traitèrent Hédouville avec une distinction toute personnelle pendant la durée de sa mission ». Rappelé en l'an XII, il fut fait grand officier de la Légion d'honneur et chambellan de l'empereur. On le mit à la retraite le 15 août 1807, et il entra au Sénat le 23 du même mois. Il fut un moment le chef d'état-major du roi Jérôme au 9e corps de la Grande Armée. Il passa plus tard, avec une parfaite désinvolture, à la Chambre des Pairs de la Restauration, « s'abstint d'y siéger pendant l'interrègne, dit Bourmont, pour n'y reparaître qu'après le retour de l'autorité légitime, et ensuite toutes les fois que sa santé le lui permit ».

Telle est la vie curieuse d'un général qui fut républicain avec Hoche, impérialiste avec Bonaparte et royaliste avec Louis XVIII. Il a été un soldat ondoyant et divers, et l'unité de sa conduite réside précisément dans son aptitude à concilier les inconciliables. Ce fut un type de parfait fonctionnaire, et il est bien fâcheux pour lui de n'avoir pas vu l'avènement du « roi citoyen », car il était comme lui pacifique et pacificateur.

SOUVENIRS DU 4 SEPTEMBRE

SOUVENIRS DU 4 SEPTEMBRE[1]

L'anniversaire de ce qu'on appelle improprement la *Révolution du 4 septembre* provoque, à l'ordinaire, les récits et les souvenirs des témoins, encore très nombreux, de cette journée qui vit s'effondrer le régime impérial. Bien des pages ont déjà été écrites à ce propos par des hommes se rattachant aux partis les plus divers. Le hasard m'ayant permis d'assister aux péripéties les plus importantes qui ont signalé l'installation du Gouvernement de la Défense nationale, je ne crois pas sans intérêt de reproduire aujourd'hui des impressions dont le cours des ans n'a pas affaibli la vivacité. En relisant les journaux de 1870 et les ouvrages qui ont été publiés sur l'Année terrible, j'ai pu me rendre compte des difficultés que rencontreront les historiens futurs pour tracer un tableau exact et précis des incidents qui se sont produits dans l'après-midi du 4 septembre. C'est, à mon avis, avec les notes et les témoignages des témoins oculaires que l'on arrivera à se former une opinion conforme à la vérité historique, en faisant abstraction des pas-

1. Extrait de la *Revue Bleue* du 7 septembre 1889.

sions et des haines de parti. Je dirai simplement ce que j'ai vu, et je ferai grâce au lecteur des déclamations auxquelles on s'est trop facilement livré à ce sujet.

En dépit des fausses nouvelles qui annonçaient depuis quelques jours l'écrasement des armées prussiennes, Paris était nerveux et agité. Dans la soirée du samedi 3, les boulevards avaient été sillonnés par des bandes tumultueuses qui criaient : *Déchéance! A l'Hôtel de Ville! Vive la France!* Les sergents de ville firent de nombreuses charges, à l'épée et au casse-tête, et plusieurs personnes furent grièvement blessées. Mais les journaux du 4 durent avouer la lamentable vérité. Ils contenaient une proclamation du conseil des ministres au peuple français, par laquelle le général de Palikao et ses collègues annonçaient la capitulation de l'empereur. C'était un désastre sans exemple dans notre histoire, et une émotion immense s'empara de la capitale.

Je venais de passer ma licence ès lettres et je commençais mon droit, quand je fus appelé sous les drapeaux, à la suite de la déclaration de guerre.

Les mobiles de la Seine, arrivés depuis peu du camp de Châlons, campaient alors au camp de Saint-Maur. Je faisais partie du 6e bataillon. J'avais profité du dimanche pour venir voir ma famille, puis j'allai comme tout le monde contempler l'aspect de Paris. C'est ainsi que je suivis le mouvement de la foule qui se portait vers le Palais-Bourbon. J'y arrivai au moment où l'envahissement s'opérait. Je vois encore les gardes municipaux à cheval, rangés devant la Chambre, faisant face au pont de la Concorde et plaisantant avec les badauds, comme s'ils étaient d'avance résignés aux événements; les gardes nationaux groupés sur les marches du palais, et quelques députés pérorant au milieu de ce flot mouvant!

Je ne décrirai pas ce qui s'est passé dans la salle des séances, car je n'y ai pas pénétré. On sait comment, vers deux heures et demie, la Chambre fut envahie et occupée par les Parisiens, malgré les efforts de Gambetta et de Jules Favre pour faire respecter la dignité de l'assemblée. A trois heures et quelques minutes, M. Schneider, qui avait fait preuve d'un grand sang-froid, dut quitter le fauteuil de la présidence. Jules Favre raconte dans le premier volume de son ouvrage sur le *Gouvernement de la Défense nationale* qu'il fut fort effrayé par l'attitude de deux énergumènes qui sommaient les députés de proclamer la République et qui lui rappelèrent Barbès. Alors le grand orateur monta à la tribune et s'écria : « Ce n'est pas ici que cet acte peut être accompli; c'est à l'Hôtel de Ville. Suivez-moi; je marche à votre tête ». La proposition fut accueillie avec enthousiasme, et Jules Favre sortit de la Chambre, avec M. Jules Ferry, de Kératry et, dit-il, « un grand nombre de ses collègues ». Ce grand nombre de députés s'éparpilla sans doute en quittant le Palais-Bourbon, car, au moment où je me mêlai au cortège, il n'y avait qu'un petit nombre de personnes aux côtés de Jules Favre, de M. Jules Ferry et de M. de Kératry, qui les quitta un peu plus tard pour aller occuper la Préfecture de police. Cela tient sans doute à ce que le gros de la foule, au tournant du pont de la Concorde, se porta vers le jardin des Tuileries, dont elle força les grilles, gardées par un peloton de zouaves. M. Sardou a raconté les incidents qui se produisirent de ce côté, ainsi que la conduite très conciliante du général Mellinet, qui consentit. après quelques pourparlers, à laisser passer les gardes nationaux, suivis des masses populaires.

Quant à moi, je me plaçai à côté de M. Jules Ferry et de Jules Favre, qui suivirent le quai avec un petit groupe de collègues, de gardes nationaux et de mobiles sans armes. Nous arrivâmes ainsi à la hauteur du pavillon de Flore et des sphinx de Sébastopol. On apercevait une longue ligne de voltigeurs de la garde dont les plastrons jaunes ressortaient sur la façade des Tuileries. C'est à ce point précis que notre groupe rencontra le général Trochu. Il était à cheval, en uniforme de petite tenue; un officier d'ordonnance le suivait à quelques pas. Le général s'arrêta, et Jules Favre, se détachant de ses amis, l'aborda, la main tendue. Le général prit cette main sans hésitation et, m'étant approché, j'entendis le court dialogue que Jules Favre a relaté dans ses souvenirs, voici en quels termes : « Je fendis la presse et, tendant la main au général, je lui fis connaître *en quelques mots* l'événement de la journée. Il n'y a plus de gouvernement, ajoutai-je. Mes amis et moi, nous allons en constituer un à l'Hôtel de Ville. Nous vous prions de rester à votre quartier et d'y attendre nos communications. Le général ne fit aucune objection et s'éloigna au trot, du côté du Louvre ». C'est évidemment le sens général des paroles qui furent échangées. Je crois cependant que le dialogue fut encore plus court et, si ma mémoire est fidèle, il peut se sténographier ainsi; du moins, c'est tout ce que j'ai saisi : « *Le général.* Où allez-vous? — *Jules Favre.* A l'Hôtel de Ville pour constituer un gouvernement. — *Le général.* C'est bien; je suis avec vous ». Et Jules Favre rejoignit

MM. Ferry et de Kératry, tandis que le général tournait bride dans la direction du Louvre, et non pour rejoindre les voltigeurs qui gardaient les Tuileries. Si je puis garantir l'exactitude de ces détails, c'est que je les ai souvent répétés depuis aux amis qui m'ont interrogé sur les événements dont j'ai été le témoin. D'ailleurs, M. le général Trochu, dont je respecte infiniment le caractère, d'autant plus qu'il a été l'objet de violentes calomnies, rompra, s'il le veut, dans l'intérêt de l'histoire, le silence très digne qu'il garde au fond de sa retraite. Plein de confiance dans sa loyauté, j'accepte d'avance les rectifications qu'il pourra faire. Un point certain, c'est que le général n'a témoigné aucune velléité d'arrêter notre marche sur l'Hôtel de Ville.

Nous arrivâmes devant l'Hôtel de Ville à *quatre heures cinq minutes*. J. Favre a regardé l'heure et l'a consignée dans ses souvenirs. Il a bien fait, car les journaux de l'époque contiennent de grosses inexactitudes, sur ce point comme sur d'autres. C'est ainsi que *le Figaro* (numéro daté du 6 septembre) écrit qu'une foule immense s'est portée à l'Hôtel de Ville *vers une heure*, et « *qu'une demi-heure plus tard* toutes les fenêtres étaient garnies de citoyens agitant des drapeaux, chantant la *Marseillaise* avec plus de 20 000 hommes, civils, gardes mobiles et nationaux. MM. Arago, Gambetta, J. Ferry *venaient* d'annoncer la déchéance à M. A. Blanche, qui remettait l'Hôtel de Ville à M. Arago, maire de Paris ».

Les choses se sont passées beaucoup plus tard et beaucoup moins vite. Je reprends.

Les grilles étaient fermées quand nous arrivâmes. Il fallut quelque temps pour les faire ouvrir, et c'est alors que la foule s'amassa avec une grande rapidité. Elle était d'ailleurs parfaitement paisible, à la fois triste de nos revers et joyeuse d'être débarrassée du régime qui avait conduit la France à Sedan. Les portes extérieures une fois ouvertes, M. Ferry et J. Favre montèrent dans la grande salle de l'Hôtel de Ville, et le second prononça une énergique harangue pour satisfaire et contenir le peuple. Je me plaçai devant lui avec deux ou trois gardes nationaux. Le sujet de ce discours était, bien entendu, les fautes de l'Empire et la nécessité d'agir avec l'ordre et la dignité qui conviennent à une grande nation, redevenue libre. Pendant que Jules Favre parlait avec une émotion sincère — le grand orateur était d'une pâleur extrême — quelques députés, conduits par M. J. Ferry, qui n'a pas perdu un moment son sang-froid dans cette journée mémorable, s'installaient pour délibérer dans un petit cabinet qui, m'a-t-on dit, était celui des huissiers du conseil municipal. Je vins me placer devant la porte avec un sous-lieutenant de mobiles : et d'ailleurs nous n'eûmes aucun effort à faire ni aucun péril à courir pour protéger les hommes qui allaient constituer un gouvernement. La délibération se prolongeait, et les politiciens du parti révolutionnaire commençaient à s'agiter. M. Jules Favre n'a pas raconté l'incident le plus grave de la journée, car il n'en a pas été témoin. C'est le point capital de ces souvenirs. Je fais allusion à l'arrivée de Rochefort, que ses amis étaient allés chercher à Sainte-Pélagie et qu'ils ramenaient en triomphe. On le hissa sur une table dans la salle voisine du cabinet où les députés de Paris délibéraient, et le célèbre auteur des *Lanternes*, entouré d'un certain nombre d'hommes exaltés, se mettait en devoir de lire une liste de gouvernement, quand on alla chercher M. Jules Ferry (et non Gambetta, comme l'ont raconté certains journaux, le *Constitutionnel* notamment). Il vint immédiatement et dit à Rochefort : « Que faites-vous là? — Je donne lecture au peuple d'une liste pour constituer le nouveau gouvernement. — Le gouvernement?... répliqua M. Ferry, mais il est constitué et vous en faites partie. Venez avec nous! » M. Ferry prit alors Rochefort par le bras et l'introduisit vivement dans le cabinet dont j'ai parlé. Les futurs communards restèrent confondus par cette action aussi rapide qu'habile, et quelques-uns récriminèrent en termes violents; j'entendis surtout prononcer le nom de Félix Pyat; mais j'ignore s'il était présent. Quelques instants après, Emmanuel Arago proclama par la fenêtre les noms des nouveaux membres du Gouvernement, et on jeta des listes sur la place de Grève.

Il pouvait être alors six heures. Je quittai l'Hôtel de Ville, qui fut évacué un peu plus tard, et je revins très tranquillement dîner chez moi.

Faut-il maintenant résumer mes impressions? Dirai-je l'attitude presque gaie de la foule par ce beau soleil de septembre, la foi patriotique qui gonflait tous les cœurs, la satisfaction de se sentir libres, la confiance dans le résultat final de la résistance à l'invasion? A quoi bon? Tout cela a été dit, et si l'honneur a été sauvé, la perte de l'Alsace et de la Lorraine nous fait un devoir du silence. J'ai cru préférable de fixer certains faits qui ont leur importance pour l'histoire de notre pays. Quant aux hommes, je ne dirai qu'un mot : c'est que si, dans la journée du 4 septembre, la France n'est pas devenue la proie des anarchistes, elle le doit, en grande partie, comme plus tard au 31 octobre, à l'énergie et au sang-froid de M. Jules Ferry.

Si l'on veut savoir comment le pays et la presse ont accueilli la proclamation du Gouvernement de la Défense nationale, je me permettrai de renvoyer au *Figaro* du 6 septembre (paru le 5), qui contient, sous la signature d'Edmond Magnier, les réflexions suivantes, que les journaux conservateurs seront, sans doute, heureux de retrouver :

En quinze heures, un trône fondé depuis dix-neuf ans s'est écroulé : l'édifice dont l'invasion étrangère a été le couronnement s'est effondré comme une masse fragile et friable dont les dehors sont brillants et l'intérieur fait de cendres.... La révolution qui substitue la République à l'Empire a été faite *par l'élément essentiellement conservateur de Paris*, par la bourgeoisie armée, c'est-à-dire par la garde nationale, Elle a voulu et autorisé l'envahissement du Corps législatif, qui a fait passer avant les résolutions du Parlement la volonté du peuple de créer spontanément un gouvernement capable de sauver la France.... *De fait, la France n'avait plus de gouvernement.* L'empereur Napoléon avait rendu son épée à la Prusse sur le sol même de la patrie. L'impératrice avait quitté Paris. Qui donc pouvait s'emparer de la situation et se mettre à la tête du peuple et chasser l'étranger, *en maintenant l'ordre public et la sécurité sociale*? Était-ce le Corps législatif? Était-ce le Sénat? Il n'est pas besoin d'examiner longuement cette hypothèse pour se convaincre que le régime des assemblées ou de l'une d'elles n'eût enfanté que l'anarchie. Ce qui devait être institué, c'était un gouvernement composé d'hommes fermes, résolus, prêts à tous les sacrifices pour assurer le salut du pays. Nous n'avons pas à mettre en parallèle aujourd'hui les avantages ou les inconvénients d'une monarchie ou d'une république. Peu nous importe le nom, *c'est un gouvernement qu'il nous faut.*

Tel est encore, dix-neuf ans après la guerre et à la veille des élections générales, le cri de notre pays de France : « C'est un gouvernement qu'il nous faut! » Dieu merci, la République possède encore des hommes de gouvernement, et le suffrage universel saura les reconnaître!

LETTRE A M. VACHEROT

LA POLITIQUE ORLÉANISTE

ET LA RÉPUBLIQUE[1]

Lettre à M. VACHEROT, Rédacteur du *Soleil.*

Monsieur et cher maître,

Vous n'avez pas dédaigné de vous faire journaliste sur le tard, alors que vous aviez été un philosophe hardi, un apôtre de la pensée libre et, par éclairs, un grand écrivain : permettez donc à l'un de vos anciens élèves, qui ne vous a pas revu depuis 1869, de vous faire part (avec tout le respect qu'on doit à l'âge et à un glorieux passé) des sentiments d'une génération qui, en vieillissant, à travers les luttes de la vie et les malheurs de la patrie, n'a perdu ni l'amour de la liberté, ni le sens de la *démocratie,* ni le souvenir, en un mot, de toutes les grandes et nobles vertus civiques que vous enseigniez autrefois à la jeunesse, après les avoir pratiquées vous-même.

Maintenant que les élections générales sont achevées, et que la République sort encore une fois victorieuse des furieux assauts de ses ennemis, il n'est pas inutile, ce me semble, d'avoir, avec un des plus respectés et des plus respectables parmi les conservateurs, une explication qui servira peut-être à dissiper des malentendus regrettables, et à favoriser une orientation nouvelle de notre politique intérieure, en face de l'étranger dont la haine exploite toutes nos fautes.

1. Extrait de la *Revue Bleue.* N° du 26 octobre 1889.

Il ne s'agit pas de remonter jusqu'à M. Thiers, qui était — n'est-ce pas? — votre ami; jusqu'à l'homme d'État qui a dit : « La république sera conservatrice ou elle ne sera pas », et que les prétendus conservateurs ont cependant renvoyé à ses études pour essayer certaine entreprise dont vous vous rappelez le succès. Comme Henri IV, M. le comte de Chambord est mort.

Après ce paladin, ce chevaleresque qui n'a pas voulu sacrifier la couleur de son drapeau pour escamoter un trône, la maison de France n'avait plus qu'un chef : M. le comte de Paris (car je vous fais cette concession de ne pas tenir compte des *blancs d'Espagne*). Deux voies étaient ouvertes devant l'héritier du roi Louis-Philippe : il pouvait ou bien se rappeler le suprême conseil du duc d'Orléans, rester « le serviteur exclusif et passionné de la France *et de la Révolution* »; reprendre sa place de citoyen dans la grande famille française, sous l'égide de cette Constitution de 1875, faite et acceptée par ses propres amis; ou bien s'ériger en prétendant et s'associer à toutes les entreprises dirigées contre la République, seule expression logique et sincère du principe de la souveraineté nationale. De toute évidence mon cher maître, c'est à ce second parti que s'est arrêté M. le comte de Paris. Sourd aux conseils de plusieurs de ses proches ou de ses fidèles, il a essayé, depuis 1885, pour ne pas remonter plus haut, de discréditer le régime parlementaire, c'est-à-dire le jeu des institutions libres, en nouant des coalitions incessantes avec les pires éléments démagogiques et les intransigeants les plus avancés. Grâce à ce jeu de bascule édifiant, le gouvernement était devenu d'une instabilité déplorable; les ministères tombaient les uns sur les autres, et les conservateurs ravis dénonçaient bien haut l'impuissance du Parlement dont ils étaient, à vrai dire, les auteurs responsables. Le procès du général Caffarel (novembre 1887), la complicité de M. Wilson dans les intrigues de la femme Limousin, l'autorisation accordée par la Chambre aux poursuites dirigées contre le gendre du Président de la république, avaient profondément ému le pays et causé une agitation inexprimable qui se manifestait par d'inquiétants désordres. Le 3 décembre, M. Grévy, sous la pression de la Chambre, donnait sa démission et, le lendemain, le Congrès élisait M. Carnot.

C'était sans doute, pour les chefs du parti orléaniste, le moment d'oublier leurs rancunes et de ne pas marchander leur concours à un président profondément honnête, qui ne visait qu'à reconstituer les forces vitales de la France, et à rétablir le calme dans les esprits, en même temps que l'ordre dans la rue.

Au lieu de suivre cette conduite patriotique, qu'a fait le parti conservateur?

Depuis 1882, un soldat sans scrupules multipliait les intrigues, se livrait à une propagande effrénée pour escalader le pouvoir. Appelé au ministère de la guerre, grâce à l'imprudence du parti radical, il se montre l'un des plus âpres ennemis des princes; il est outrageusement convaincu de mensonge par son ancien protecteur, M. le duc d'Aumale. Après sa sortie du ministère, l'aspirant dictateur, démasqué, se transforme en rebelle; et qui, alors, lui tend la main? Ceux-là mêmes qu'il avait si durement traités. Dès le début de 1888, cet aventurier forme une sorte de syndicat politico-financier où les duchesses coudoient les débris de la Commune; l'or du faubourg Saint-Germain remplit la caisse noire du factieux et donne au commerce des chromos un essor inconnu jusqu'ici. Le petit-fils de Louis-Philippe met sa main royale dans celle de l'officier flétri par ses pairs et, fort de la connivence du parti monarchique, l'ami de Rochefort et de Laguerre devient un péril national. Ce fut un scandale à peu près semblable à celui dont la France avait subi la honte en 1848. La rue de Poitiers s'était alors unie aux bonapartistes et aux socialistes pour opposer Louis-Napoléon à Cavaignac, avec l'espoir, hautement avoué, de se servir du prince-prétendant pour étrangler la république et restaurer ensuite la monarchie. En 1851, ce beau calcul a eu pour résultat de livrer la patrie pour une durée de dix-huit ans au somnambule qui nous a conduits à Sedan. Les princes, dupés, ont payé leur erreur de l'exil et de la confiscation de leurs biens. Ces biens, qui les leur a plus tard rendus? la République.

Eh bien, l'histoire se recommence et l'élection du

27 janvier, due à la coalition des boulangistes et des droites, a pu sembler le prélude d'une dictature plus odieuse encore que le régime impérial. Les hommes politiques les plus éminents s'attendaient à tout et prédisaient l'avènement prochain du nouveau César [1].

Seulement, ce que les coalisés ne prévoyaient pas, c'est que la République aurait le mauvais goût de ne pas tendre le cou à ses égorgeurs. M. Cornély traitait les républicains de *simples lièvres* [2]. Il raisonnait, avec une apparence de raison, sur l'aberration de la majorité qui avait abandonné son chef, en avril 1885, sur le vu d'une absurde dépêche dont l'expéditeur a dû éprouver de cuisants remords, et cela quand d'autres pays, comme l'Angleterre, par exemple, en apprenant la mort de Gordon et la chute de Khartoum, ou le massacre de l'armée du général Hicks, se serrent autour du drapeau et font face au péril.

Donc la République s'est défendue. Le 12 février dernier

1. M. Jules Simon, par exemple, avait écrit dans *le Matin*, dès le 31 octobre 1888 : « Il ne faut pas se dissimuler que, *grâce à la connivence des partis monarchiques*, M. Boulanger est devenu un gros péril.... Son élection à Paris est désormais assurée.... Dans cette situation que l'habile politique des conservateurs aura procurée au général Boulanger, pourquoi voulez-vous qu'il ne fasse pas ce que Louis-Napoléon a fait avant lui? Sur quoi comptez-vous pour l'en empêcher? Est-ce sur sa vertu?... Je ne sais pas s'il ira jusqu'au bout de son ambition. Il me suffit d'avoir montré qu'il est sur le grand chemin de la dictature; que la dictature, la proscription et la guerre seraient les conséquences fatales de son avènement, et j'ajoute avec un profond chagrin que les *conservateurs qui le suivent ou le poussent sont des criminels, s'ils le savent, et des aveugles, s'ils l'ignorent* ».

2. « Vous ne vous rendez donc pas compte de l'état de débilité et d'avachissement de tout ce personnel républicain? Comment! voilà des gens qui, au lendemain de la retraite de Lang-Son, se sont affaissés comme une vieille chiffe mouillée, parce qu'un lieutenant-colonel, ayant perdu la tête au Tonkin, un général avait envoyé une dépêche ambiguë, corrigée trois jours après. Et vous croyez que ce monde-là contient une somme d'énergie suffisante pour faire un coup d'État! Non, laissez-moi me tordre : des lièvres, mes amis, de simples lièvres! (*Le Matin* du 25 novembre 1888.)

290 voix républicaines ont rétabli le scrutin d'arrondissement[1], que l'unanimité des membres de la droite a, bien entendu, repoussé. A cette heure-là, la France a été sauvée. Peu de jours après, le Président de la république confiait au ministère Tirard-Constans la mission d'abattre le boulangisme et de tenir le drapeau républicain dans les prochaines élections. Une dernière invite fut adressée aux conservateurs orléanistes, sous la forme la plus claire et la plus délicate. Un décret du 9 mars rapporta celui du 13 juillet 1887 qui avait banni M. le duc d'Aumale. Le Président de la République et le ministère, faisant droit aux démarches de l'Académie française et à la pétition des anciens élèves du lycée Henri IV (que l'auteur de ces lignes s'honore d'avoir rédigée)[2], avaient cru pouvoir « rouvrir les portes de la patrie, comme l'a dit M. Constans, à un vieux soldat qui aime la France par-dessus tout et qui n'a jamais fait acte de prétendant ». On pourrait ajouter que le duc d'Aumale avait énergiquement blâmé la politique de son neveu, qui « attachait les fleurs de lis à la queue du cheval noir »; et personne n'ignore que, faisant allusion au marché honteux passé avec la faction boulangiste, le vainqueur d'Abd-el-Kader avait prononcé ce mot, destiné à devenir historique : « Je ne sais si c'est l'intérêt, mais à coup sûr, ce n'est pas l'honneur ». Eh bien, M. le comte de Paris n'a pas voulu comprendre cette dernière et loyale avance de la République. Voici comment M. le duc de La Rochefoucauld (*séance du 9 mars*) y a répondu, au nom des monarchistes : « Nous sommes roya-

1. Je prends ici le premier vote sur le passage à la discussion du projet. L'ensemble de la loi n'a réuni que 268 voix, toutes républicaines, sauf celles de MM. Sarrette et Barouille.

2. « *M. Labordère.* Mais qui a sollicité la mesure?

« *M. Constans, ministre de l'intérieur*... Voulez-vous que nous vous citions ceux qui nous en ont entretenus les premiers? C'est une députation des anciens élèves du lycée Henri IV.

« *M. Tirard, président du Conseil.* Ce sont les seuls que j'aie vus et les seuls que j'aie reçus. » (*Séance de la Chambre du 9 mars* 1889.)

Nous ne pouvons oublier ici la brillante campagne de M. Joseph Reinach dans la *République française*, ni l'excellent article de M. Bardoux dans la *Revue Bleue* du 23 février 1889.

listes; royalistes nous resterons. Il n'en est pas moins vrai que nous saurons nous unir à tous ceux qui, *venant sur un terrain qui nous est commun, travaillent à vous renverser* ». Telle était bien aussi la pensée de M. le comte de Paris, puisque, à la veille des élections générales, il a donné pour instruction à ses partisans « de ne pas traiter en ennemis » les candidats boulangistes.

Cependant, le Cabinet, assailli chaque jour par les violences inouïes de la presse d'opposition, continuait la lutte avec calme et habileté. L'Exposition universelle s'ouvrait le 6 mai avec un éclat incomparable; et le peuple parisien lui-même oubliait le cheval noir pour admirer la daumont de M. Carnot. Au banquet des maires, il y eut un véritable enthousiasme qui se répercuta en province. Le pseudo-César prenait honteusement la fuite devant les prétendus lièvres opportunistes dont parlait autrefois M. Cornély, et la Haute-Cour entamait le 8 août, pour le terminer en quelques jours, le procès des conspirateurs. Enfin, la loi sur les candidatures multiples, votée à la veille de la séparation des Chambres, portait un coup terrible aux manœuvres plébiscitaires.

Les élections des 22 septembre et 6 octobre ont donné une forte majorité à la république, puisque la nouvelle Chambre comptera au moins 365 républicains, dont 264 républicains de gouvernement. De l'aveu même du *Soleil*[1], le pays, qui avait élu 203 conservateurs aux élections de 1885, n'en a élu que 167 aux élections de 1889; le parti conservateur a donc perdu 36 sièges. Ils seront occupés par des boulangistes, et le journal de M. Hervé est forcé de reconnaître que « c'est dans le parti conservateur, et non dans le parti républicain, que le boulangisme a fait la trouée ». Et c'est pour aboutir à ce piteux échec que M. le comte de Paris a conseillé et pratiqué la politique de la *catapulte*! C'est pour élire M. Mermeix qu'on a vu, comme le constate *la Gazette de France*, « de nombreux ecclésiastiques marcher au scrutin avec des francs-maçons, des prêtres fraterniser devant les urnes avec des athées ». Non, à coup sûr, il ne faut pas

1. N° du 11 octobre 1889, article de M. H. de Kérohant.

railler M. Cochin. Il faut plaindre son prince et ses électeurs. Voilà le beau résultat de l'alliance de *la Presse* et de *l'Univers*, de la coalition du personnel de la droite avec le personnel ultra-radical du boulangisme! Les défenseurs de la paix sociale, les amis du trône et de l'autel n'ont pas rougi d'inscrire sur leurs bulletins de vote les Rochefort, les Laguerre, les Granger et les Vergoin! *Le Gaulois*, cher aux salons, s'est fait une gloire de fraterniser avec les condamnés de la Haute-Cour, et de pousser aux pieds de la nouvelle idole les électeurs royalistes. Mais cette lune de miel a peu duré; elle n'a pas survécu au désastre. Aujourd'hui Castor et Pollux en viennent aux gros mots. La dépêche de l'ex-général à M. Arthur Meyer est le couronnement cruel de la politique de M. le comte de Paris. N'en retenons que la dernière phrase qui est d'une suavité rare : « Je vous envoie l'expression de mon profond mépris ». M. Meyer déclare, de son côté, au grand homme déchu que le cheval noir n'est plus qu'une ombre chinoise. *Le Soleil* signifie à l'ami de son prince qu'il ne lui reste qu'à faire le plongeon, « et que sa trace même s'effacera comme le sillage d'un navire qui a disparu en pleine mer ».

Si tout cela est vrai, monsieur et cher maître, ne pensez-vous pas que l'attitude du parti orléaniste devrait être plus modeste? Les vaincus paraissent croire qu'il leur appartient d'escompter les bénéfices de la victoire de la République, et M. Léon Say s'est peut-être un peu trop pressé d'ouvrir les bras à ceux qui, hier encore, combattaient avec acharnement et s'efforçaient d'écarter de la Chambre les républicains les plus modérés.

Sortons, si vous le permettez, de l'enceinte du Parlement. Simple citoyen, n'ayant pas même l'honneur d'être fonctionnaire, je laisse aux 365 députés qui forment la majorité nouvelle le soin de manifester leurs intentions à la tribune; mais une pleine indépendance m'autorise sans doute à dire dès maintenant ce que pense cette jeunesse libérale, aujourd'hui mûre, qui écoutait vos leçons vers la fin de l'Empire, et à qui l'expérience des 24 et 16 mai a durement appris qu'il est dangereux d'avoir une république sans républicains. Les ex-jeunes gens de 1869 estiment avec M. John Lemoinne « que le parti républicain doit se serrer et ne compter que sur lui-même : c'est à lui d'être modéré et sage par lui-même, et il ne faut pas qu'il fasse entrer dans son jeu la modération et la sagesse des autres; on les lui ferait payer trop cher ».

Quand M. Rouvier a convié les modérés de la droite à s'unir à lui pour barrer la route aux utopies radicales, on lui a répondu en le renversant; quand M. le président Carnot a donné des gages de son esprit conciliant en rappelant le duc d'Aumale, on lui a répondu par une déclaration de guerre, et l'on a préféré faire campagne avec un proscripteur de princes. Maintenant le suffrage universel a parlé; il a condamné cette alliance déshonorante et envoyé au Palais-Bourbon une majorité de gouvernement qui aurait le droit d'exercer des représailles. Il est fort probable qu'elle n'en exercera pas; qu'elle n'usera de sa force que pour rallier à la République la masse flottante des vrais conservateurs désabusés; qu'elle appliquera avec modération et avec mesure les lois existantes, notamment les lois scolaires et la loi militaire; qu'avec l'appui du Sénat, elle écartera toutes les propositions inquiétantes pour les intérêts légitimes; qu'elle ne voudra plus entendre parler de la séparation de l'Église et de l'État, de la magistrature élective, de l'impôt sur le revenu, de la revision, et autres sottises; qu'enfin elle ne repoussera pas les hommes de bonne foi qui viendront à elle, en renonçant à la politique d'obstruction. Quant aux états-majors des prétendants, orléaniste et bonapartiste — nous ne parlons plus de Boulanger, « dont la mission est finie », comme dit M. Meyer — il ne faudra pas s'étonner si la République les traite en ennemis. Depuis le 15 septembre 1887, M. le comte de Paris n'a-t-il pas déclaré la guerre, dans un manifeste célèbre, à la Constitution républicaine, que ses amis avaient votée?

Vous parliez encore hier, monsieur et cher maître, « de refaire la France » avec la maison de Bourbon ». Si la politique orléaniste avait atteint son but, ne pensez-vous pas que M. de Bismarck en eût été fort aise? Boulangistes, bonapartistes, intransigeants se déchireraient après la victoire électorale, comme ils se déchirent après la défaite. Vous reconnaîtrez, dans votre bonne foi et votre patriotisme, qu'appuyée par une forte majorité républicaine, la France, assurée du lendemain, pourra mieux faire face à l'ennemi, lorsque s'ouvrira la lutte suprême, que si l'Allemagne, en franchissant nos frontières, ne trouvait devant elle qu'un pays livré aux factions et tiraillé entre trois ou quatre prétendants! Admettons, si vous voulez, votre formule que la maison de Bourbon *a fait* la France (vous voulez dire sans doute celle de l'ancien régime); il est bien heureux, en tout cas, que le chef de la maison de Bourbon n'ait pas réussi, cette fois encore, à *défaire* la France démocratique — la seule dont vous nous parliez autrefois; cette France qui, à défaut de M. Laisant, aura, je veux l'espérer, tous les princes d'Orléans pour défenseurs, lorsqu'il ne s'agira plus de fomenter la guerre civile, mais de repousser l'invasion étrangère.

Dans l'article que nous venons de reproduire, il est fait allusion à la pétition du comité de l'Association des anciens élèves du lycée Henri IV qui a servi tout au moins de prétexte au rappel du duc d'Aumale. Je n'ai pas conservé la minute du projet de pétition que j'ai soumis, vers la fin de 1888, au Comité du lycée Henri IV, et le texte s'en retrouve sans doute dans nos procès-verbaux; mais je me rappelle très nettement que ma proposition fut combattue avec force par quelques amis du prince, comme l'excellent Jules Barbier qui me reprocha de jeter le pavé de l'ours à l'exilé. Notre Président M. Léon Cléry, l'éminent avocat, fut plus clairvoyant et, dans son éloge de Paillet prononcé en mars 1903 à l'Association des anciens secrétaires de la conférence du stage, il a raconté l'histoire de ma pétition en termes si spirituels que je me reprocherais de ne pas les reproduire. Voici le passage de la notice de M. Cléry, d'après *le Temps* du 25 mars 1903 :

Si peu que ce soit, on a toujours été, une fois dans sa vie, président de quelque chose.

Or, vers la fin de 1888, j'étais président de l'Association des anciens élèves du Collège Henri IV. Un matin, M. Robiquet, l'un des avocats les plus distingués au Conseil d'État et à la Cour de cassation, vint me voir et me dit :

« Nous avons ce soir une séance du Comité de notre association. J'ai l'intention d'y faire une proposition, mais, auparavant, je veux savoir si elle aura votre assentiment. Vous savez que le duc d'Aumale est notre ancien condisciple. Nos statuts disent que nous devons aide et assistance à nos camarades *malheureux*. Mais il y a plusieurs façons d'être malheureux. Le duc d'Aumale est exilé, il souffre de son exil et j'ai pensé que l'assistance que nous lui devons pourrait se manifester sous la forme d'un effort en vue de son retour. L'Institut a tenté une démarche dans ce sens, mais l'Institut a échoué parce qu'en ce moment l'Institut n'est pas *persona grata*, et qu'on croit sentir chez beaucoup de ses membres une opposition secrète aux institutions républicaines. Le Gouvernement ne saurait avoir cette préoccupation en ce qui nous concerne, et nos vœux en faveur du prince pourraient être accueillis. »

Le soir même, le Comité m'autorisait à m'occuper de l'affaire et j'obtenais une audience du président Carnot. Je lui exposai le but de ma visite.

« C'est bien, me dit-il, et pour ma part, je suis tout disposé à faire ce que vous me demandez, mais il s'agit d'une résolution politique à prendre, et cela regarde mes ministres.

— Vous voulez que j'aille chez Floquet? J'irai chez Floquet. »

Floquet, alors président du conseil, était un de mes plus vieux camarades de Palais.

J'allai le voir et je recommençai mon antienne :

« Tu sais... s'occupe pas de politique... exil absurde... en souffre beaucoup... mesure sans danger... très bien vu de tous les braves gens qui ne sont pas des sectaires....

— Écoute, me dit-il, moi je suis très partisan de ce rappel, mais le boulangisme nous met beaucoup d'affaires sur les bras. Si je fais rentrer le duc d'Aumale, on ne manquera pas de crier que le gouvernement est inféodé aux anciens partis. Laisse-moi me débarrasser du Boulanger et je te promets qu'après l'élection du 27 janvier, qui sera un succès pour nous, je proposerai l'affaire au Conseil des ministres, et je ne doute pas qu'elle ne soit enlevée sans résistance. »

Le samedi 26 janvier 1889, j'étais à la Comédie-Française où l'on avait repris, récemment, le drame d'Alexandre Dumas : *Henri III et sa cour*. Floquet y était aussi. Au moment où dans un entr'acte il sortait de sa loge, je le prends à part :

« Tu sais ce que tu m'as promis?

— C'est entendu.

— Faut-il te le rappeler?

— Inutile. C'est convenu. »

Le lendemain dimanche, 27 janvier, l'élection de Paris avait lieu : Boulanger l'emportait à une immense majorité... et le ministère Floquet s'évanouissait.

La constitution du nouveau cabinet demanda un temps assez long.

Un jour de mars, je traversais le guichet du Carrousel. Il faisait un temps assez aigre et passablement pluvieux. Je m'entends appeler et je vois Tirard qui me crie :

« Vous n'avez pas peur d'attraper des rhumatismes par ce temps d'humidité?

— Et vous, vous n'avez pas peur d'attraper le pouvoir par ce temps d'intérim?

— Pas de danger!

— Faudra voir.... »

Et je m'éloignai. Le lendemain, Tirard devenait président du Conseil des ministres avec le portefeuille du Commerce. Je me rendis auprès de lui et, pour la troisième fois, je me remis à chanter ma romance :

« Vous savez... s'occupe pas de politique... exil absurde, en souffre beaucoup... etc. J'ajoutai : « Je sais que l'Institut a échoué dans une tentative précédente, mais on a pu penser que l'Institut représentait une opinion hostile au gouvernement, tandis que nous, les anciens camarades du prince, nous ne représentons rien du tout et nous agissons dans un esprit de désintéressement absolu.

— Voulez-vous me faire une note là-dessus?

— Vous l'aurez ce soir. »

Peu de temps après, Tirard proposait à la signature du président Carnot le décret de rappel.

Le duc d'Aumale m'adressait de Bruxelles un mot dans lequel il me disait :

« Je vous remercie, monsieur, et serai heureux de vous serrer la main.... » Plus tard, je déjeunai à Chantilly, mais mon hôte, qui daigna me montrer bien des choses, ne me montra pas les *Lunettes des princes*....

2e *PARTIE*

ECONOMIE SOCIALE

LA PROTECTION DE L'ENFANCE OUVRIÈRE

LA
PROTECTION DE L'ENFANCE OUVRIÈRE

A aucune époque, les bons citoyens ne se sont occupés avec plus de sollicitude de l'amélioration du sort des humbles. On peut dire qu'après avoir aboli les privilèges des hautes classes, les fils de la Révolution se montrent même disposés à créer une nouvelle classe de privilégiés qui sont précisément les travailleurs manuels ou plutôt les chefs de leurs syndicats. Organiser des syndicats professionnels pour défendre les intérêts de chaque catégorie d'ouvriers, cela est bien; mais l'intention du regretté Waldeck-Rousseau n'a pas été de les transformer en foyers de révolte et en instruments d'anarchie sociale. C'est aujourd'hui le patronat qui traverse une crise très grave, car il n'est pas toujours en état de lutter contre les fédérations qui fomentent à jet continu des grèves politiques dont le seul but est de ruiner le capital et de détruire la propriété privée. La police des petites communes ne dispose pas de force suffisante pour prévenir ou réprimer des attentats abominables, tels que des incendies et des pillages. D'autre part, le renchérissement de la main-d'œuvre, la concurrence de l'étranger, le poids croissant des impôts et les menaces d'impôts futurs, réclamés par les socialistes pour donner des rentes à tous les travailleurs manuels, y compris les travailleurs des champs, rendent de plus en plus précaire et difficile la situation des chefs d'industrie ou des chefs de maisons de commerce.

A la fin du second Empire et au lendemain de la guerre de 1870, les circonstances étaient fort différentes. La faiblesse des petits apprentis manquait notamment d'une protection suffisante. L'inspection du travail n'existait pas et l'exploitation de l'enfance ouvrière appelait de prompts remèdes. J'en fus frappé à peine au sortir du collège, et voilà pourquoi je participai de mon mieux au développement de la *Société de Protection des apprentis* que fondèrent, à la fin de l'Empire, MM. J.-B. Dumas, l'illustre chimiste, et M. Barreswill, l'un ami et l'autre ancien élève de mon aïeul Pierre Robiquet, de l'Académie des Sciences et de l'Académie de Médecine, auquel la science française doit tant de belles découvertes. A la suite de l'année terrible, je me dévouai à la même tâche, et par de nombreux articles de la *Gazette des Tribunaux* et de l'*Économiste français*, j'exposai les origines d'une législation protectrice du travail des enfants dans les manufactures. Le travail qu'on lira plus loin, et qui parut dans la *Revue générale du droit*, constitue, je crois, le premier commentaire de la loi française du 19 mai 1874. On a fait depuis bien d'autres lois pour fortifier les cadres de l'inspection, et pour réglementer non seulement le travail des enfants, mais celui des ouvriers dans les manufactures. J'estime même qu'on a beaucoup trop légiféré et qu'on a dépassé la mesure, car l'ouvrier majeur est parfaitement outillé pour se défendre, et même pour faire la loi aux patrons. Peut-être est-il regrettable qu'on ait supprimé les commissions locales, composées de simples citoyens, qui avaient pour mission, d'une part, de renseigner les chefs d'industries sur leurs devoirs envers les apprentis, et, d'autre part, de *contrôler* l'inspection : car tout pouvoir sans contrôle devient aisément tyrannique. Enfin, il était excellent d'habituer les citoyens à s'occuper des affaires d'intérêt général, et à servir d'intermédiaires entre les agents de l'exécutif et les employeurs ou employés. L'inspection n'a pu supporter ce contrôle, pourtant très anodin et qui s'était exercé avec beaucoup de mesure. Un ministre du Commerce m'a dit un jour que les Commissions locales de Paris n'avaient fait qu'obéir au Conseil général de la Seine et seconder les syndicats ouvriers, dont les chefs voulaient tous devenir inspecteurs du travail. Cette accusation était absolument injuste, car la majorité des Commissions locales, tout en se montrant animée de l'esprit le plus démocratique, dans le bon sens du mot, a toujours résisté avec succès aux prétentions des ouvriers politiciens. Je renvoie à cet égard aux procès-verbaux des séances générales qui se tenaient à la mairie du IVe arrondissement.

Lors de l'exposition de 1900, j'ai, en qualité de secrétaire du Comité d'installation et du jury de la classe 101, contribué à faire récompenser une foule d'œuvres intéressantes, dues à l'initiative des grands chefs d'industries, telles que les internats d'apprentis. Lors de l'organisation de l'Exposition internationale de Saint-Louis, j'ai eu également l'occasion, au groupe de l'*Économie sociale*, de constater l'essor remarquable d'une foule de créations humanitaires qui ont pour but la protection et l'éducation de l'enfance ouvrière. Il y aurait lieu plutôt, à l'heure actuelle, de réagir contre l'excès de réglementation, car beaucoup de patrons, énervés par nombre de prescriptions administratives, préfèrent se passer de la main-d'œuvre des enfants.

Quoi qu'il en soit, nous n'avons rien à retrancher de ce que nous avons écrit dans notre commentaire de l'excellente loi du 19 mai 1874.

Voici le texte de ce travail :

LA LOI DU 19 MAI 1874

SES ORIGINES
SON APPLICATION ACTUELLE

LA LOI DU 19 MAI 1874

SES ORIGINES
SON APPLICATION ACTUELLE[1]

Étude sur la législation protectrice de l'enfance ouvrière, en France et l'étranger.

Parmi les lois d'une portée sociale que nous devons à la dernière Assemblée, la plus importante, à coup sûr, est la loi du 19 mai 1874, relative au travail des enfants dans les manufactures. Il ne sera pas sans utilité de faire de ce monument législatif, encore peu connu et mal apprécié, l'objet d'une étude spéciale qui nous paraît répondre au courant actuel des préoccupations publiques. La loi dont il s'agit a effectivement, dans ces derniers temps, servi de prétexte à des appréciations erronées et à des critiques aussi malveillantes que peu exactes, notamment en ce qui concerne le service de l'inspection et la prétendue nécessité d'assurer l'exécution de la loi par des règlements et des décrets, qui existent depuis les premiers mois de 1875. La plus grande partie du public éclairé ne possède aussi que des données fort vagues sur

1. Extrait de la *Revue générale du droit*, 1877.

le fonctionnement des commissions locales, dont l'article 20 de la loi a prescrit l'organisation et dont le Conseil général de la Seine, par une délibération du 28 novembre dernier, vient de porter le nombre à 28 pour Paris et sa banlieue.

D'une manière générale, il n'est pas un bon citoyen qui ne doive se préoccuper des mesures prises par les lois en vigueur ou à prendre par les lois futures pour améliorer la condition des apprentis. L'apprenti d'aujourd'hui c'est l'ouvrier de demain, c'est l'électeur, c'est le détenteur éventuel d'une portion de la souveraineté nationale; et le sort actuel des jeunes générations ouvrières ne sera pas sans exercer une influence considérable sur les mouvements du suffrage universel, dans les années qui vont suivre. Cette considération ne suffit-elle pas à elle seule pour solliciter l'attention du jurisconsulte, du philosophe et de l'homme d'État?

La fin du XVIIIe siècle a été signalée par deux révolutions. Tout le monde connaît la première : c'est la révolution politique; mais, à côté de celle-là, s'en place une autre que les travaux des économistes contemporains, MM. Wolowski et Levasseur notamment, ont mise dans tout son jour : c'est la révolution industrielle.

Ce qui caractérise cette seconde révolution n'est autre chose que le progrès des inventions mécaniques qui, en substituant l'action de l'intelligence à celle de la main, en faisant passer au second plan la force physique de l'ouvrier, et au premier sa dextérité et son adresse, a permis à la femme et à l'enfant de prêter désormais un concours efficace au travail incessant de la production industrielle. Mais, à cet immense élan de l'industrie, pourvue de nouveaux engins, décuplée dans sa puissance créatrice; à cette entrée en campagne du sexe le plus faible et de l'âge le plus tendre étaient liés malheureusement de terribles dangers. Qu'allaient devenir ces jeunes générations, livrées, comme on l'a dit, « au tourment du feu éternel »? qu'allait devenir l'enfant du pauvre, métamorphosé, pour parler comme un historien connu [1], « en valet d'une machine qui ne lui laisse le droit illusoire d'être libre qu'en lui enlevant le pouvoir de le devenir »?

La crise éclata en Angleterre, bien avant de se déclarer en France; et, de même que l'industrie anglaise avait développé les premiers germes du mal, de même elle se préoccupa la première d'y apporter un remède. Aussi bien est-ce par l'étude de la législation anglaise, relative à la protection de l'enfance ouvrière, qu'il faut aborder l'histoire des origines de la loi française du 19 mai 1874. Système du demi-temps, combinaison de l'école et de l'atelier, service de l'inspection, nous avons tout emprunté à l'Angleterre; et, dans l'ordre d'idées qui nous occupe, il est impossible de séparer les deux législations. De leur examen comparatif résultera pour l'esprit du lecteur une appréciation très exacte de la phase actuelle où sont entrées les idées et les institutions protectrices du travail des enfants.

Rien de plus triste que le sort des premiers apprentis anglais. Les merveilleuses applications de la vapeur venaient de mettre au service de l'industrie des forces immenses. Pour les utiliser, il fallait des bras, des bras à tout prix.

1. M. Louis Blanc (séance de l'Assemblée nationale du 25 novembre 1872).

Le cœur se déchire à la seule pensée de l'horrible traite, — il n'y a pas d'autre mot pour désigner ces choses, — qu'entraîna chez nos voisins l'impérieuse nécessité de se procurer la main-d'œuvre. Les engagements volontaires passés par les parents avec les chefs d'industries ne suffisaient pas pour assurer le recrutement des apprentis. Les mères pauvres ne voulaient pas tout d'abord donner leurs enfants. Alors que firent les patrons? Ils frappèrent à la porte des *Work-houses*; ils dépeuplèrent la maison des pauvres pour remplir leurs usines. Les *over seers*, les procureurs, les administrateurs des paroisses furent amenés à louer les enfants comme apprentis dans les manufactures; et ce qui montre bien quel était le résultat sinistre de ces marchés, c'est que dans les contrats passés à cette époque on lit généralement la clause suivante : « Sur vingt enfants, le manufacturier s'engage à se charger d'un idiot ».

Si l'Angleterre fut le théâtre des premiers scandales auxquels donna lieu l'exploitation des apprentis, il faut dire, à la louange de nos voisins, qu'on leur doit le premier acte législatif sur le travail des enfants. Il remonte à 1802, c'est-à-dire au règne de Georges III; et, en 1864, on ne comptait pas moins de dix-sept lois sur la matière. Depuis, cet arsenal législatif s'est encore accru. Les plus grands citoyens de la libre Angleterre ont toujours tenu à honneur de s'occuper de la protection de l'enfance ouvrière. Le bill de 1802 est dû à l'initiative généreuse de Robert Peel. Sans doute on ne peut présenter cette loi comme le dernier mot du progrès. Son objet était trop restreint, puisqu'elle ne s'appliquait qu'aux manufactures de coton et de laine; mais le premier pas était fait. Le législateur affirmait clairement son droit de restreindre, dans l'intérêt de l'enfant, la liberté du travail. Il défendait d'admettre dans les manufactures les enfants au-dessous de huit ans. Il fixait à douze heures le maximum de la journée, et ne permettait plus d'employer les jeunes ouvriers au travail de nuit, depuis neuf heures du soir jusqu'à six heures du matin. De nouveaux bills intervinrent pour étendre le premier, mais on ne tarda pas à trouver insuffisantes les mesures de protections déjà prises. Wilberforce, dont l'esprit généreux s'enflammait contre les grandes injustices, oublia un instant la cause de l'affranchissement des noirs, qui a immortalisé son nom, pour s'occuper du servage des blancs. Déjà l'expérience avait démontré que l'intérêt personnel des industriels risquait de dénaturer le bill rendu en 1802 pour la protection du travail des *apprentis*. Les patrons avaient affecté de croire que les prohibitions légales ne s'appliquaient qu'aux enfants qui avaient passé des contrats d'apprentissage. Aussi ne voulaient-ils plus admettre d'engagements réguliers pour sept ans, suivant les anciennes coutumes. Ils prenaient des apprentis à court terme, pour en rester maîtres et se dérober à la sanction de la loi. Mais cette interprétation judaïque ne pouvait se maintenir longtemps sans froisser la conscience publique. Wilberforce ne regarda même pas comme suffisante l'extension de la loi de 1802 à tous les jeunes travailleurs. Il mit le premier en avant cette idée féconde qui consiste à proportionner la durée du travail au développement des forces de l'enfant, en fixant un nombre d'heures différent pour les enfants de neuf à douze ans et pour ceux de douze à seize ans. De ce mouvement des esprits, secondé par d'éminents hommes d'État, sortit la loi fondamentale du 29 août 1833 (*Factory act* de Guillaume IV) qui est, pour ainsi dire, le code de l'industrie anglaise.

La durée du travail fut limitée à huit heures pour les enfants au-dessous de treize ans, et à onze heures et demie pour les femmes et les jeunes ouvriers âgés de treize à dix-huit ans. En outre, le service de l'inspection, qui avait donné des résultats négatifs tant qu'il était resté confié aux juges de paix, reçut une organisation définitive. « Sa Majesté, lisons-nous dans la loi, est priée de vouloir bien à l'avenir nommer quatre inspecteurs, chargés de visiter désormais les manufactures où sont employés des enfants au-dessous de dix-huit ans. Ces inspecteurs pourront entrer dans les manufactures en tout temps, toute saison, le jour et la nuit, et examiner tous les ouvriers qui y travaillent. » Aujourd'hui, l'Angleterre a deux inspecteurs et trente-neuf sous-inspecteurs qui se partagent les différentes circonscriptions du royaume et font exécuter la loi avec un soin scrupuleux. Le *Factory regulation act* de la reine Victoria, en date du 6 juin 1844, a modifié, encore dans l'intérêt de l'apprenti, la législation britannique, en réduisant à six heures et demie la journée de travail des enfants de moins de treize ans. Nous ne pouvons insister sur tous les bill spéciaux par lesquels l'Angleterre s'efforce, presque chaque année, d'améliorer ses lois protectrices de l'enfance, en les appropriant aux besoins nouveaux de l'industrie et en les faisant profiter des résultats de l'expérience. Il suffira de citer le bill de 1872, qui fait rentrer dans les catégories des travailleurs protégés les enfants employés dans les entreprises agricoles; et le bill du 30 juillet 1874, dont les principales dispositions sont les suivantes : « A dater de 1875, aucun enfant âgé de moins de neuf ans ne peut être employé, et, après cette année, s'il a moins de dix ans, il ne peut l'être que tout autant qu'il aura été légalement employé dans la fabrique avant le commencement de 1875 ou de 1876.... A partir du 1er janvier 1876, les enfants devront suivre les cours scolaires ouverts par le département de l'instruction publique. On répute *enfant* toute personne de treize ans et de moins de quatorze ans, non munie de son certificat d'éducation ». Ces prescriptions sont complétées par une foule de mesures de détail qui montrent bien l'esprit pratique des Anglais. « Les heures de travail dans chaque usine », lisons-nous dans le rapport de M. de Freycinet, rédigé en 1867 sur l'ordre du gouvernement français, « sont réglées sur une horloge publique, dont le choix est soumis à l'inspecteur du gouvernement. La désignation de l'horloge ainsi adoptée est donnée à la première page du *Register for young persons*, à la suite de diverses mentions, telles que le nom du propriétaire de la fabrique, la nature de l'industrie, le nom de la paroisse, etc. Les heures fixées pour le repos (*meal times*) sont indiquées sur une affiche imprimée, placée ordinairement à l'entrée des ateliers, laquelle fait connaître, pour chacun des jours de la semaine, le moment, la durée des divers repos (*breakfast, dinner and tea*). Cette même affiche reproduit la désignation de l'horloge et mentionne, en outre, les noms et adresses du sous-inspecteur du district, du médecin certificateur, de l'inspecteur dans la circonscription duquel le district est placé ». Les propriétaires d'usines sont astreints à prendre des précautions hygiéniques dans l'intérêt du personnel qu'ils emploient. L'intérieur des bâtiments consacrés à l'exploitation industrielle doit être soigneusement blanchi à la chaux, au moins une fois tous les quatorze mois. En cas d'infraction à ce règlement, la loi impose à l'industriel une amende qui varie de 75 à 250 fr. Une amende, de 125 fr. au moins et de 500 fr. au plus, frappe le maître de fabrique qui ne protège pas suffisamment les abords des mécanismes. Suivant le nombre des récidives, l'amende varie de 250 fr. à 500 fr. Elle peut s'élever à 2 500 fr. si quelqu'un a souffert d'un accident. Malgré cette sévérité de la loi qui fournit aux inspecteurs des armes redoutables, les industriels anglais sont loin de se plaindre; et la production manufacturière, à en juger par le mouvement des exportations, a plus que quadruplé, depuis 1833. Le poids du coton employé à cette époque s'élevait à 133 millions de kilogrammes; en 1843, à 263 millions; en 1853, à 370 millions. On constatait déjà, en 1868, qu'il dépassait 600 millions de kilogrammes. Enfin, les salaires s'étaient fortement accrus et la population du Lancashire avait plus que doublé. D'autre part, le niveau moral de la classe ouvrière s'élève tous les jours; l'aspect physique des enfants est devenu très satisfaisant; les accidents sont rares et les inspecteurs n'ont à relever, de la part des industriels, que très peu d'infractions. Tels sont les effets des lois anglaises, relativement à la protection de l'enfance ouvrière. La France peut-elle se flatter d'avoir témoigné aux apprentis une sollicitude aussi persistante et aussi éclairée? A-t-elle au moins compensé le temps perdu par la promptitude et l'efficacité des mesures qui ont été prises? Enfin, le dernier état de notre législation ne réclamet-il aucune modification, aucun complément? C'est ce qu'il nous reste à examiner.

Ainsi, dès le commencement du siècle, l'Angleterre était dotée d'une législation protectrice des apprentis. La première loi française ne date que de 1841. Qu'avait-on fait jusque-là, et comment s'expliquer une inaction aussi prolongée? C'est à peine si quelques voix isolées, celle de Sismondi, par exemple, s'étaient fait entendre, pour essayer de mettre à l'ordre du jour la question qui nous occupe. En 1828, un honorable industriel de Guebwiller, M. Bourcart, la soumit à *la Société industrielle de Mulhouse*, qui ne l'abandonna plus et en fit comme son domaine propre. La Société rédigea plusieurs rapports, dont l'un fut même provoqué, en 1833, par un ministre de l'instruction publique; et enfin elle se détermina à saisir les Chambres par voie de pétition. Mais ce qui contribua surtout à émouvoir l'opinion publique ce fut le réquisitoire éloquent que M. Villermé fit entendre au sein même de l'Académie; ce fut le lamentable tableau qu'il traça de la situation des ouvriers. On était alors en 1839. Le gouvernement suivit le courant; il ordonna une enquête et soumit aux Chambres un projet de loi sur le travail des enfants employés dans les manufactures, usines ou ateliers. Si l'on parcourt les noms des hommes qui faisaient partie des commissions législatives, on remarque, pour la Chambre des pairs, ceux de Charles Dupin, Cousin, de Gasparin, Rossi, de Gérando; et pour la Chambre des députés, ceux de Jussieu, Cochin, François Delessert, Carnot, Renouard. En dépit du mérite et des excellentes intentions des auteurs de cette loi, elle reste assurément inférieure à la loi anglaise de

1833. Relevons seulement ses lacunes essentielles. Le premier grief qu'on puisse lui imputer, c'est de ne viser que les ateliers occupant plus de vingt ouvriers, et, par là, de laisser en dehors des mesures protectrices tous les petits ateliers, où se commettent précisément les plus graves abus d'autorité. Cela se conçoit aisément : car le chef d'une grande usine est soumis au contrôle incessant de tout un monde d'ouvriers. Aucun de ces actes ne peut échapper aux regards. Au contraire le petit patron, qui occupe trois ou quatre apprentis dans une cave ou dans un grenier, échappe trop souvent à toute surveillance et en profite pour se porter, envers ses apprentis, aux excès les plus condamnables.

On reproche encore à la loi de 1841 d'avoir abaissé outre mesure le minimum d'âge au-dessous duquel l'enfant ne peut être admis dans l'usine. A huit ans, dit-on, l'enfant n'est pas suffisamment développé pour supporter la fatigue qui résulte d'un travail continu. De huit à douze ans, la loi n'autorisait qu'un travail de huit heures sur vingt-quatre, divisées par un repos. C'était là, suivant un grand nombre d'industriels compétents, une coupe vicieuse et impraticable : car le chef d'usine était forcément conduit à laisser l'enfant âgé de moins de douze ans travailler toute la journée, plutôt que d'embaucher deux enfants dont l'un travaillerait huit heures, l'autre quatre.

Mais ce qui constituait le vice radical de la loi de 1841 c'était le défaut de sanction.

L'article 10 portait bien : « Le Gouvernement établira des inspections pour l'exécution de la présente loi. Les inspecteurs pourront, dans chaque établissement, se faire représenter les registres relatifs à l'exécution de la présente loi, les règlements intérieurs, les livrets des enfants et les enfants eux-mêmes : ils pourront se faire accompagner par un médecin commis par le préfet ou le sous-préfet ». Seulement, cette prescription resta lettre morte, parce qu'elle était trop vague; parce qu'elle n'indiquait ni où ni comment devaient être nommés les inspecteurs. C'est à peine si quelques Conseils généraux, celui du Nord entre autres, se décidèrent à nommer un inspecteur. En somme, M. Ch. Dupin ne faisait que dire la vérité, lorsqu'il s'écriait, en 1847, devant la Chambre des pairs : « Depuis six ans la loi échoue. D'abord exécutée un peu, puis de moins en moins, on a fini par la déclarer inexécutable, parce que nous n'avions pas institué des inspecteurs puissants et indépendants ».

Quand il fut bien avéré que tout était à refaire, le Gouvernement se remit à l'œuvre et présenta un nouveau projet de loi (15 février 1847). A la Chambre des pairs, le baron Ch. Dupin fut nommé rapporteur; et son travail, qui résumait tous les précédents, contient l'indication précise des réformes les plus urgentes.

Le nouveau projet étendait les dispositions de la loi de 1841 aux ateliers occupant au moins dix personnes de tout âge et *de tout sexe*, ou cinq personnes, enfant, adolescents ou *femmes*. Il posait le principe des relais et du travail à la demi-journée, qui n'avait pu se concilier avec les exigences de la loi de 1841 et auquel l'avenir devait donner une consécration définitive. Il faut noter avec soin une innovation qui a produit de si bons effets en Angleterre que lord Brougham a pu y voir « le signal d'une révolution dans ces méthodes d'enseignement ». Enfin le projet de 1847 portait qu'il serait nommé quatre inspecteurs généraux, chacun d'eux ne pouvant avoir sous sa direction moins d'un inspecteur divisionnaire. Une rotation régulière des inspecteurs généraux devait leur donner successivement la surveillance des quatre grands districts qui se partageraient la France manufacturière. L'obligation d'un rapport annuel, destiné à être distribué aux Chambres dès le début de chaque session, était imposée à ces fonctionnaires, salariés par l'État et auxquels il était interdit de remplir aucun autre emploi administratif. L'organisation des commissions d'inspection locale devait se concilier avec le nouveau système d'inspection, et des arrêtés ministériels seraient intervenus sur ce point. Tel était en substance le projet de 1847.

La discussion qui eut lieu à la Chambre des pairs modifia assez profondément le projet primitif. On y fit entrer les propositions de la Société de Mulhouse et la plupart des dispositions du *factory regulation act* de 1844. La protection fut étendue « aux enfants travaillant dans *toutes* les manufactures, fabriques, usines, chantiers et ateliers ». La durée effective du travail, pour les enfants de huit à douze ans, limitée par le projet et la loi de 1841 à huit heures sur vingt-quatre, fut abaissée à *six* heures. D'autre part, les heures d'école étaient réparties d'une façon différente pour les adolescents de douze à seize ans.

Ainsi amendée, la loi fut votée le 21 février 1848 par la Chambre des pairs; mais elle n'était pas encore soumise au vote de la Chambres des députés quand la révolution l'ensevelit sous les débris d'un trône. Le changement de régime politique arrêta net les efforts généreux des amis de l'enfance ouvrière. Il y avait alors dans l'air tant de plans de réforme sociale qu'une modeste loi sur la protection des apprentis, créant quelques inspecteurs et assurant une meilleure distribution des heures de travail, paraissait aux novateurs bien insuffisante et bien mesquine.

Cependant les abus se multipliaient et l'industrie elle-même souffrait de cet état de choses. On demanda l'avis du conseil général des manufactures, qui reproduisit en partie, sous forme de vœux, les prescriptions de la loi avortée de 1847. C'est dans ces circonstances qu'intervint la loi du 4 mars 1851 sur les contrats d'apprentissage. Au premier abord, cette loi paraît assurer à l'apprenti une protection réellement efficace, puisqu'elle déclare que « la durée du travail effectif des apprentis âgés de moins de quatorze ans ne pourra pas dépasser dix heures par jour, et que, pour les apprentis âgés de moins de seize ans, elle ne pourra dépasser douze heures ». Mais les hommes compétents ne tardèrent pas à faire remarquer que la nouvelle loi ne s'appliquait qu'aux apprentis ayant passé avec le maître un contrat d'apprentissage. Or c'était l'infime minorité.

D'autre part, la loi sur l'apprentissage n'avait pas fixé de minimum d'âge, de telle sorte que le patron pouvait soutenir qu'il avait le droit d'employer un enfant au-dessous de huit ans, à la condition de passer avec lui un contrat et de lui donner le titre d'apprenti. Tandis que les enfants libres de moins de douze ans ne pouvaient travailler plus de huit heures par jour, les apprentis du même âge pouvaient ainsi être assujettis à un travail de dix heures. — Une loi qui, par l'insuffisance et le vague de sa rédaction, autorisait des interprétations aussi abusives, ne valait pas mieux que la première loi anglaise de 1802, que les patrons avait également frappée de stérilité, en la prenant au pied de la lettre. On restait donc toujours en présence de la législation de 1841 qui, à défaut de sanction, n'était qu'un objet de risée pour les ouvriers comme pour les patrons. Aussi la situation, en se prolongeant, s'aggravait-elle de plus en plus. Quelques conseils généraux protestaient, il est vrai, contre l'inaction du gouvernement et le régime du laisser faire. Il faut citer notamment les conseils généraux de l'Eure, de la Seine-Inférieure, du Nord, du Pas-de-Calais, du Haut-Rhin, de la Seine, qui, chaque année, élevaient la voix pour stimuler l'initiative du pouvoir.

On peut trouver dans les mémoires des instituteurs, rédigés en 1861, des renseignements précis sur la condition des apprentis à cette époque. Dans des rapports qui concernent le département du Nord, nous lisons ce qui suit : « Un grand nombre de fabriques emploient encore souvent à des tâches pénibles ou insalubres de petits malheureux qui n'ont pas dix ans. J'ai vu quinze petits garçons employés à une machine à dévider. Ils étaient assis sur des tabourets très élevés pour les empêcher de descendre et tenir leur attention plus éveillée. Chacun avait devant soi trois ou quatre bobines et en aspirait sans relâche les flocons. L'un d'eux, un peu moins jeune, tournait la roue, et on voyait son pauvre corps se dévier et la sueur perler sur son visage, à l'expression assombrie. Ces exemples sont nombreux. Les ivrognes, les libertins, les paresseux envoient leurs enfants aux fabriques pour travailler moins eux-mêmes et boire davantage; les enfants sont livrés trop jeunes à l'industrie; si l'on n'y met ordre, on verra dépérir les robustes populations françaises ». Dans les autres départements, il en est de même, à à peu d'exception près.

On était arrivé en 1862; c'est à peine si l'on commençait à s'émouvoir dans les régions officielles. Le 7 novembre 1862, M. le comte de Butenval présentait à la section du Commerce du Conseil d'État un rapport par lequel il proposait au gouvernement de constituer une inspection salariée par l'État et confiée à sept fonctionnaires spéciaux, établis dans les départements les plus manufacturiers, avec un inspecteur général à la tête du service. Mais sait-on l'accueil que firent les préfets des régions industrielles (on avait cru devoir les consulter) à l'innovation projetée? Neuf seulement approuvaient pleinement la création d'inspecteurs spéciaux; quinze voulaient une inspection purement locale et placée sous la main du préfet; enfin, sept se prononçaient d'une manière absolue contre toute réforme et se complaisaient dans le *statu quo*.

En mai 1864, une pétition dénonça au Sénat l'existence du mal profond qui déshonorait l'industrie française. Vigoureusement appuyée par le rapporteur M. Dumas (l'éminent savant dont le nom restera attaché à l'établissement définitif de la législation protectrice de l'enfance), la pétition rencontra de nombreuses adhésions. Un peu plus tard, en 1864, le même personnage qui, en qualité de sénateur, avait formellement réclamé le rétablissement des inspecteurs, faisait voter par le Conseil général de la Seine, dont il était président, les allocations nécessaires au traitement d'un inspecteur et d'un inspecteur adjoint. L'homme qui exerça le premier ces délicates fonctions d'inspecteur du travail des enfants dans le département de Seine était, par bonheur, le type de l'activité et de l'énergie tournées vers le bien [1]. Son premier rapport, qui date de 1865, déchira les voiles officiels, montra la situation dans toute sa gravité et, grâce au concours de la presse, réussit à décider le gouvernement à ouvrir les yeux et à combattre le mal. L'enquête officielle de 1867 vint apporter aux partisans de l'inspection salariée l'appui de trente-cinq conseils généraux, de vingt-sept chambres de commerce et de vingt-neuf chambres consultatives des arts et manufactures.

A la suite de l'enquête, où le gouvernement pouvait trouver des arguments contre la coalition des intéressés qui, depuis 1841, entravaient l'application des mesures protectrices, le Conseil d'État fut saisi d'un projet de loi « destiné à modifier plusieurs des dispositions de la loi du 22 mars 1841 ». En attendant que la nouvelle loi fût prête, le ministre de l'agriculture, du commerce et des travaux publics provoqua un décret impérial (7 décembre 1868) qui confiait aux ingénieurs des mines les fonctions d'inspecteurs du travail des enfants. Un autre décret, en date du 17 décembre de la même année, créait une commission supérieure, chargée de proposer les amélio-

1. C'est en grande partie à M. Barreswil qu'on doit la fondation et l'extension de la *Société de protection des apprentis*. Le secrétaire actuel de cette Société, M. Jules Périn, remplit dignement la place devenue vide par la mort prématurée de M. Barreswil.

rations que comporterait le service de l'inspection, et de donner son avis sur les règlements à intervenir.

Le choix des ingénieurs des mines pour faire office d'inspecteurs était encore une faute. — Les ingénieurs sont trop occupés et trop peu nombreux pour joindre à leurs travaux professionnels la tâche accablante qu'on leur offrait de remplir à peu près gratuitement. Dans une note intéressante sur la question dont il s'agit, M. Ch. Robert cite une lettre de M. Jean Dollfus qui exprime énergiquement l'opinion des industriels sur l'innovation projetée : « On a nommé pour l'inspection des ingénieurs des mines; je trouve cela *absurde*; il faut faire, à cet égard, absolument ce qui se fait en Angleterre, et ne pas craindre une dépense si utile pour avoir une bonne inspection ». Le décret du 7 décembre avait, en outre, le tort d'être en contradiction avec le projet de loi délibéré par le Conseil d'État, puisque le rapport se ralliait au système de l'inspection salariée par l'État. D'ailleurs, le ministère avait fait subir à l'œuvre du Conseil d'État beaucoup d'autres modifications, quand, le 29 juin 1870, M. Louvet déposa sur la tribune du Sénat le projet de loi définitif. Une sorte de fatalité semblait poursuivre la législation protectrice de l'enfance. Le projet de 1870, disparut comme celui de 1847, balayé par une révolution.

L'Assemblée nationale entreprenait à peine son grand travail de réorganisation que la question de la protection des apprentis attirait sa sollicitude. Dès le mois de juin 1871, M. Ambroise Joubert soumettait à ses collègues une proposition relative au travail des enfants dans les manufactures. Cette proposition, fort laconique puisqu'elle ne comprenait que 5 articles, peut se résumer facilement. Elle demandait :

1° L'interdiction absolue d'admettre au travail industriel un enfant âgé de moins de dix ans;

2° De dix à quatorze ans, un maximum de travail de six heures par jour;

3° La remise du service de l'inspection du travail des enfants aux inspecteurs de l'enseignement primaire, qui, en cas de contravention, saisiraient le parquet.

En même temps, MM. le comte de Melun, E. Tallon, Lefébure, estimant sans doute que la proposition Joubert appelait quelques développements, reprirent, à titre d'amendement, le projet présenté au Conseil d'État, en 1868. Une commission fut nommée; et, le 11 mai 1872, M. Eugène Tallon déposait son rapport. La première délibération s'est ouverte le 25 novembre 1872, et la troisième se terminait le 19 mai 1874 par le vote de la loi. Nous avons à faire connaître les principaux incidents de la discussion législative, qui fut très laborieuse et souvent très passionnée; nous apprécierons ensuite l'esprit général, la portée et le caractère de la législation nouvelle.

Lorsque la proposition de M. Ambroise Joubert fut mise à l'ordre du jour de l'Assemblée et que la première délibération s'ouvrit, aucune opposition ne se manifesta tout d'abord; et ce fut au bruit d'applaudissements unanimes que l'auteur du projet prononça ces paroles : « C'est une bonne fortune, au milieu de nos discussions, parfois si pénibles, d'avoir à nous occuper d'une pareille question, sur laquelle je pense que nous serons tous d'accord : car une même pensée nous unit tous, l'amour de l'humanité et un ardent désir d'améliorer le sort des classes laborieuses ».

L'orateur rencontra aussi la même adhésion, quand, au nom de la majorité de la commission, il fixa à treize ans l'âge à partir duquel les enfants pourraient travailler la journée entière, et quand il déclara que la commission, dont le mandat ne consistait qu'à s'occuper du travail des enfants, « avait été conduite par une pente naturelle à s'occuper du travail des femmes ».

M. Tallon, rapporteur, semblait avoir gagné sa cause, en dévoilant, à l'aide de la statistique, l'horrible situation de l'enfance ouvrière; en montrant tous les petits ateliers placés en dehors de la protection, c'est-à-dire vingt-six mille enfants abandonnés à tous les abus, l'inspection réduite à l'état de lettre morte et l'autorité de la loi, aussi bien que les droits de l'humanité, partout méconnus. La première délibération, qui n'occupa d'ailleurs qu'une séance, pouvait donner à croire que l'accord apparent de toutes les fractions de l'assemblée se maintiendrait jusqu'au vote définitif de la loi.

Mais, dès le début de la seconde délibération (22 janvier 1873), il devint évident que les adversaires de la loi trouveraient, au sein de l'assemblée, des représentants très tenaces et très passionnés. On put se convaincre, en même temps, que la grosse question du débat serait celle-ci : « A partir de quel âge l'enfant serait-il admis à travailler dans l'usine? Et quelle serait la durée de son travail journalier? Sur ce point, il existait deux courants opposés. Les uns, qui se déterminaient uniquement par les considérations morales, voulaient élever autant que possible l'âge d'admission de l'enfant au travail, afin de favoriser son développement physique et intellectuel. Les autres, au contraire, industriels pour la plupart, hommes positifs et pratiques, directement visés au reste par le projet de loi, protestaient contre la limite de treize ans, à laquelle la commission s'arrêtait et croyaient faire une grande concession en l'abaissant à douze ans. Plus d'une voix fit valoir avec force les considérations qui militaient contre une surélévation exagérée de l'âge d'admission des enfants au travail industriel. Ces considérations étaient tirées de l'intérêt de la classe ouvrière elle-même et de l'intérêt général des producteurs. Quant à l'ouvrier, disait-on, il ne peut couvrir par son salaire toutes les dépenses d'une famille qui compte fréquemment 5 ou 6 enfants. Il aspire au moment où les plus âgés d'entre eux pourront travailler et lui venir en aide. Reculer ce moment au delà de douze ans serait infliger aux classes ouvrières un bien dur sacrifice; ce serait, en outre, donner à l'enfant qui sortirait de l'école et ne pourrait pas encore être admis dans l'atelier le temps de contracter des habitudes de paresse et de vagabondage qu'il aurait plus tard bien de la peine à perdre. De plus, ajoutait-on dans cet ordre d'idées, les conditions matérielles du travail industriel se sont profondément modifiées depuis vingt ou vingt-cinq ans. Les manufactures sont aujourd'hui de vrais monuments, où l'air et la lumière circulent librement et où l'apprenti peut travailler sans le moindre inconvénient. Quant à l'industrie elle-même, il faut qu'elle lutte contre la concurrence étrangère. Qu'on ne lui donne les enfants qu'à partir de douze ans, et que jusque-là ils fréquentent exclusivement les salles d'asile et les écoles, soit; mais, quand l'atelier a reçu l'apprenti, il doit le garder tout entier, pendant les douze heures que dure le fonctionnement des machines. Ces combinaisons de brigades, ces relais, ce demi-temps, tout cela ne peut que désorganiser le travail, sans avantage pour l'enfant, qui ne profitera nullement des quelques heures passées à l'école. Quelques adversaires de la commission allaient beaucoup plus loin. Un grand industriel ne craignit pas d'émettre cette paradoxale opinion, qui lui était inspirée, disait-il, par son expérience de maître de forges : que plus les enfants commençaient jeunes à se mettre au travail, « plus ils devenaient des hommes vigoureux et énergiques ».

Les esprits modérés et désintéressés ne pouvaient s'associer à l'absolue fin de non-recevoir qu'on opposait dans certains groupes parlementaires à l'adoption de la loi; mais, sans parler des controverses sur la limite d'âge de treize ans pour l'admission de l'apprenti au travail plein, le projet de la commission soulevait des critiques assez graves. En premier lieu, on lui reprochait d'introduire dans la législation protectrice une innovation très audacieuse et très contestable : à savoir, la réglementation du travail des filles et femmes de tout âge, non seulement des femmes non mariées, mais aussi des femmes mariées qui travaillent avec l'autorisation de leur mari et souvent dans la même usine que lui. On faisait remarquer qu'édicter des prohibitions aussi générales, c'était dépasser de beaucoup la sévérité du projet de 1870, qui se bornait à interdire le travail des filles et des femmes dans les exploitations souterraines.

La commission, ainsi battue en brèche, inquiète de l'accueil final qui attendait son œuvre, la commission recula. Au début de la séance du 28 janvier 1873, le rapporteur vint déclarer que l'article 1er avait été remanié dans le sens des amendements de MM. Clément et Paulin Gillon, et que la commission renonçait, non sans regrets, à étendre l'application des mesures protectrices aux femmes employées dans l'industrie. Une seconde et capitale concession était faite à l'opposition par l'abandon de la limite d'âge de treize ans et l'adoption de la limite de douze ans, demandée par les amendements de MM. Leurent et Feray. Enfin, on laissait à des règlements d'administration publique le soin de déterminer les conditions du travail dans les fabriques et usines à feu continu, les mines et minières, et, en général, dans tous les établissements d'une nature exceptionnelle. Ainsi se trouvait signé le traité de paix avec les défenseurs absolus des industriels.

Mais les représentants des idées purement philanthropiques n'avaient pas désarmé. Ils revenaient, de leur côté, à la charge avec plus d'ardeur que jamais contre la commission, qui, loin de consentir à élever au-dessus de treize ans la limite d'admission des apprentis, avait au contraire lâché pied devant des attaques réitérées et s'était ralliée à l'âge de douze ans.

Il fallait les entendre tonner contre les prétendus intérêts industriels « auxquels on sacrifiait les plus saints intérêts de la morale et de l'humanité, et nos plus grands intérêts nationaux. »

Appelant à leur aide l'hygiène et la physiologie, ils soutenaient l'impossibilité absolue d'imposer à l'enfant une durée de travail de douze heures, avant quatorze ans révolus. Ils s'adressaient aux sentiments les plus élevés du patriotisme et montraient toute l'importance de la loi, au point de vue de notre relèvement national : « Vous voulez reconstituer la France. Vous l'affirmez souvent. Aurez-vous jamais meilleure occasion?... Si vous votez l'article 3 de la loi tel qu'il est présenté en ce moment par la commission, il faut commencer, Messieurs, par effacer des deux rapports auxquels la proposition de M. Joubert a donné lieu, toutes les phrases relatives à la régénération sociale et à la sollicitude avec laquelle l'Assemblée a assumé cette grande tâche ». Mais le siège de l'Assemblée était fait. Aux enseignements de la physiologie, on opposa ceux de l'expérience industrielle et les dures nécessités du travail. Le ministre du commerce, M. Teisserenc de Bort, donna le coup de grâce aux quatorze ans, en se rattachant à la dernière rédaction de la commission; et l'amendement de M. Roussel fut rejeté.

La commission s'était abandonnée elle-même, mais il devait lui venir des défenseurs inattendus. Reprenant à titre d'amendement l'ancien texte de l'article 2, ces derniers se firent une arme du projet de 1868 élaboré au conseil d'État, et du projet primitif de la commission elle-même. Ils demandèrent à l'Assemblée de maintenir à treize ans la limite d'âge fixée pour l'admission des enfants au travail plein. L'exemple de l'Angleterre, qu'on ne manqua pas d'invoquer, donnait encore plus de force à cette thèse. La commission, fort embarrassée de son rôle, se contenta d'assister aux tournois oratoires que soulevait ainsi la limite d'âge; et, quand on vota, le dépouillement du scrutin donna 277 suffrages en faveur de l'amendement de M. Scheurer-Kestner contre 263 voix qui l'avaient rejeté. L'article 2 se trouvait ainsi rédigé :

« Depuis l'âge de dix ans jusqu'à celui de treize ans révolus, les enfants du sexe masculin ne pourront être assujettis à une durée de travail de plus de six heures par jour, divisées par un repos : ce travail ne peut avoir lieu qu'entre cinq heures du matin et neuf heures du soir ».

M. Wolowski fut moins heureux, lorsqu'il demanda à l'Assemblée d'interdire aux femmes de tout âge le travail de nuit. La commission, qui voulait d'abord comme lui étendre la protection aux filles et femmes de tout âge, avait déserté la lutte sur ce point; et elle restreignait la prohibition du travail de nuit aux filles « âgées de moins de vingt et un ans ». Le nouveau texte de la commission fut adopté par 299 voix contre 259.

Il ne restait plus guère à débattre que la question de l'inspection. C'était, à vrai dire, la partie la plus importante de la loi : car une législation protectrice de l'enfance ne peut se passer de sanction; et l'expérience avait montré, en 1841, ce qu'on gagne à édicter des dispositions platoniques. Mais ici encore les esprits se trouvaient singulièrement divisés. Celui-là proposait les officiers de police judiciaire; celui-ci mettait en avant les inspecteurs des écoles primaires; tel ne croyait qu'en l'intervention des chambres syndicales; tel autre tenait pour les inspecteurs des enfants assistés. L'Empire avait confié le service aux ingénieurs des mines; enfin, les partisans d'un dernier système ne voulaient d'inspecteurs à aucun titre, c'est-à-dire qu'ils ne voulaient pas de loi sur le travail des enfants. En face de tous ces adversaires, la commission tenait à peu près ce langage : « Il ne suffit pas de confier l'exécution de la loi à des fonctionnaires déjà surchargés d'autres occupations et qui ne s'occuperont qu'à leurs moments perdus, et avec une compétence le plus souvent contestable, de surveiller le travail des enfants. Il faut, de toute nécessité, créer une inspection spéciale, rétribuée par l'État, responsable et indépendante. L'Angleterre se trouve bien de ce système. Qu'on lise le rapport de M. de Freycinet, qu'on parcoure les dépositions de M. Baker, l'inspecteur de Londres, on verra que nos voisins n'ont réussi à faire exécuter leurs lois protectrices de l'enfance que depuis 1833, c'est-à-dire depuis la création d'une inspection spéciale. Aujourd'hui, cette institution est si bien entrée dans les habitudes de la nation britannique « que, si on parlait de l'abroger, les dix-neuf vingtièmes des industriels demanderaient à rester sous le régime de la loi [1] ».

L'Assemblée se rendit sans peine à ces raisons; elle adopta seulement un amendement qui supprimait l'inspecteur général du travail des enfants, comme un rouage inutile, entravant la commission supérieure et le contrôle des commissions locales. 15 inspecteurs divisionnaires seraient nommés par le gouvernement, sur une liste de présentation dressée par la commission supérieure. Ils recevraient un traitement de l'État. Telle était la substance de l'article 16. Les inspecteurs devaient être pris parmi les ingénieurs de l'État ou les élèves diplômés sortis de l'École centrale des arts et manufactures et des écoles des mines. C'était là, croyons-nous, une disposition trop étroite. Il nous paraît inutile d'avoir des anciens élèves de

1. Voir l'exposé adressé, en 1870, par M. Baker au gouvernement belge, lors de l'enquête sur la législation du travail des enfants.

l'École polytechnique ou des ingénieurs sortis de l'École centrale pour visiter des enfants, se rendre compte de leur état, se faire représenter des livrets, des registres, des feuilles de présence à l'école. Il résulte d'une communication faite à la *Société de protection des apprentis*, au nom de l'inspecteur général anglais, M. Robert Baker, que la plupart des inspecteurs anglais appartiennent au corps médical, à commencer par M. Baker. Aussi regrettons-nous que l'Assemblée ait cru devoir repousser un amendement tendant à faire déclarer les docteurs en médecine admissibles aux fonctions d'inspecteurs. Il est vrai que l'honorable auteur de cette proposition ne lui a pas donné toute la netteté désirable; et, faute de la connaître sans doute, n'a tiré aucun argument de la composition du corps des inspecteurs anglais. Encore l'amendement dont il s'agit n'a-t-il été repoussé qu'après une épreuve déclarée douteuse, sans que la commission ait donné son avis, et grâce à l'inattention de l'Assemblée.

La deuxième délibération s'était terminée dans la séance du 10 février 1873, et l'Assemblée avait décidé, par 514 voix contre 83, qu'elle passerait à une troisième délibération. Ce fut seulement le 18 mai 1874 que l'on reprit la discussion de la proposition de M. Joubert. Il fut aisé de voir tout aussitôt que les adversaires de la loi joueraient une dernière partie pour faire échouer le projet. L'un d'eux demanda le renvoi au Conseil d'État et un ajournement indéfini. Il ne s'attira qu'une vive réplique du rapporteur, dans laquelle nous relevons ces quelques mots : « Nous savons très bien qu'il y a des industriels qui ne veulent pas de la loi, et elle aurait passé une fois de plus devant le Conseil d'État, elle aurait passé dix fois de plus devant les assemblées, qu'il s'en trouverait encore qui protesteraient contre toute disposition législative destinée à protéger la faiblesse de l'enfant contre l'autorité abusive des patrons! » La proposition d'ajournement ayant été repoussée, la troisième délibération continua. Nous signalerons seulement les principales modifications qu'elle fit subir au projet de loi, et tout d'abord l'abandon de la limite d'âge de treize ans, pour l'admission des enfants au travail de douze heures et le retour à celle de douze ans.

C'est l'intervention du nouveau ministre de l'agriculture et du commerce, l'honorable M. Deseilligny, qui contribua surtout à produire ce revirement définitif. Le ministre, pour triompher des dernières hésitations, mit sous les yeux de l'Assemblée les résultats de l'enquête ordonnée par son prédécesseur, E. Teisserenc de Bort, après la deuxième délibération. Consultées au sujet de la limite d'âge, 59 chambres de commerce sur 76 avaient donné un avis défavorable à l'âge de treize ans; 49 chambres consultatives sur 71 avaient opiné dans le même sens. Il fallait bien reconnaître que l'industrie française n'était pas encore préparée à se soumettre à une réforme trop brusque et trop absolue. L'assemblée tint compte de ces difficultés pratiques, en fixant à douze ans l'âge de l'admission de l'apprenti au travail plein de douze heures. Le régime du demi-temps, avec six heures de travail, était appliqué aux apprentis de dix à douze ans. Une dernière bataille fut livrée sur la question de l'inspection. On y reproduisit la plupart des arguments mis en avant lors de la deuxième délibération; et nous ne reviendrons sur ce sujet que pour mentionner l'adoption d'un paragraphe additionnel de M. Testelin, qui autorise les conseils généraux à nommer un inspecteur spécial, rétribué par le département et agissant sous la surveillance de l'inspecteur divisionnaire. (C'est la désignation prématurée d'un inspecteur départemental faite l'année dernière par le préfet de police, qui a été le prétexte d'un léger conflit entre la préfecture et le conseil général de la Seine.) Dans la séance du 19 mai 1874, l'ensemble du projet de loi était enfin mis aux voix et adopté [1].

1. Ceux qui avaient mis tant d'obstacles à la discussion et au vote de la loi protectrice des apprentis ne devaient pas manquer d'en proposer l'abrogation partielle devant les nouvelles chambres, nommées en vertu de la Constitution. Le 21 juin 1876, une proposition réclamant la modification de l'article 9 de la loi fut soumise au Sénat. Elle fut retirée par son auteur, sur le conseil du rapporteur, qui avait annoncé que la commission sénatoriale concluait au rejet. L'auteur de la proposition évitait ainsi un vote certainement défavorable et laissait à la Chambre des députés le temps de se prononcer sur une proposition analogue mais plus large, présentée par quelques députés, en vue d'accommoder la nouvelle loi aux prétendues nécessités de l'industrie. La discussion s'ouvrit sur ce projet dans la séance du 25 juillet dernier. Les modifications soumises à la Chambre tendaient à abaisser à dix ans la limite d'admission des apprentis pour un grand nombre d'industries; à permettre le travail de nuit dans plusieurs autres aux filles de seize à vingt et un ans, et à ne pas prolonger au delà de douze ans la fréquentation de l'école, c'est-à-dire à supprimer le régime du demi-temps pour les enfants de douze à quinze ans, sauf à reculer jusqu'à quatorze ans l'admission des illettrés. (On sait qu'aux termes de l'article 9 la loi exige jusqu'à quinze ans la justification de l'instruction primaire pour l'admission au travail complet.) Malgré la façon habile dont les intéressés présentaient leur proposition, en déclarant que leur unique intention était de rendre la loi plus pratique et d'en faciliter l'application, la Chambre repoussa la prise en considération, contrairement à l'avis de la 4ᵉ commission d'initiative. Il ne fut pas difficile de démontrer qu'une assemblée sérieuse ne pouvait détruire entièrement, sous couleur de la modifier, une loi qui fonctionnait depuis un an, et à laquelle les règlements d'administration

Il ne nous a pas été possible jusqu'à présent d'insister sur toutes les dispositions de la nouvelle charte du travail. Il fallait nous restreindre et signaler seulement les incidents notables de la procédure parlementaire; mais, maintenant que nos lecteurs ont une idée des diverses phases par lesquelles a passé l'élaboration de la loi du 19 mai, il convient de marquer par quelques traits les changements qu'elle apporte à la situation de l'apprenti, et les progrès qu'elle réalise sur la législation antérieure. Tandis que la loi de 1841 ne vise que les usines à moteur mécanique ou à feu continu et les ateliers de vingt ouvriers, le nouveau texte étend la protection à tout l'ensemble de l'industrie, et concerne les apprentis, les filles mineures de vingt et un ans et les femmes pour les travaux souterrains. L'âge d'admission au travail de demi-temps, qui ne s'applique qu'aux industries spécialement déterminées par un règlement d'administration publique, est élevé de huit à dix ans, tandis que la durée de ce travail de demi-temps s'abaisse de huit à six heures par jour. Le travail de nuit, qui n'était interdit qu'aux enfants au-

publique apportaient tous les tempéraments indispensables. Les ennemis de la loi n'invoquaient, d'ailleurs, que des intérêts particuliers qui devaient fléchir devant l'intérêt sacré de l'enfance, et qu'en outre, on ne pourrait jamais satisfaire : car, si multipliées que soient les exceptions, on en réclamera sans cesse de nouvelles. Chacun trouve loi excellente, sauf en un point, celui qui le gêne. Répondant, dans une séance précédente (Voir le compte rendu de la séance du 20 juillet 1870), à ceux qui demandaient l'abrogation de l'article 9 jusqu'au jour de la mise en pratique de l'enseignement primaire obligatoire, un orateur avait déjà fait remarquer que la loi du 19 mai 1874 aurait précisément pour résultat de décider les industriels à ouvrir, à côté de leurs fabriques, des écoles gratuites pour les enfants qu'ils emploient, — prévision qui s'est trouvée juste.

dessous de treize ans, est aujourd'hui interdit jusqu'à seize ans à tous les enfants sans exception et aux filles mineures. La vague obligation de justifier jusqu'à douze ans de l'instruction primaire est remplacée par l'obligation, pour tout enfant âgé de moins de quinze ans, de présenter son certificat d'instruction primaire au patron, s'il veut être admis à travailler plus de six heures par jour. Au lieu d'un engagement platonique de nommer des inspecteurs, engagement qui n'avait pas été tenu en 1841, la loi actuelle établit quinze inspecteurs rétribués par l'État; substitue la juridiction correctionnelle à celle des juges de paix; ajoute aux pénalités l'affiche et l'insertion, et affecte le produit des amendes au fonds de subvention de l'enseignement primaire. Enfin, la loi du 19 mai institue au ministère du commerce une commission supérieure pour veiller à l'exécution de la loi, et organise, à côté des inspecteurs, des commissions locales, avec un pouvoir de contrôle qui peut être très efficace, s'il est bien entendu[1].

Nous voudrions, en terminant, dire un mot de ces commissions locales, dont nous avons pu observer de près le fonctionnement.

« A côté de l'inspection de l'État », lisons-nous dans le rapport de la commission, « notre projet place, pour les associer à son œuvre, des commis-

1. MM. Eugène Tallon, rapporteur de la loi à l'Assemblée nationale, et Gustave Maurice, inspecteur du travail des enfants pour le département de la Seine, ont fait ressortir, par des tableaux comparatifs, les améliorations apportées à la législation antérieure par la loi du 19 mai. Voir à cet égard : *La législation sur le travail des enfants dans les manufactures*, 1 vol. in-8°, J. Baudry, éditeur, 1875.

sions locales qui seront instituées par les conseils généraux dans chaque arrondissement et partout où la nécessité en sera reconnue. Si nous estimons, en principe, que l'œuvre de l'inspection ne peut être entièrement confiée aux commissions locales, sous peine de la laisser inefficace, nous ne pensons pas, à coup sûr, que leur coopération soit inutile. S'il est essentiel, en effet, de faire pénétrer dans l'esprit des populations ouvrières et dans les mœurs industrielles le sentiment de l'utilité de la loi, c'est à l'influence morale et à l'autorité de la persuasion à accomplir cette tâche, bien plus encore qu'aux mesures de sévérité. L'intervention désintéressée de chaque commission remplira ce rôle; sa mission conciliatrice l'entourera de la confiance générale et elle saura elle-même la justifier, en employant tous les moyens de ménagement compatibles avec l'équité, avant de laisser l'action de la loi suivre son cours entre les mains des inspecteurs.... D'un autre côté, les commissions auront sur le service des inspecteurs *un contrôle* dont on ne saurait méconnaître l'utilité; elles compléteront l'inspection, insuffisante au début pour l'immensité de sa tâche; elles la lui faciliteront, en signalant les abus que le séjour dans la localité et l'expérience leur feront connaître ». Ainsi les commissions étaient destinées, dans l'esprit du législateur, à jouer un double rôle, de conciliation vis-à-vis des industriels, de contrôle vis-à-vis des inspecteurs. Nommées par le préfet sur la présentation du conseil général, elles doivent comprendre cinq membres au moins et sept au plus, parmi lesquels la loi exprime le vœu qu'on fasse entrer, autant que possible, un ingénieur de l'État ou un ingénieur civil, un inspecteur de l'instruction primaire et un ingénieur des mines, dans les régions minières. Le nombre et la circonscription des commissions locales sont laissées à l'appréciation du Conseil général. Les commissaires sont renouvelés tous les cinq ans et les membres sortants peuvent être maintenus dans leurs fonctions. Rien de plus utile assurément que cette organisation nouvelle, placée à côté des inspecteurs pour tempérer leurs excès de zèle ou stimuler leur inertie, et surtout pour éclairer les industriels sur les nouveaux devoirs que la loi leur impose, avant qu'une répression légale ne soit devenue nécessaire. En province, les hommes les plus considérables, députés, conseillers généraux, ingénieurs, médecins, grands industriels, ont tenu à honneur de prendre place dans les commissions locales, comme pour en rehausser le caractère et en fortifier la salutaire influence. Nous ne doutons pas des services que tous ces hommes de cœur sont appelés à rendre à la cause de l'humanité. A Paris, une sorte d'appréhension vague avait empêché longtemps l'autorité administrative de provoquer la constitution des commissions locales.

N'était-ce pas le Conseil général de la Seine qui devait, aux termes de la loi, dresser les listes de présentation? Le Conseil, par la modération de ses choix, a montré qu'il était digne de l'initiative que le législateur, — par mégarde peut-être, — ne lui avait pas retirée. Aujourd'hui les commissions de Paris fonctionnent et les commissions suburbaines viennent d'être aussi constituées. Déjà quelques réunions générales des commissions parisiennes ont eu lieu; et les rapports qui ont été récemment adressés au préfet, pour être transmis au ministre et à la commission supérieure, présidée par M. Dumas, signalent avec la plus entière franchise les améliorations dont le service de l'inspection paraît susceptible, et les mesures qu'on pourrait prendre pour donner une efficacité plus réelle aux efforts désintéressés des commissions locales. C'est également à la commission supérieure qu'on demandera sans doute de préciser la nature des rapports qui doivent s'établir entre les commissaires locaux et les inspecteurs divisionnaires.

On ne sait pas bien encore en quoi consiste le droit de *contrôle* attribué aux premiers sur les seconds; et, dès à présent, on peut prévoir qu'à Paris notamment des divergences se produiront sur ce point. Elles se sont même déjà manifestées. A en juger par les réunions précédentes, il est aussi fort aisé de prévoir que les commissions parisiennes désireront être présidées à l'avenir, non plus par un fonctionnaire administratif, mais par un président élu et bien à elles. Un chef de bureau ou même un chef de division, si honorable qu'il soit, n'a pas qualité, ce semble, pour diriger des réunions de ce genre, auxquelles un délégué de l'administration pourrait d'ailleurs assister, afin de donner des renseignements et de prendre note des vœux exprimés. Enfin, depuis que le Conseil général a voté la création d'une commission dans chaque arrondissement, chaque mairie est naturellement indiquée comme lieu de réunion. L'attache des commissions à la Préfecture de police a un autre inconvénient : c'est de faire regarder d'un assez mauvais œil, il faut le dire, par les industriels, les membres des commissions locales qui se présentent dans les ateliers avec une carte signée par le Préfet de police. Peut-être pourrait-on prendre quelques mesures pour éviter cet inconvénient, qui ne se produit d'ailleurs qu'à Paris[1].

En résumé, la loi du 19 mai 1874 est une loi bienfaisante dans le présent, féconde en résultats pour l'avenir. Elle comble une lacune regrettable de notre législation et permet à la France de tenir désormais son rang à côté des nations qui sont pourvues de lois protectrices de l'enfance ouvrière.

Nous avons analysé, au commencement de cette étude, les principales dispositions de la législation britannique. Il nous reste à dire quelques mots des systèmes adoptés dans les autres pays qui marchent à la tête de la civilisation. En Allemagne, la loi sur l'industrie du 21 juin 1869, actuellement étendue à tous les États de l'Empire et aux royaumes confédérés, retarde jusqu'à douze ans l'admission des enfants à une occupation régulière dans une fabrique, fixe à dix heures le maximum de la journée de travail, pour les jeunes gens âgés de plus de qua-

1. Nous avons lu avec quelque étonnement, dans le rapport annuel du président de la commission supérieure (V. *J. off.*, 27 janv. 1877), que « la seule partie de la loi pour laquelle on n'ait aucun progrès à constater est celle qui est relative au rôle des commissions locales et à celui des inspecteurs départementaux ». Si ce jugement n'était pas un peu sévère, on pourrait en conclure que la loi du 19 mai n'est pas exécutée : car les inspecteurs et les commissions locales ont pour rôle d'assurer la sanction des prescriptions législatives. Mais nous devons faire remarquer qu'à Paris notamment, les commissions locales ont déployé une grande activité, fait d'innombrables visites aux industriels; et que leur action deviendra plus énergique encore quand elles auront pu recevoir ou se donner une organisation satisfaisante. L'administration s'occupe en ce moment d'arrêter la composition des nouvelles commissions d'arrondissement, pour obéir au vote du Conseil général de la Seine. Nous espérons que ces commissions seront convoquées sous peu.

torze ans et de moins de seize ans, et astreint les patrons à tenir et à conserver le livret des jeunes ouvriers, pour le présenter aux autorités à toute réquisition. Les enfants doivent fréquenter les écoles jusqu'à quatorze ans; et ils ne sont admis à la confirmation qu'autant qu'ils justifient d'une instruction suffisante. Cette sanction religieuse produit, paraît-il, de bons effets. Toutefois la législation allemande semble inférieure à la nôtre, en ce sens qu'elle laisse aux gouvernements confédérés le soin d'établir des inspecteurs des fabriques, lorsque la nécessité en sera reconnue dans telle ou telle circonscription. Il résulte de cette latitude que, sauf la Prusse proprement dite, qui a 4 inspecteurs; la Saxe et le grand-duché de Bade, qui en ont aussi nommé quelques-uns, les États allemands n'ont pas d'inspection organisée. La loi autrichienne de 1869 contient des prescriptions inspirées du même esprit que la législation allemande. On y relève un article qui porte « que les ouvrières ne peuvent être employées dans les fabriques six semaines avant et après leurs couches ». En Suisse, il existe une loi fédérale sur les manufactures, du 15 novembre 1869. Elle a provoqué plusieurs cantons et villes (Zurich, Bâle, etc.) à déterminer, au moyen de règlements locaux, les conditions du travail des enfants et des adultes dans les établissements industriels.

Les États du nord de l'Europe se font remarquer par leur sollicitude pour l'enfance ouvrière. La loi suédoise fixe à douze ans le minimum de l'âge d'admission et prescrit la rédaction d'un contrat d'apprentissage entre le maître et l'apprenti. Dans ce pays où l'instruction primaire est obligatoire pour tous, la fréquentation des écoles est assurée par des inspecteurs spéciaux que nomme le ministre de l'instruction publique. Les parents négligents sont frappés d'amendes. Quand une fabrique se trouve éloignée des centres de population, le patron doit installer une école dans l'intérieur même de son établissement. A côté de l'instruction primaire, l'instruction technique est libéralement donnée aux apprentis, *dans les écoles de métier et de perfectionnement*, les écoles techniques inférieures, — on en compte jusqu'à douze, — et l'école industrielle de Stockholm. L'ordonnance du 22 mai 1852 porte qu'on ne peut employer pour le travail de nuit les ouvriers d'un âge au-dessous de dix-huit ans, sous peine d'une amende de 10 riksdalers (14 fr.) par tête. D'autres amendes servent de sanction aux devoirs des apprentis envers leurs patrons. Enfin, il est interdit d'engager définitivement les jeunes gens comme ouvriers avant qu'ils aient atteint l'âge de dix-huit ans.

La Russie elle-même a pris de nombreuses mesures pour protéger les apprentis. Un ukase impérial a été rendu, en 1874, à peu près sur le modèle de la législation française; et un corps d'inspecteurs fonctionne pour veiller à l'exécution des règlements nouveaux. Le Danemark est également pourvu, depuis 1873, d'une loi sur le travail des enfants dans les manufactures qui a emprunté ses principales dispositions au projet de loi que discutait alors l'Assemblée nationale française.

Tandis que des États dont les institutions sont pourtant libérales et progressives, l'Italie et la Belgique par exemple, restent un peu en arrière du mouvement qui semble entraîner les autres nations, l'Espagne, au milieu de ses guerres civiles et de ses révolutions incessantes, a trouvé le temps de réglementer le travail des enfants dans les fabriques et ateliers. La loi du 24 juillet 1873 (dont MM. Tallon et Maurice ne parlent pas dans leur recueil) interdit de faire travailler dans aucun atelier, fabrique, forge ou mine, les enfants des deux sexes âgés de moins de dix ans; limite la journée de travail à cinq heures pour les enfants mâles de moins de treize ans et les filles de moins de quatorze ans, et l'élève à huit heures en moyenne pour les garçons de treize à quinze ans, et les jeunes filles de quatorze à dix-sept. La présence à l'école est obligatoire pendant trois heures au moins par jour, pour les garçons de neuf à treize ans, et pour les filles de neuf à quatorze. Les établissements distants de plus de quatre kilomètres de tout lieu habité, et dans lesquels sont employés plus de quatre-vingts ouvriers et ouvrières, majeurs de dix-sept ans, doivent entretenir une école dont l'État rembourse les frais. Aux mêmes établissements, la loi prescrit d'annexer une pharmacie et d'attacher un médecin, dont la résidence ne soit pas éloignée de plus de dix kilomètres. Enfin des commissions, composées de patrons, d'ouvriers, de maîtres d'école et de médecins, sous la présidence du juge municipal, veillent à l'exécution de ces prescriptions. Les commissions dont il s'agit ont le droit de s'opposer à la construction de tout établissement dont le plan ne présenterait pas de garanties suffisantes, au point de vue de l'hygiène et de la sécurité travailleurs. Dans les États d'Amérique, la législation protectrice manque d'unité. Aux États-Unis, l'âge d'admission varie suivant les législations locales.

Quelques États l'élèvent jusqu'à quinze ans. La journée de travail est généralement de dix heures pour les femmes et les enfants.

Bien que la France puisse emprunter à d'autres nations quelques innovations heureuses, il n'en est pas moins vrai que sa législation actuelle assure aux apprentis une protection efficace; et le jour n'est pas éloigné, — tel est du moins notre espoir, — où un étranger, sans idées préconçues, devra rendre de notre loi du 19 mai 1874 le témoignage flatteur que M. de Freycinet décerne, dans son rapport de 1867, à la législation britannique : « La loi, dit-il, s'exécute aujourd'hui dans toute l'Angleterre avec une ponctualité remarquable. Elle est universellement respectée des manufacturiers, et, ce qui est mieux encore, elle est aimée d'eux. »

Le travail que nous faisons paraître aujourd'hui était depuis longtemps rédigé quand M. Morillot, substitut du procureur général près la Cour de Douai, a publié, dans la *France judiciaire*, une critique assez vive de la loi du 19 mai 1874. Une excellente réfutation en a été donnée par M. Nusse, docteur en droit (V. le *Bulletin de la Société de protection des apprentis*, n° de mars-avril). *Sur le principe scolaire de la loi*, l'écrivain que nous citons a fort bien démontré que les articles 8 et 9 ne préjugeaient nullement, comme le soutient M. Morillot, le principe de l'enseignement primaire obligatoire, qui n'est pas consacré par une loi organique. Il s'agit tout au plus d'un acheminement vers l'application générale du principe. Le rapport de M. Dumas constate qu'il y a injustice à dire que les prescriptions scolaires sont inexécutables et inexécutées. Beaucoup d'industriels (quatorze pour un seul département) ont déjà créé des écoles particulières dans leurs usines. Plusieurs municipalités ont ouvert des cours spéciaux pour les apprentis. Un programme d'enseignement primaire, moins étendu que celui des lois de 1850 et 1867, a été officiellement adopté. *Quant au contrôle de la loi*, il nous est impossible d'accorder à M. Morillot que les fonctions d'inspecteurs devraient être confiées aux officiers de police judiciaire. L'article 17 de la loi nous semblerait irréprochable si, aux ingénieurs et aux anciens industriels, il ajoutait les docteurs en médecine. Il est évident que les officiers de police judiciaire n'auraient ni la compétence technique, ni la connaissance des mœurs de l'industrie, ni le tact qui, dans les rapports avec les patrons, est si nécessaire aux inspecteurs. L'exemple de l'Angleterre, qui administre cependant à merveille la fortune publique, montre qu'il ne faut pas hésiter à créer de nouveaux fonctionnaires, lorsque l'utilité de la fonction est incontestable. — Enfin, *quant aux pénalités* (art. 25-29), M. Morillot nous semble avoir tort de demander que le maximum des amendes soit porté de 500 fr. à 1 000 fr., pour le cas de contraventions multiples; de 1 000 fr. (art. 26) à 10 000 fr., pour le cas de récidive. La proposition d'un emprisonnement de six jours à un mois, dans l'hypothèse d'une nouvelle récidive, nous paraît aussi trop draconienne. M. Morillot suppose gratuitement, à notre avis, que les industriels établiront souvent une balance odieuse entre le montant des amendes à encourir et les bénéfices résultant de la violation de la loi. Enfin, d'une manière générale, on doit faire observer qu'il n'y a pas deux années que la loi est applicable (v. l'art. 31), et que c'est à peine si elle a reçu son développement normal. L'*Officiel* du 7 mars vient de publier de nouveaux décrets réglementaires; les commissions locales de Paris sont en voie de réorganisation. N'est-il pas équitable d'attendre, pour condamner le nouveau système, qu'il ait au moins fonctionné pendant quelque temps?

LA
PROPOSITION DE LOI DE M. BÉRENGER

SUR LA PROSTITUTION

—

ET LES OUTRAGES AUX BONNES MŒURS

M. BÉRENGER ET LA PROSTITUTION[1]

Le 27 avril 1894, M. Bérenger a déposé sur le bureau du Sénat une proposition de loi fort importante sur la prostitution et les outrages aux bonnes mœurs. L'honorable sénateur, auquel on doit tant d'heureuses innovations dans notre législation pénale, poursuit ainsi, avec un rare courage, la campagne qu'il a entreprise contre le scandaleux développement des excitations à la débauche, contre l'épanouissement des journaux obscènes, contre les exhibitions cyniques dont certains bals, plus ou moins privés, ont été le théâtre; enfin contre tous les genres de dépravation qui pullulent sur le pavé de nos grandes villes comme des champignons vénéneux. Insensible aux sarcasmes et aux invectives, M. Bérenger porte son surnom de *Père la Pudeur* aussi allègrement qu'un autre homme d'État portait celui de *Tonkinois*; il s'en fait un titre de gloire, et il a raison. Ce serait, en vérité, une tendance bien honteuse pour les législateurs et pour les publicistes que de chercher une popularité malsaine en flattant les jeunes écervelés

1. *Revue Politique et Parlementaire*, 1re année, n° 2, août 1894.

qui se plaisent à effaroucher les bons bourgeois par des manifestations de mauvais goût et par le débraillé de leurs ébats chorégraphiques. Il ne faut pas laisser croire aux étrangers que certains décadents représentent à eux seuls la jeunesse française et la future élite du pays. Sans doute, la République doit être *athénienne* et *aimable*, mais la pornographie ne fait pas partie intégrante des immortels principes, et M. Prudhomme lui-même a proclamé depuis longtemps que la liberté n'est pas la licence. Montesquieu allait bien plus loin en affirmant que « dans un État populaire il faut un ressort de plus (que dans les États monarchiques) et que ce ressort est la vertu ».

M. Bérenger est plus modeste que Montesquieu dans ses maximes et dans ses propositions. Il vise simplement à contenir l'expansion du vice un peu plus et un peu mieux que ne le fait la législation en vigueur, et l'éminent sénateur a fait du droit pénal et des pratiques administratives une étude assez approfondie pour que la presse sérieuse se donne la peine d'examiner les textes nouveaux qui sont soumis à la haute assemblée.

*
* *

Le paragraphe 1er de l'article 1er de la proposition est ainsi conçu : « *Quiconque se livre au racolage sur la voie publique* ou dans les lieux publics sera puni des peines édictées par l'art. 330 du Code pénal (qui punit de 3 mois à 2 ans de prison l'outrage public à la pudeur) ».

Si le Parlement adoptait cette nouvelle réglementation, ce serait une véritable révolution. En effet, le texte proposé ne fait aucune distinction entre les filles *inscrites* et les *insoumises*, les premières étant les protégées, et les autres les bêtes noires non seulement de l'administration, mais de la prostitution officielle.

Quelques explications sont nécessaires pour rappeler notre système administratif sur la surveillance des filles publiques des diverses catégories.

Il y a d'abord les filles de *maison*, confiées à la direction de matrones, recluses volontaires que des vitres dépolies ou doublées de persiennes dormantes séparent de la voie publique. Ce n'est pas à ces maisons discrètes que s'attaque l'honorable sénateur. Il se rappelle sans doute les vers d'Horace :

> Huc juvenes æquum est descendere, non alienas
> Permolere uxores
>
> (Sat. I, II, 30.)

Et la phrase lapidaire de M. C.-J. Lecour : « Les maisons de débauche tolérées sont la base de toute réglementation de la prostitution[1] ». D'ailleurs, puisque les filles de maisons ne paraissent jamais ou presque jamais dans les rues, qu'elles ne relancent pas les hommes sur la voie publique, il leur serait difficile de commettre un outrage public à la pudeur. Elles n'ont donc rien à craindre de la proposition de loi que nous analysons, et l'adoption de ce nouveau texte aurait sans doute pour conséquence la multiplication des maisons dites de *tolérance* où M. Delavau, préfet de police, voulait, en 1823, « renfermer la prostitution », dans l'intérêt des mœurs et de l'ordre public.

1. *De la prostitution à Paris et à Londres, 2e édition.* Paris, Asselin, 1872, p. 137.

Une deuxième catégorie de prostituées, qui est placée sous la tutelle et, pour ainsi dire, sous la protection administrative, c'est la catégorie des filles *inscrites* ou en *carte* qui figurent sur les registres de la police et exercent leur commerce à l'état d'*isolées*. M. Lecour dit que les inscriptions s'élèvent à environ 330 par an, alors que le même auteur évalue à 30 000 le personnel sans cesse renouvelé de la prostitution parisienne. Au 1er janvier 1870, le nombre des filles *inscrites* isolées était de 2590. Dix ans plus tard, les statistiques reproduites par M. Yves Guyot dans son livre sur la prostitution, portent l'effectif des *inscrites* à 3582. Ces filles reçoivent des cartes qui sont renouvelées tous les ans; elles sont astreintes à des obligations très sévères, dont la principale consiste à subir des visites sanitaires périodiques (une par quinzaine). Il existe un petit règlement qui n'a guère changé depuis 1843. Il est intitulé « Obligations et défenses imposées aux filles publiques, modèle 49 », règlement qui équivaudrait, s'il était appliqué dans toute sa rigueur, à l'interdiction presque absolue de la prostitution des inscrites elles-mêmes. En effet, sans parler des visites médicales, les femmes en carte ne peuvent circuler sur la voie publique qu'une demi-heure après l'heure fixée pour l'allumage des réverbères et, en aucune saison, avant sept heures du soir; elles ne peuvent y rester après *onze heures*. Un publiciste s'est demandé comment ces malheureuses peuvent aller faire leur marché le matin sans se mettre en contravention. De plus, si elles restent chez elles, il leur est défendu, « à quelque heure et sous quelque prétexte que ce soit, de se montrer à leurs fenêtres, qui doivent être constamment fermées et garnies de rideaux ».

Font-elles venir chez elles une amie, pour égayer leur solitude claustrale, elles risquent encore d'être arrêtées, car elles n'ont pas le droit « de partager leur logement avec une autre fille », pas plus que de changer d'appartement sans autorisation. Mais, du moins, elles pourront exercer librement le soir leur triste métier, aux endroits qui leur paraîtront favorables? Non pas. Défense de « stationner sur la voie publique ». Il faut marcher, marcher toujours, sans parler à d'autres filles, car il est interdit « de former des groupes ». Ce sont des juives errantes. Les abords des églises, les passages couverts, les quais, les ponts, les jardins et *abords* du Palais-Royal, des Tuileries, du Luxembourg, du Jardin des Plantes, constituent pour elles un terrain de chasse prohibé. Alors, elles vont se réfugier aux Champs-Élysées, sur les grands boulevards? Non : les Champs-Élysées, « les boulevards, de la rue Montmartre à la Madeleine » leur sont encore interdits. Trop de lumières sans doute. C'est bien encore : elles doivent se rejeter dans l'ombre? Pas davantage : « les rues et lieux déserts et obscurs leur sont également interdits ». Mais cette course éternelle constitue une fatigue terrible. Ces marcheuses s'arrêteront dans les cafés, dans les restaurants, etc.? Vous n'y êtes pas : « il leur est expressément interdit de fréquenter les établissements publics ou maisons particulières où l'on favoriserait clandestinement la prostitution, et les tables d'hôte... ». Donc, la fille inscrite est presque toujours en état de contravention et à la discrétion des agents des mœurs qui, après onze heures, peuvent les cueillir sans scrupules. Or, combien de filles rentrent chez elles à l'heure réglementaire? M. Lecour constate que certaines jeunes filles en carte sont punies une fois par mois ; d'autres ont subi jusqu'à cent punitions. Toutes, comme l'a écrit M. Yves Guyot « sont la chose de la police ».

A toutes ces prescriptions prohibitives, M. Bérenger ajoute l'interdiction du « racolage », sans faire aucune distinction entre les prostituées clandestines et les inscrites. Le règlement leur défendait déjà « d'adresser à qui que ce soit des provocations à *haute voix ou avec insistance* ». L'honorable sénateur va plus loin : il punit comme un outrage public à la pudeur (trois mois à deux ans de prison) le simple racolage, sans circonstance aggravante et par une fille inscrite. Bien plus, il résulte de l'exposé des motifs que ce n'est pas surtout la prostitution plus ou moins accidentelle et irrégulière que l'auteur du projet veut atteindre, mais « la prostitution avérée, patente, en quelque sorte professionnelle, qui doit *seule* constituer le délit ».

C'est tout simplement un retour à l'arrêté de M. Mangin, en date du 14 avril 1830, qui interdisait absolument à toutes les prostituées l'usage de la voie publique, et ordonnait aux filles *isolées* d'aller exercer leur métier dans les maisons de tolérance, investies d'un véritable monopole. On voulait déjà supprimer toute manifestation extérieure de la prostitution, et M. Bérenger regrette, à ce point de vue « que la licence, un moment déchaînée par les événements de 1830 » ait mis un terme à ce système et que « les vieilles habitudes aient repris leur empire ». Mais les spécialistes les plus expérimentés, comme M. Lecour, sont beaucoup moins désolés de ce contre-coup de la chute de Charles X. Ils trouvent que l'épreuve faite par M. Mangin « n'a rien de concluant » et ne sont pas éloignés de croire que ces dispositions draconiennes étaient purement irréalisables. Chose curieuse! M. Mangin et M. Bérenger se trouvent d'accord avec Delescluze lequel, pendant le siège de Paris, prit, en qualité de Maire du XIXe arrondissement, un arrêté (du 19 novembre 1870) qui ordonnait l'arrestation immédiate de « toute fille publique se promenant la nuit sur la voie publique ». Le *Journal Officiel de la Commune* contient aussi plusieurs arrêtés analogues.

L'auteur du projet se fait donc, à notre avis, de grandes illusions, lorsqu'il pense qu'un retour au système absolu de M. Mangin n'aurait à redouter « ni difficultés ni opposition ». La réglementation actuelle, même avec ses abus, même avec les imperfections qui résultent ou de la brutalité ou du manque de tact d'agents subalternes, nous paraît mieux appropriée à l'état des mœurs que le monopole des maisons publiques.

En quoi, par exemple, M. Bérenger nous semble plaider une cause très intéressante et très juridique, c'est lorsqu'il affirme (sans déclamer d'ailleurs contre le service des mœurs, qui ne se compose pas évidemment d'attachés d'ambassade), qu'on a eu tort d'abandonner la répression de la débauche publique « au bon vouloir, toujours incertain, souvent variable, de l'administration »; lorsqu'il estime dangereux de confier la défense de la moralité publique « à l'arbitraire le plus capricieux »; lorsqu'il proteste contre ces rafles faites au hasard, où se trouvent englobées des innocentes; contre ces arrestations opérées sans mandat; contre « cet esclavage si dur pour les malheureuses qui y sont soumises qu'en dépit de leur abjection, on en arrive à les plaindre et à protester ».

Oui, à coup sûr, il faut un régime *légal* pour fixer le caractère et les limites de l'acte illicite et pour déterminer sa répression, et nous n'aurions rien à dire contre le texte qui fait du racolage *un délit*, si ce texte ne visait que les prostituées clandestines. Car, pour qui va au fond des choses, on ne peut que reconnaître que la répression de la prostitution ne se déduit d'aucun texte. En faisant autrefois cette démonstration, M. Yves Guyot ne s'est pas livré à un simple paradoxe, puisqu'un jurisconsulte tel que M. Bérenger est absolument du même avis. Cela est si vrai qu'en 1867 le Congrès médical international, après s'être égaré dans la discussion de mille projets de réglementation légale ou administrative, n'aboutit guère qu'à proposer des solutions comme celle ci (dont l'auteur était M. le docteur Jeannel)[1].

« Art. 1er. — La répression de la prostitution, soit avec provocation sur la voie publique, soit de toute autre manière, est confiée au chef de la police. *Un pouvoir discrétionnaire* est confié à ce magistrat sur tous les individus qui s'adonnent à la prostitution publique... » Comme on le voit, c'est très simple et le Code pénal devient tout à fait inutile. Nous prenons même la liberté de recommander cette nouvelle formule à tous ceux qui s'ingénient à rédiger des lois contre des anarchistes, contre la presse, etc. La loi investit le Ministre de l'intérieur ou le Préfet de police d'un pouvoir discrétionnaire, en ce qui concerne telle ou telle catégorie de citoyens, et tout est dit.

1. Il l'a reproduite dans son livre *De la Prostitution dans les grandes villes au XIXe siècle*. 1 vol. in-8°. Paris, J.-B. Baillière et fils, 1868.

Plutôt que de discuter, après M. Lecour et M. Yves Guyot, la légalité des ordonnances du 26 juillet 1713 ou du 6 novembre 1778 — dont le message du Directoire (17 nivôse an IV) a cependant reconnu la désuétude, nous nous bornerons à constater que ni le Code pénal du 25 septembre 1791, ni le Code des délits et des peines du 3 brumaire an IV, ni le Code pénal de 1810 ne contiennent la moindre disposition sur la prostitution. Pour arriver à donner aux répressions administratives un caractère de légalité, la Cour de cassation a été obligée, dans son arrêt du 3 décembre 1847, de s'en référer aux attributions conférées aux municipalités par les lois du 14 décembre 1789, des 16-24 août 1790 et 19-22 juillet 1791 qui ne parlent que du maintien du bon ordre dans les lieux publics, de la salubrité et de la tranquillité dans les rues, etc. M. Dupin, procureur général à la Cour de cassation, estimait, en 1859, qu'il ne fallait pas respecter le principe de la liberté individuelle en pareille matière, et il approuvait des mesures « comme l'incarcération et la visite des filles publiques, qui ne constituent que des *moyens de police et qui peuvent résulter légalement de l'exercice du pouvoir discrétionnaire abandonné à l'administration* ».

M. Bérenger a un plus grand souci de la loi, qui protège toutes les catégories de citoyens, même les plus indignes et les plus misérables. Il soutient, dans son exposé des motifs « que l'erreur de l'opinion qui considère la matière de la prostitution comme appartenant exclusivement au domaine administratif, est démontrée par ses conséquences. On a vu, dit-il, la règle varier suivant les temps, les lieux et les personnes, tantôt sévère, plus souvent tolérante à l'excès, et aboutir, en définitive, à l'absence de toute règle ». L'effort qu'a tenté l'éminent sénateur pour faire rentrer les prostituées sous l'empire du droit commun, et pour donner une base légale à la répression, est donc absolument digne d'éloges et doit être approuvé par tous les hommes de cœur et par les juristes. Sous cette réserve qu'il paraît difficile de supprimer absolument le racolage pratiqué par les filles *inscrites*, nous ne voyons aucune difficulté à mettre en vigueur le texte qu'il propose.

*
* *

On approuvera particulièrement le paragraphe de l'art. 1er qui considère « comme complices et punit comme tels tous ceux qui auront aidé et *soutenu* l'auteur principal dans l'accomplissement du délit ou en auront partagé les profits. ». Cette disposition a pour but de combler les lacunes de la loi du 27 mai 1885, qui a très vainement tenté d'atteindre les souteneurs, en assimilant au vagabondage le fait de faciliter la prostitution d'autrui sur la voie publique. Nous ne faisons d'ailleurs aucune difficulté de reconnaître que le maintien de la tolérance accordée aux filles inscrites rendrait malaisée la punition des souteneurs, puisque le partage des bénéfices ne peut être considéré comme délictueux, si le racolage continue à être un acte licite. Cependant, il ne serait pas impossible, si l'on conservait le système de la prostitution tolérée, en n'appliquant la nouvelle loi qu'aux prostituées insoumises et clandestines, de faire de l'exploitation des filles publiques, inscrites ou non, un *délit spécial* qui serait puni des peines prévues par l'art. 330 du Code pénal. Dès lors, le souteneur ne serait plus le complice du délit de racolage, mais l'auteur distinct d'un délit nouveau. Il rentrerait même dans la définition de l'art. 334 du Code pénal, lequel vise le fait « d'exciter, favoriser et faciliter habituellement la débauche ou la corruption » si cet article, lors de la préparation du Code pénal, avait reçu la forme que voulait lui donner la commission du Corps législatif, en étendant la répression pénale à la corruption des individus de plus de vingt et un ans, car le rapport de Monseignat vise très formellement les souteneurs et les proxénètes des deux sexes. « Comment, disait le rapporteur, ne pas signaler ces êtres qui, rebut des deux sexes, se font un état de leur rapprochement mercenaire, et spéculent sur l'âge, l'inexpérience et la misère pour colporter le vice ou alimenter la corruption? Des législateurs ne les ont punis que du mépris public; mais que peut le mépris sur des âmes aussi avilies? Punit-on par l'infamie des personnes qui en font leur élément? C'est par des châtiments, c'est par un emprisonnement et une amende que le projet de loi a cherché à atteindre ces artisans habituels de prostitution.... » Malheureusement, le Conseil d'État a repoussé l'amendement qui graduait la peine d'après l'âge des victimes de la corruption, et le *maquerellage* n'est plus punissable s'il s'exerce à l'égard de personnes au-dessus de vingt et un ans : or, c'est le cas le plus habituel. La commission du Sénat n'aura guère de peine à combler cette lacune.

*
* *

Les articles du projet Bérenger qui punissent les logeurs et cabaretiers favorisant la prostitution de leurs locataires, employés ou clientes de passage, n'appellent aucune observation spéciale. Ils reprennent les dispositions d'un projet du Gouvernement qui n'avait pu aboutir avant le renouvellement de la Chambre et était devenu caduc. Sa principale utilité consiste à restituer aux tribunaux correctionnels la connaissance de ces infractions, qu'un arrêt de la Cour de Cassation de 1886 ne rendait plus passibles que de peines de simple police (art. 471 du Code pénal), sous prétexte que la violation des prescriptions de l'ordonnance de 1778 sur les logeurs était du ressort de l'autorité municipale depuis les lois de 1790 et 1791. On aurait pu s'en apercevoir un peu plus tôt. Le projet complète même celui du Gouvernement, en permettant aux tribunaux, en cas de condamnation, d'ordonner la fermeture des établissements.

*
* *

Il y aurait plus à dire sur l'art. 6, qui punit d'un emprisonnement de six mois à deux ans « l'embauchage par violence ou par fraude dans une maison de débauche ». Ce qu'on a appelé la *traite* des *blanches* était effectivement devenu un scandale. Le *Congrès pénitentiaire international*, qui se réunira l'an prochain à Paris, a compris cette question dans son programme, et nous nous proposons de l'examiner en temps et en lieu. Actuellement, les honnêtes courtiers qui s'occupent de ce joli commerce échappent à peu près à toute répression, ainsi que le reconnaît la Préfecture de police, car l'art. 4 de la loi de 1885 ne lui paraît pas applicable, et l'art. 334 du Code pénal ne concerne que les mineures, ainsi que nous venons de l'expliquer plus haut. D'autre part, il serait insuffisant d'ériger en délit correctionnel le fait (dont sont coutumiers les intermédiaires) de munir les femmes qu'ils expédient d'actes de naissance appartenant à d'autres personnes. L'art. 6 de la proposition Bérenger nous paraît plus large et plus topique.

*
* *

L'article suivant a pour objet de punir les « outrages aux bonnes mœurs » qui s'exercent par la voie de la presse et par l'écrit ou l'image obscène.

Il est certain que la loi du 29 juillet 1881 qui, à d'autres points de vue, soulève des critiques fort graves, ne permettait pas d'arrêter le débordement de la littérature obscène, et n'empêchait pas certains éditeurs sans scrupules de faire vendre aux abords des lycées jusqu'à 30 000 exemplaires par jour. Pourrait-on ensevelir le jury sous l'avalanche ininterrompue des journaux pornographiques? On n'avait même le droit d'opérer la saisie préventive de l'écrit qu'en cas d'omission du dépôt, et encore cette saisie ne devait-elle pas porter sur plus de quatre exemplaires. Ces scandales avaient décidé le Gouvernement à présenter un projet de loi qui demandait l'assimilation au délit d'outrage public à la pudeur (art. 330,

Code pénal) du délit d'outrage aux mœurs, aussi bien par paroles, cris ou chants que par écrits (sans distinction entre le livre et les autres formes de publication). Il réclamait, en outre, la substitution de la juridiction correctionnelle à celle du jury, l'abrogation de l'art. 28 de la loi de 1881 et l'incorporation dans le Code pénal des délits que visait ledit article. La Chambre consentit à laisser passer les dispositions du projet qui atteignaient l'écrit comme le dessin ou emblème obscène; à joindre la vente, l'offre et l'affichage à l'énumération des moyens employés pour commettre le délit; enfin, à soumettre les conditions de la complicité et de la poursuite aux règles ordinaires du droit commun. Mais elle refusa d'abroger les règles spéciales de la législation sur la presse, et de dessaisir le jury au profit des tribunaux correctionnels, en ce qui concerne l'outrage aux mœurs commis par paroles et *par le livre*.

C'est la loi du 2 août 1882 que vota aussi le Sénat, non sans exprimer le regret qu'elle ne réprimât pas, comme le demandait le projet du Gouvernement, l'outrage par chants et cris obcènes.

M. Bérenger a constaté avec raison que cette loi récente n'avait nullement arrêté l'essor des journaux pornographiques qui se sont mis à publier des suppléments hebdomadaires contenant des dessins obscènes. Les dessins, gravures, affiches pornographiques ont tapissé les murs des grandes villes et inondé les kiosques des marchands de journaux, ainsi que les étalages des libraires. On a organisé partout « le viol des yeux » suivant l'énergique expression d'un magistrat. De plus, les casuistes de la matière ont habilement profité de l'emploi du mot *obscène*, nécessaire pour constituer le délit d'outrage aux mœurs, et c'est ainsi que bon nombre d'outrages aux mœurs qui sont corrupteurs sans être *obscènes*, ont échappé à la répression. Au fond, la base du droit de punir, c'est l'excitation à la débauche et à la corruption de la jeunesse. M. Bérenger a donc complété heureusement la définition du délit en comprenant dans son énumération tout ce qui est « propre à exciter à la débauche ou à la corruption de la jeunesse ». Il a, de plus, autorisé, et même recommandé par son art. 8, la saisie non seulement des objets vendus ou exposés, mais de tous ceux qui auront servi à l'accomplissement du délit, et le projet spécifie que « la destruction en sera ordonnée par le jugement de condamnation ».

* * *

Enfin, M. Bérenger assimile à l'outrage aux mœurs, au point de vue de la répression, l'envoi à domicile, par la poste ou autrement, de prospectus à sensation, destinés à éveiller les curiosités malsaines : car tout le monde connaît les procédés cyniques qu'emploient journellement des spéculateurs éhontés pour écouler leur marchandise. L'honorable sénateur affirme qu'il a eu entre les mains des prospectus ainsi adressés : « École normale primaire de ... » ou bien « M. le cocher du château de ... ». La création de ce nouveau délit paraît d'autant mieux justifiée que plusieurs législations étrangères l'ont déjà prévu et puni. C'est ainsi que la loi allemande sévit contre les annonces et les réclames, même conçues en termes décents, de livres ou objets immoraux, parce que ces prospectus peuvent tomber entre les mains des enfants et des écoliers. C'est ainsi encore que l'art. 319 du code criminel de New-York du 1er mai 1882 déclare « coupable quiconque dépose ou fait déposer dans un bureau de poste ou remet à une compagnie de chemin de fer ou à tout autre commissionnaire ou transporteur, des livres, écrits, dessins ou figurations indécentes et obscènes, ou des objets ou instruments d'un usage indécent ou immoral, ou des *circulaires*, *annonces* ou avis y relatifs, avec l'intention de faire parvenir les dits objets à leur destination ».

*
* *

On voit que la proposition de loi due à l'initiative de M. Bérenger mérite, sous les réserves indiquées au début de ce travail, l'approbation de tous ceux qui ont le souci de la vitalité et du bon renom de notre race française. Non seulement ce n'est pas une loi antilibérale, mais elle nous semble donner satisfaction aux ennemis de l'arbitraire qui, avec une vivacité peut-être excessive, ont protesté naguère contre le régime discrétionnaire auquel sont soumises les filles publiques. Ce qu'il faut, en effet, mettre en relief, c'est que l'honorable sénateur veut faire de la prostitution un délit caractérisé, prévu et puni par des textes précis, tandis qu'à bien lire le Code pénal de 1810 et les lois qui l'ont complété ou modifié, ni en France, ni dans les pays latins (Italie, Belgique, Espagne) le proxénétisme ne constitue un délit que lorsqu'il a pour victimes soit des mineurs, soit des personnes plus ou moins incapables de se défendre contre des actes d'excitation à la débauche. Cette vérité a été maintes fois constatée par les plus éminents criminalistes, depuis Faustin Hélie, qui a hautement protesté contre la mise des filles publiques hors du droit commun, jusqu'au savant professeur de la Faculté de droit de Lyon, M. Garraud, qui, la loi à la main, refuse de considérer la prostitution comme un délit ou même comme une contravention. En somme, personne ne peut être arrêté ou détenu qu'en vertu d'un ordre émané de la justice, et à la suite d'un délit prévu par un texte. Les lois de 1789 et 1790, qui confèrent aux autorités municipales le devoir de faire jouir les habitants d'une bonne police, d'assurer la sécurité et la salubrité dans les rues, de maintenir le bon ordre dans les lieux publics, sont beaucoup trop générales pour s'adapter aux abus et aux scandales de la prostitution. Tout au plus, pourraient-elles servir de base légale à des arrêtés ou à des règlements de police dont la non-observation constituerait une simple contravention. Plusieurs préfets de police, MM. Gigot, Andrieux, Camescasse ont reconnu, en diverses circonstances, que la réglementation de la prostitution, réglementation dont nous ne contestons pas la nécessité, devait prendre son point d'appui dans une loi. La répression n'en peut être que fortifiée. Il en est ainsi en Allemagne où le proxénétisme constitue un délit contre les mœurs et la moralité publique; et nos voisins d'au delà les Vosges soumettent aux sévérités de la loi le fait de favoriser la débauche, quel que soit l'âge des personnes dont l'inconduite a été facilitée.

*
* *

Si la proposition de M. Bérenger, à laquelle d'ailleurs le Sénat a fait un très favorable accueil, réussit à remplacer l'arbitraire administratif par une réglementation légale, nous pensons qu'elle répondra très heureusement aux critiques formulées depuis longtemps par les criminalistes; et la Préfecture de police, dont le chef actuel est animé des intentions les plus droites et les plus libérales, ne se plaindra pas sans doute d'être mise en mesure de déférer aux tribunaux correctionnels des infractions nettement définies et réprimées par une loi. Ce nouveau régime permettra d'organiser autrement le service des mœurs dont les *rafles* produisent souvent des conséquences inattendues et coûtent fort cher à l'administration.

LA TRAITE DES BLANCHES

LA TRAITE DES BLANCHES

La question de la traite des blanches est aujourd'hui inscrite sur le tableau des œuvres auxquelles se vouent les gens bien pensants et les dames du monde le plus aristocratique. Le 23 octobre 1906, le Président de la République a reçu à l'Élysée les membres du 3e Congrès pour la répression de la traite et les a félicités de leurs efforts et des résultats acquis. Le président, M. le sénateur Bérenger, dont les sentiments élevés n'ont plus besoin d'éloges, avait à ses côtés les vice-présidentes, la princesse d'Erbach, née princesse de Battenberg; la marquise de Casa-Calderon, la comtesse d'Aberdeen, Mmes Savourof et Oste, les vice-présidents MM. Coote (Grande-Bretagne), Von Dicksen (Allemagne), Lejeune sénateur (Belgique), Moret (Espagne), Macaré (Pays-Bas), Savourof (Russie), de Meuron (Suisse).

Ce congrès a tenu ses séances à l'Hôtel Continental et comprenait plus de deux cents congressistes, parmi lesquels des représentants de l'Armée du Salut en costume. On a entendu de nombreux rapports et voté toute une série de vœux; notamment ceux qui visaient l'extension des attributions confiées au bureau international de Londres. On se propose de créer tout un outillage international, avec code télégraphique, pour traquer tous les louches individus qui font le commerce des blanches, et d'organiser, à la frontière et dans les ports de mer, des comités locaux, assistés de bureaux d'information. Les compagnies de navigation donneraient des instructions aux capitaines des navires « pour que ceux-ci transmettent soit aux autorités publiques, soit à leurs comités nationaux toutes les informations concernant le trafic qui pourraient être parvenues à leur connaissance[1] ».

Ainsi le mouvement de *répression* prend un développement majestueux et glisse même dans l'inquisition policière, à l'aide d'agents non qualifiés pour faire de la police. Or je ne puis me défendre d'un léger sourire en me rappelant avec quels airs scandalisés le Ve Congrès pénitentiaire international qui se tint à Paris en 1895 accueillit mon audacieuse initiative quand j'offris de rédiger le rapport sur la 7e Question renvoyée à la section Pénale dont je faisais partie comme délégué au Congrès par le Conseil de l'Ordre des avocats au Conseil d'État et à la Cour de Cassation. On n'osa pas escamoter la question de la traite des blanches comme on l'avait fait au précédent Congrès; mais l'administration française et les délégués des administrations étrangères ne tenaient nullement à s'aventurer sur un terrain si nouveau.

Pour rédiger mon rapport, je m'entourai non seulement des ouvrages spéciaux sur la matière de la prostitution; mais je voulus voir ce qui existait dans

1. Voir *le Temps* du 24 octobre 1906.

les cartons du bureau des mœurs à la Préfecture de police. M. Lépine, mon vieil ami, m'autorisa fort gracieusement à consulter le chef de ce bureau.... Il me sortit un petit dossier où se trouvaient quelques procès-verbaux... datant de la Restauration et du règne de Louis-Philippe. C'était dérisoire! Lorsque vint le moment de la discussion, ce fut bien autre chose. Le Président de la section, un Allemand ou un Hollandais, voulait manifestement passer à l'ordre du jour, et les réclamations d'un délégué suisse — c'était la Suisse qui avait posé la question au précédent Congrès — furent couvertes de clameurs indignées par quelques cléricaux français, qui nous montraient les sœurs de je ne sais quel ordre présentes à la séance. Cependant M. Yves Guyot, M. d'Haussonville, si j'ai bonne mémoire, et le jeune Dr Feulard — qui devait périr si malheureusement dans l'incendie du bazar de la Charité — purent prendre la parole et traiter le problème du recrutement de la prostitution, au point de vue social et médical. Mais les délégués des différents pays ne parurent nullement s'intéresser aux conclusions de mon rapport. Comme il est vraisemblable que personne ne le citera, bien qu'il soit peut-être le point de départ d'un mouvement qui aboutira dans un avenir prochain à une réforme de la législation positive, en ce qui concerne les fermiers de la prostitution, nous croyons utile de reproduire ce rapport de 1895 qui figure au nombre des brochures tirées à part par le Ministère de l'Intérieur, à la suite du Ve Congrès pénitentiaire international.

Ve CONGRÈS PÉNITENTIAIRE INTERNATIONAL
(Paris, 1895).

Législation pénale (1re section, 7e question)

RAPPORT

de M. Paul Robiquet, avocat au Conseil d'État et à la Cour de Cassation, docteur ès lettres (Paris).

Quels seraient les moyens progressifs à adopter contre ceux qui, à l'aide de manœuvres fallacieuses, déterminent des jeunes filles à s'expatrier, dans le but de les livrer à la prostitution?

I

Il nous paraît tout à fait inutile de disserter sur la question de savoir si la prostitution est un mal nécessaire, si, comme le déclare un spécialiste, M. le Dr Jeannel[1], elle existait du temps des patriarches, plus de vingt siècles avant l'ère chrétienne, et si elle présente cette utilité de protéger les maris contre les entreprises galantes des célibataires : nous croyons suffisant de rappeler avec saint Augustin[2] que l'ordre social semble intéressé au maintien et à la réglementation d'une prostitution publique : *Aufer meretrices de rebus humanis, turbaveris omnia libidinibus*. C'est bien ce qu'ont pensé tous les Gouvernements passés, et ce que penseront, selon toute apparence, les Gouvernements futurs. Ils ont cherché

1. *De la prostitution dans les grandes villes, au XIXe siècle*. Paris, J.-B. Baillière et fils, 1868 (1 vol. in-12).
2. *De ordine*, II, 12.

seulement à canaliser ou à localiser le mal. « De tout temps, écrit M. Lecour[1], l'administration publique s'est montrée préoccupée du désir de concentrer la débauche dans des lieux déterminés. » De là les maisons dites *tolérées*, qui puisent leur origine dans une célèbre ordonnance de 1420. Ce n'est pas seulement sous l'ancien régime que la surveillance des prostituées a été livrée à tout l'arbitraire administratif. La Révolution française n'a pas été plus clémente que le vertueux Louis XV qui, par ordonnance de 1734, ordonnait de faire fouetter à nu les proxénètes, et de les promener sur un âne, la tête tournée du côté de la queue, coiffées d'une mitre ou d'un chapeau de paille, sans préjudice du carcan et des galères; et cette même procédure sauvage fut encore appliquée le 4 août 1791, en vertu d'un jugement du tribunal du XIe arrondissement de Paris, à la dame Marie-Louise Bertaut, veuve Desbleds. Quant au régime des maisons de tolérance, il n'a été fixé par aucune loi, ni par le Directoire, ni par l'Empire, ni par aucun des Gouvernements suivants. Nous sommes encore sous le régime des ordonnances de police, y compris celle du 16 novembre 1778; et l'arrêté de M. Albert Gigot, daté du 15 octobre 1878, la note administrative de 1879, *Sur les obligations des maîtresses de maison*, placent toujours ces établissements sous l'autorité, à peu près discrétionnaire, des inspecteurs de police. Les instructions données à ses agents par M. Delavau, préfet de police en 1823, sont toujours en vigueur, comme si le législateur avait constam-

1. *La prostitution à Paris et à Londres*, par M. Lecour, chef de division à la préfecture de police, Paris. — Asselin, 1872. 1 vol. in-12, p. 133.

ment reculé devant la perspective de reconnaître une existence légale aux prostituées et aux proxénètes. Or, comme les maisons tolérées ne sont pas nombreuses (il n'y en avait plus que 133 dans le département de la Seine, en 1882, au lieu de 152, chiffre donné par M. Lecour au 1er janvier 1870); comme le total des filles qui se livrent à la prostitution est évalué au minimum à 30 000, et que celui des filles de maison ne dépasse guère 1 000 à 1 100, on voit que le personnel surveillé, en règle avec la police, constitue une infime minorité.

II

Ces détails étaient nécessaires pour déterminer la portée de la question posée par le programme du Congrès.

La police parisienne n'ayant une action directe que sur le personnel des maisons de tolérance et sur celui des filles inscrites ou isolées, qui ne dépasse guère 2 500, on voit dès lors que la surveillance administrative ne s'étend qu'à un nombre relativement restreint de prostituées. L'origine, la composition de la troupe errante des insoumises, qui forment la grande masse de l'armée des femmes vénales, les livrent nécessairement à la merci des souteneurs et des proxénètes, et c'est de celles-là surtout que devrait se préoccuper le législateur, soit pour réprimer le scandale de leurs provocations publiques, soit pour les protéger elles-mêmes contre l'exploitation dont elles sont les victimes : car il faut bien reconnaître que tant que les femmes inscrites et les filles de maison seront livrées à la surveillance discrétionnaire de la police, on créerait vainement un conflit entre ce service public et les tribunaux répressifs qui seraient éventuellement chargés de sévir contre les honnêtes industriels dont le métier est de faciliter le recrutement des maisons de tolérance. En effet, la multiplication de ces établissements étant l'idéal du système actuel[1], la police ne peut logiquement s'opposer au maquignonnage au moyen duquel les intermédiaires assurent le recrutement des femmes de maison.

« Les prostituées, dit le Dr Jeannel[2], sont amenées ou procurées par des placeuses, courtières ou entremetteuses qui perçoivent une rétribution de 10 à 25 francs par fille dont elles déterminent l'enrôlement. Ces courtières sont ordinairement d'anciennes prostituées ou des proxénètes ruinées. »

Elles sont à la piste des jeunes ouvrières qui sortent des hôpitaux, de celles qui sont renvoyées des ateliers ou abandonnées par leurs amants, ou enfin des filles inscrites qui trouvent trop dure et trop pénible leur demi-liberté. « Les courtières de prostitution, ajoute le même spécialiste, sont *tolérées* et surveillées. » Nous ne parlons pas, bien que ce soit un de leurs principaux éléments de gain, des commissions que perçoivent les courtières sur les changements de maison des filles déjà internées. Dans ce cas, la nouvelle matrone paie la dette due à l'ancienne.

Mais, comme ces échanges et ces transferts ne suffisent pas à maintenir le personnel des maisons

1. Voir *Lecour*, t. Ier, p. 153. — Beraud, *Mémoires*, t. Ier, p. 184. — Delavau. Circulaire du 14 juin 1823, citée par Lecour, *ibid.*, 105.
2. Ouvrage cité, p. 174.

publiques au niveau des exigences de la clientèle, il faut bien que les tenanciers s'adressent à des intermédiaires spéciaux, hommes ou femmes, anciens garçons de tolérance, marchandes à la toilette, placeuses de domestiques, camelots ou anciennes filles soumises. Ceux-ci ont des correspondants en province ou à l'étranger : des explications s'échangent sur la nature de la marchandise désirée, et, quand l'accord est réalisé, on adresse au tenancier de maison une dépêche, ordinairement conçue en ces termes : « Venez chercher en gare de... les colis que je vous adresse et qui arriveront à... heures[1] ». Il existe à Paris des officines, ordinairement des cafés borgnes, où se traitent les affaires de cette nature : c'est une bourse où l'on vend des femmes comme l'on vendrait des timbres-poste. Mais les intermédiaires se déplacent au besoin et font de petits voyages lucratifs, à Bruxelles, à Londres. A la suite de l'affaire Paradis (12 avril 1881) et de l'enquête ordonnée par Lord Granville, il fut constaté qu'au cours des années 1878, 1879, 1880, trente-quatre jeunes filles anglaises avaient été expédiées de Londres à Bruxelles. Le rapport de M. Smagge, délégué de Lord Granville, rapporte d'autres faits d'enlèvement sur les quais de Londres, et constate l'existence de véritables associations anglaises, ayant pour but de fournir principalement des mineures aux maisons de tolérance du continent. Les membres de ces associations revêtent parfois toutes les apparences de l'homme du monde, et vont jusqu'à promettre le

1. Voir le texte de lettres ou télégrammes de ce genre dans le livre de M. Yves Guyot : *Prostitution*, p. 105 et 106, d'après M. Jeannel.

mariage à leurs dupes pour les décider à s'expatrier. Si elles sont mineures, on les munit de faux actes de naissance, destinés à calmer les scrupules des bureaux de police du lieu de destination[1].

Nous pourrions ajouter quelques faits nouveaux à ceux qu'ont déjà signalés les spécialistes. Au moment de l'exposition de Chicago, un certain W..., d'origine américaine, était venu se fixer à Paris. Il se disait directeur de théâtre, s'était donné le luxe d'un interprète et fréquentait les lieux de plaisir où le monde des viveurs passe, chaque soir, la revue des filles galantes. Le prétendu directeur de théâtre venait simplement à Paris pour recruter un sérail d'exportation. Les conditions étaient 200 francs par mois, nourriture, logement et voyage payés. On dit que W... fit d'assez nombreuses recrues et qu'il les embarqua avec lui au Havre, à destination de Chicago. Ce racolage des filles pour les maisons de tolérance de province et de l'étranger ou *vice versa* s'exerce très librement sur la voie publique. Le courtier propose aux femmes qui lui paraissent présenter les qualités de l'emploi, une place de lingère, de caissière de café, ou il indique franchement dans quelle maison la fille sera internée et à quelles conditions. Accepte-t-elle? Rendez-vous est pris pour le lendemain, soit chez le marchand de vin où le courtier a l'habitude de prendre sa correspondance, soit à la gare. Une fois la marchandise expédiée, le courtier télégraphie au destinataire et reçoit exactement la commission, plus les frais du voyage du colis humain.

1. Voir les exploits de Max Schultz et Roger dans le livre de M. Yves Guyot, d'après l'enquête anglaise, p. 173.

Il paraît qu'aux yeux de l'Administration, ces pratiques ne sont pas punissables, si la fille expédiée est majeure, et, en effet, l'article 334 du Code pénal se borne à frapper d'un emprisonnement de six mois à deux ans, et d'une amende de 50 à 500 francs : « Quiconque aura attenté aux mœurs, en excitant, favorisant, ou facilitant habituellement la débauche ou la corruption de la jeunesse de l'un ou l'autre sexe, *au-dessous de l'âge de vingt et un ans* ».

Dans les pays latins (France, Italie, Belgique, Espagne)[1], il en est de même : le proxénétisme ne constitue un délit que lorsqu'il s'exerce sur des mineures.

Il en était autrement dans les législations anciennes. La loi romaine déclarait infâmes les proxénètes : *infamia notatur qui lenocinium fecerit*[2].

On les frappa d'abord d'une peine arbitraire, puis, sous Théodose et Valentinien, de la confiscation des biens, de l'exil et des mines, et enfin de la peine de mort[3], s'ils avaient reçu de l'argent et tendu des embûches à des filles pour les faire tomber dans la débauche.

Sous l'ancien droit français, ce que Jousse appelait crûment le *maquerellage* était puni, suivant les coutumes, du fouet, du pilori, de la marque ou du bannissement. A Toulouse, on immergeait par trois fois les coupables dans l'eau de la rivière, élément naturel des *poissons*. A Paris, on les promenait sur un âne. Pourquoi le Code pénal a-t-il voulu limiter les incri-

1. *Confère* : Code pénal italien de 1890, art. 345 à 348; Code pénal espagnol de 1870, art. 458; Code pénal belge de 1867, art. 379 à 382; Code pénal des Pays-Bas, parag. 358.
2. L. *1*, *Dig. de his qui notantur infamia.*
3. *Nov. 14 de lenonibus.*

minations de la loi positive aux seuls corrupteurs des jeunes gens de l'un ou l'autre sexe, *au-dessous de vingt et un ans*? Monseignat, dans son rapport au Corps législatif, se montrait fort indigné contre « ces êtres qui ne vivent que pour et par la débauche, qui, rebut des deux sexes, se font un état de leur rapprochement mercenaire, et spéculent sur l'âge, l'inexpérience et la misère, pour colporter le vice et alimenter la corruption ».

La commission voulait donc supprimer, dans l'article 334, les mots : « au-dessous de l'âge de vingt et un ans » afin que le *maquerellage* fût punissable « s'il s'exerçait à l'égard d'individus qui auraient passé cet âge ». Mais ce fut le Conseil d'État qui repoussa l'amendement de la commission[1]. Les courtiers qui se livrent à la traite des blanches et « vont en remonte » suivant l'expression technique, profitent habilement de cette distinction faite par l'article 334, et ils ont un assortiment complet d'actes de naissance de filles majeures qui permettent de supprimer les minorités gênantes. Du reste, la police ferme les yeux et inscrit souvent des filles mineures sur les contrôles de la prostitution publique, ainsi que le reconnaît M. Lecour[2], qui avoue aussi qu'en fait, sinon en droit, les maîtresses de maison sont soustraites à l'application de l'article 334, lequel a pour but d'atteindre l'excitation habituelle des *mineures* à la débauche. Et cependant, la Cour de cassation a résolu négativement la question de savoir si les proxénètes seraient excusables en livrant à la prostitution des

1. Procès-verbal du Conseil d'État, séance du 18 janvier 1810, et Faustin Hélie, *Théorie du Code pénal*, t. IV, p. 236.

2. P. 164.

jeunes filles mineures, déjà inscrites à la police[1].

En fait, et sans se préoccuper autrement de la jurisprudence, les préfets de police autorisent l'enregistrement des filles publiques à seize ans. C'est ainsi qu'on a interprété le règlement du 20 vendémiaire an XIII (12 octobre 1804) qui porte : « Il ne sera enregistré aucune jeune fille qui ne paraîtra pas nubile ». M. Debelleyme, par une décision du 20 mars 1828, a rapporté un arrêté pris par M. Delavau en 1823 pour reculer à dix-huit ans l'âge d'inscription des mineures. Malgré toute la prudence qu'il attribue à l'Administration et le concours des œuvres religieuses et charitables, M. Lecour ne fait pas difficulté d'assurer que « les enregistrements de filles mineures atteignent encore un chiffre assez élevé, puisque, dans le dénombrement des femmes inscrites de la capitale, les filles mineures figurent pour 100 environ[2] ». Quant au Dr Jeannel, il trouve « parfaitement illogique l'espèce de scrupule de certaines administrations locales au sujet de l'inscription des filles mineures[3] ».

III

Quelles conclusions faut-il proposer pour arriver à réprimer la traite internationale des « blanches » par les courtiers et les proxénètes ?

1. Arrêt de cassation du 17 novembre 1826 (Bulletin n° 23) et dans le même sens, arrêt de Douai, du 5 février 1830 (*Journal de dr. crim.*, 1830, p. 82).

2. Ouvrage cité, p. 100.

3. Ouvrage cité, p. 250. Voir aussi Yves Guyot, p. 200, et les statistiques des mineures enregistrées à Paris depuis 1846.

1° On pourrait d'abord supprimer, dans l'article 334 du Code pénal, les mots *au-dessous de vingt et un ans*, de manière à punir ceux qui facilitent la débauche des majeures elles-mêmes.

2° On pourrait encore adopter la formule de M. le sénateur Bérenger qui, dans sa proposition de loi sur la prostitution et les outrages aux bonnes mœurs, a inscrit un article 6 ainsi conçu : « L'embauchage par violence ou par fraude dans une maison de débauche sera puni d'un emprisonnement de six mois à deux ans ».

En agissant ainsi, on ne ferait qu'imiter la législation allemande, qui range le proxénétisme au nombre des délits contre les mœurs et la moralité publique.

Il est permis de penser qu'en France, l'Administration est trop indulgente pour les *souteneurs*[1].

La loi du 27 mai 1885 sur la relégation, avait cru les atteindre en assimilant au vagabondage le fait de faciliter la prostitution d'autrui sur la voie publique. Or ces individus ne peuvent être déclarés complices d'un acte qui, par lui-même, n'est pas délictueux, car les criminalistes proclament à l'envi que le fait, de la part de la femme, de faire métier de son corps, ne constitue pas un délit[2]. Il conviendrait donc d'ériger en délit distinct et principal l'industrie du proxénète, du souteneur, du marchand de blanches.

Quant aux pénalités, celles de l'article 334 du Code pénal (six mois à deux ans de prison, amende de 50 à

1. « On ne peut songer, dit M. Lecour, à interdire absolument les rapports des souteneurs avec les filles, *ce qui serait impraticable* », p. 200.

2. Voir notamment Garraud, *Traité du droit pénal*, t. IV, n° 443.

500 francs) paraissent suffisantes. On pourrait enfin réprimer par une peine correctionnelle le fait de faire usage d'actes de l'état civil appartenant à d'autres personnes, et cette innovation, en apparence modeste, rendrait bien plus difficile le trafic des courtiers qui fabriquent à volonté des filles majeures, en munissant leurs jeunes victimes d'actes de naissance appartenant à d'autres femmes. Mais ce qui fera peut-être obstacle à une entente internationale, c'est la tendance des diverses polices à ne pas entraver le recrutement du personnel des maisons publiques.

HISTORIQUE DE LA POLICE

HISTORIQUE DE LA POLICE[1]

En 1899, M. Lépine, alors conseiller d'État, écrivit pour la *Grande Encyclopédie* une très importante étude sur la *Police*. Il me pria de vouloir bien me charger de la partie *Historique* jusqu'en pluviôse an VIII et à la création de la Préfecture de police le 17 février 1800.

Voici cet article qui a été réduit, par suite des nécessités de la mise en pages et qui était beaucoup plus développé dans mon manuscrit original, que je n'ai pas conservé :

Dans les républiques grecques, où les autorités politiques étaient en même temps les autorités municipales, on a pu dire que « la police se confondait avec l'ensemble des institutions qui constituaient la cité ». Il existait dans les cités, sur lesquelles nous sommes renseignés, telles qu'Athènes, certains fonctionnaires spéciaux, investis surtout de droits de police, par exemple les Agoranomes, les Gynœconomes, etc. Certaines villes grecques étaient partagées en plusieurs quartiers, qui avaient à leur tête des officiers

1. *Grande Encyclopédie*. V° *Police*.

de police. Ainsi, à côté de la répartition, par ordre de matières, il y avait une répartition dérivant des localités, et des divisions urbaines. Pour les petits délits, les officiers de police avaient un droit de juridiction propre. Les Grecs reconnaissaient toute l'importance de la police et avaient beaucoup d'estime pour ses agents. Platon et Aristote les mettent au nombre des magistrats sans lesquels aucune République ne peut subsister. Epaminondas, Démosthène, Plutarque ont débuté dans la vie publique en remplissant des fonctions de police.

Les Romains ne sont arrivés que peu à peu, et d'une manière imparfaite, à spécialiser les attributions de leurs magistrats (V. ROME, CITÉ, DÉMOCRATIE, IMPERIUM, MAGISTRATURE, CONSULAT, etc.). Les pouvoirs de police furent donc exercés aussi bien par le *Sénat* (V. ce mot) que par les consuls, leur suppléant le préfet (*præfectus urbis*), les préteurs, etc. Mais de bonne heure fut instituée une magistrature municipale, celle des *édiles* (V. ce mot), qui assumèrent la charge presque entière de la police municipale, étendant leur surveillance à la discipline extérieure du culte, aux tavernes et aux prostituées, au maintien de l'ordre dans les rues, aux incendies, à la voirie, et, d'une manière générale, à tout ce qui constituait l'ordre public de la cité. Quand Cicéron fut nommé édile, il dit avec orgueil : *Nunc sum designatus ædilis; mihi totam urbem tuedam esse commissam.*

Auguste n'oublia pas la police dans son œuvre de centralisation monarchique. Il réduisit à seize le nombre des préteurs, ramena leurs attributions dans le cercle des matières civiles, et mit au dessus d'eux, comme magistrat unique, le *præfectus urbis*, concentrant entre ses mains tous les pouvoirs de police. Quant aux édiles, l'empereur en supprima dix et retira aux six autres les attributions de police qu'ils avaient usurpées sur les préteurs. Par contre, il créa quatorze nouveaux fonctionnaires, sous le nom de *curatores urbis*, qui devinrent les conseillers ou auxiliaires du préfet, et chacun d'eux eut à s'occuper d'un des quatorze quartiers de Rome. Ce sont les ancêtres de nos commissaires de police pour chaque quartier. Ils portaient la robe des magistrats et avaient des licteurs et des huissiers. Dès lors, que restait-il aux six édiles maintenus? Constantin les supprima plus tard. Le nombre des commissaires ou *curatores* avait été augmenté; Alexandre Sévère, pour sa part, créa quatorze emplois nouveaux qui furent confiés à des nobles appartenant aux familles consulaires. Ce dessein de porter très haut la considération des officiers de police est très digne d'attention.

Auguste est aussi le véritable créateur du guet et des gardiens de la paix. Il remplaça les trois officiers nommés *triumviri nocturni*, qui originairement inspectaient les corps de garde pendant la nuit, par dix nouveaux édiles, et ces dix édiles furent remplacés, à leur tour, par sept tribuns, ayant chacun le commandement d'une des cohortes de gardes de nuit. Ce corps, qui comprenait 1 000 hommes au total, fut centralisé sous la direction d'un *præfectus vigilium* pourvu d'un droit de juridiction propre pour les petits délits, et subordonné, comme le *præfectus annonæ*, au *præfectus urbis*, premier magistrat de police. Des officiers spéciaux furent chargés des canaux, du cens, des eaux, des principaux édifices, des statues, du nettoiement des rues, des théâtres, des temples, des bains, des bibliothèques, etc. Enfin, Auguste créa des *denuntiatores*, des *vico magistri*, des *stationarii*, tous auxiliaires des commissaires de quartiers (il y avait 14 quartiers, subdivisés en 424 *vici* ou *îlots*, comme on dirait aujourd'hui).

L'organisation administrative de l'Empire romain fut bouleversée par l'invasion des Barbares, incapables de la comprendre. Ils n'avaient même pas la notion du pouvoir public (V. État et Empire), ne concevant l'autorité que sous forme d'un lien personnel, entre le souverain et le sujet. Tous les pouvoirs, toutes les attributions furent donc de nouveau confondues; en particulier entre les mains des *comtes* (V. ce mot) à la fois chefs militaires, juges, administrateurs, etc. Ajoutez l'influence de l'Église, maîtresse d'une partie du sol et goupant autour de ses monastères et de ses églises, près du tombeau des saints, la foule des faibles et des opprimés; puis l'influence des propriétaires qui, sur leurs terres, s'approprient les pouvoirs de police et de justice (V. Immunité, Féodalité, etc.). Dans le régime féodal, la confusion est complète, et il n'y peut pas être question d'une police distincte de l'autorité politique et judiciaire, même à titre d'instrument.

Il n'y eut point, à proprement parler, de police royale pendant les premiers siècles de la monarchie capétienne. Les officiers de la couronne, baillis, sénéchaux et prévôts, étaient chargés de la police en même temps que de tout le reste; ils avaient auprès d'eux des agents subalternes, les sergents, qui étaient chargés de publier et de faire exécuter leurs ordres. Les populations se sont plaintes, pendant tout le moyen âge, du nombre excessif de sergents royaux et de leurs procédés vexatoires. A Paris, où il n'y avait point de bailli, et où la police était particulièrement difficile (à cause de la grosse population, de l'Université et des conflits continuellements soulevés par les petites juridictions seigneuriales), le *Prévôt* (V. ce mot) eut de bonne heure un grand rôle comme officier de police ; si bien qu'à plusieurs reprises, les rois chargèrent le prévôt de Paris de la poursuite des crimes dans toute l'étendue du royaume. C'est ce qui arriva notamment en 1389, en 1491 et en 1437. Louis XII, par les lettres patentes du mois de mars 1498, transporta aux lieutenants du prévôt, astreints désormais à être gradués en droit, la réalité du pouvoir judiciaire (V. Châtelet). Le partage de la police entre le lieutenant civil, et le lieutenant criminel donna lieu, en 1515, à une longue contestation, et ne fut pas déterminé nettement.

Les choses restèrent dans cette incertitude jusqu'au règlement de novembre 1577, qui rétablit au Châtelet la juridiction du prévôt de Paris pour la police générale, et ordonna la tenue d'une séance générale toutes les semaines, sous la présidence du lieutenant civil, le lieutenant criminel ayant d'ailleurs, le droit d'assister à l'assemblée. Chose remarquable, le *Prévôt des marchands* (V. ce mot) recevait l'injonction formelle de se trouver à la même séance hebdomadaire, soit en personne, soit par l'un des échevins ou du procureur en l'Hôtel de ville « pour assister et être présents en ce qui concerne le fait de la police ». C'est dans les assemblées dont il s'agit que le lieutenant civil, sur l'avis de ce tribunal de police, rendait des ordonnances qui étaient exécutoires dans toute l'étendue de la ville. Mais le lieutenant civil resta toujours en concurrence et en conflit avec le lieutenant criminel, puisqu'en 1603, le lieutenant civil Miron saisit le Parlement de ses griefs contre Lallemant, lieutenant criminel, à l'occasion de l'ouverture de la foire Saint-Germain. Dans cette confusion, les règlements furent adressés indifféremment à l'un ou à l'autre de ces magistrats. Un arrêt du Parlement, en date du 12 mars 1630, prescrit au lieutenant civil « de tenir la police *deux fois la semaine* », et c'est seulement en cas d'empêchement du lieutenant civil que la séance sera présidée par le lieutenant criminel ou par le lieutenant particulier. En 1635, une ordonnance du lieutenant civil donne la composition de l'assemblée que ce magistrat prit l'habitude de tenir chaque vendredi, après son audience ordinaire. Elle comprenait, sous le titre de *Police générale*, les seize commissaires de quartiers, les lieutenants criminel et particulier, le doyen et le sous-doyen des conseillers, le lieutenant criminel de robe courte, le chevalier du guet, les échevins, les administrateurs de l'Hôtel-Dieu, ainsi que les différents jurés des corps de métiers. Il faut aussi noter que la convocation s'étendait à deux bourgeois notables de chaque quartier qui accompagnaient leur commissaire. Ainsi la vieille monarchie associait les simples citoyens, non investis d'un mandat public, à l'exercice de l'administration, et aussi bien n'était-ce pas là une innovation, car un édit de Charles IX, enregistré au Parlement le 21 février 1572, parle déjà d'un *bureau de police* qui s'assemblait au Palais deux fois la semaine, le mardi et le vendredi, et qui, à côté des divers magistrats et des délégués du Corps de Ville, comprenait « quatre notables bourgeois, du nombre de ceux qui n'exerçent point la marchandise ».

La Prévôté des marchands de Paris fut souvent, du reste, en conflit avec le Châtelet, siège de la police royale. On se bornera à citer ici le conflit qui s'éleva entre le prévôt de Paris et le prévôt des marchands à propos de la nomination du capitaine des archers de la Ville. Le Parlement, par arrêt du 19 janvier 1487, se prononça en faveur du prévôt de Paris; mais il évita d'employer des formules trop catégoriques, et c'est ce qui permit à la Ville de renouveler ses prétentions en 1510. A cette époque, le Parlement, par un arrêt du 16 mars, reconnut encore au prévôt de Paris le droit de « mener avec lui ses archers et arbalestriers », mais la décision est rendue « pour cette fois seulement et sans préjudice des droits des parties ». En somme, la Ville exerça les droits de police, dans les époques agitées, et la Monarchie ne lui contesta pas alors le droit de juridiction haute et basse; mais, après la répression des mouvements populaires, le Châtelet ne manqua jamais de reprendre le terrain perdu.

C'est Louis XIV qui mit le premier quelque unité dans la confusion des pouvoirs divers auxquels appartenait le soin de maintenir l'ordre public. Il institua en octobre 1666 un Conseil chargé de jeter les bases de cette réorganisation. Le chancelier, le maréchal de Villeroi, Colbert, Daligre, de Lezeau, de Machault, de Sève, Menardeau, de Motrangis, Poncet, Boucherat, de la Marguerie, Pussort, Voisin, Hotman, Marin, tels étaient les membres de cette commission (ainsi qu'on dirait aujourd'hui) qui siégea toutes les semaines, et parfois plusieurs jours par semaine, jusqu'au 10 février 1667. Des études du Conseil sortirent plusieurs actes importants; savoir : l'arrêt du Conseil en date du 5 novembre 1666, qui maintient aux officiers du Châtelet la police générale, à l'exclusion des autres juges, et les autorise « à se transporter dans toutes les maisons, hôtels, collèges, communautés et autres lieux de la dite ville, faubourgs et banlieues de Paris, dont ouverture leur sera faite nonobstant tous prétendus privilèges... ». Puis l'édit de décembre 1666 qui, après avoir réglementé différentes matières, notamment le port des armes, les promenades diurnes et nocturnes des militaires, le vagabondage des Bohémiens ou Égyptiens (le grand roi ordonna d'attacher à la chaîne et d'envoyer aux galères pour y servir comme forçats, sans autre forme ni figure de procès, leurs femmes ou filles ayant pour perspective d'être *fouettées*, *flétries* (?) et *bannies hors du royaume*), ajoute ceci : « Nous voulons et ordonnons que la police générale soit faite par les officiers ordinaires du Châtelet en tous les lieux prétendus privilégiés, ainsi que dans les autres quartiers de la ville, sans aucune différence ni distinction, et qu'à cet effet le libre accès leur y soit donné. Et à l'égard de la police particulière, elle sera faite par les officiers qui auront prévenu, et, en cas de concurrence, la préférence appartiendra au Prévôt de Paris ». On peut estimer que le roi éprouvait encore quelque incertitude sur la prééminence du prévôt de Paris, et l'arrêt d'enregistrement rendu par le Parlement de Paris le 11 décembre 1666, apportait encore certaines réserves aux prescriptions royales, puisqu'il déclare que la recherche des armes « ne pourra être faite dans la maison des particuliers bourgeois non ouvriers qu'en vertu de la permission du juge ordinaire »; et « qu'à l'égard de la police, la concurrence ni la prévention n'aura lieu dans l'étendue de la juridiction du bailliage du Palais ». Ces résistances décidèrent le monarque à séparer plus nettement la police proprement dite de la juridiction civile contentieuse, et à créer un magistrat spécial pour exercer à titre exclusif les anciennes attributions du prévôt de Paris. De là le grand édit de mars 1667, qui consacre la division des fonctions de la justice et de la police, supprime l'office de lieutenant civil du prévôt de Paris, qui cumulait les deux pouvoirs, et crée, « en titre d'offices formés, deux offices de lieutenants du prévôt de Paris, dont l'un sera nommé et qualifié conseiller et lieutenant civil du dit prévôt de Paris, et l'autre notre conseiller et lieutenant du prévôt de Paris *pour la police*, pour être les les dites deux charges remplies et exercées par deux différents officiers ». Au lieutenant civil, l'édit donne pour attributions la réception de tous les officiers du Châtelet, ensemble la connaissance de toutes actions personnelles, réelles et mixtes, de tous contrats testaments, promesses, tutelles, etc., c'est-à-dire de toutes les matières concernant la justice contentieuse et distributive dans l'étendue de cette ville, prévôté et vicomté de Paris. Au lieutenant de police était attribué le soin de connaître de la sûreté de la ville, prévôté et vicomté de Paris, du port des armes prohibées par les ordonnances; du nettoiement des rues et places publiques, des mesures à prendre en cas d'incendie ou d'inondation, de toutes les provisions nécessaires pour les subsistances de la ville, de l'envoi des commissaires sur les rivières pour le fait des amas de foin, bottelage, conduite et arrivée d'icelui à Paris, comme faisait ci-devant le lieutenant civil chargé de la police; du règlement des étaux de boucherie, de la visite des halles, foires et marchés, des hôtelleries, auberges, maisons garnies, brelans, tabac et lieux mal famés, des assemblées illicites, tumultes, séditions, des manufactures, des élections, des maîtres et gardes des six corps de marchands, des poids et balances, des contraventions aux règlements sur l'imprimerie et sur le colportage, des statistiques chirurgicales, des flagrants délits, et généralement de toute l'exécution de toutes les ordonnances de police. Le lieutenant de police devait avoir son siège au Châtelet, en la Chambre appelée la Chambre civile, où il aurait à recevoir les rapports des commissaires et à juger sommairement toutes les matières de police. Cet édit fut enregistré au Parlement le 15 mars 1667, ainsi que l'acte de démission du lieutenant civil Antoine d'Aubray, et l'acte, en date du 3 mars, par lequel Gabriel Nicolas de la Reynie acceptait la charge de lieutenant de police, en remboursant à la famille d'Aubray la somme de 250 000 livres. Les pouvoirs du lieutenant de police furent augmentés par d'autres ordonnances, notamment par celle du 14 avril 1667, qui portait défense au bailli du Palais, et à tous autres juges ayant juridiction dans l'étendue de la ville, faubourgs, prévôté et vicomté de Paris, de troubler le lieutenant de police et les officiers du Châtelet « dans la fonction et connaissance de la police générale »; et encore par l'ordonnance du 21 avril 1667, prescrivant que les ordonnances du lieutenant de police « sur le fait de la police, et des marchandises et denrées nécessaires pour la provision et subsistance de la ville de Paris » fussent exécutées en tous lieux. Il faut signaler en outre la déclaration royale du 18 avril 1674, qui suit l'édit de mars de la même année portant création d'un nouveau siège de la prévôté de Paris, composé, entre autres officiers, d'un lieutenant de police, aux mêmes droits et fonctions que celui de l'ancienne juridiction. La déclaration du 18 avril réunit les deux offices de lieutenant de police, sous le titre de *lieutenant général de police*.

De La Reynie, ancien président au présidial de Bordeaux et ancien maître des requêtes, remplit les fonctions de lieutenant, puis de lieutenant général de police, depuis le 29 mars 1667 jusqu'en janvier 1697. C'est à lui qu'on doit l'établissement dans les rues de Paris de 3 000 lanternes, le service de l'enlèvement des boues et immondices, la fermeture de nombreux tripots et des écoles de spadassins où l'on apprenait à tuer son semblable pour 3 sous; enfin, la fermeture de la *Cour des miracles*, cette citadelle de la misère et du vice qui avait bravé trois fois l'assaut des gens de police. La Reynie fit ouvrir par les sapeurs du régiment suisse trois brèches dans la muraille de bois qui entourait ce repaire, et, empêchant les soldats de tirer sur les truands, menaça de faire pendre ou d'envoyer aux galères les douze derniers qui resteraient dans la place. En quelques minutes, tous les gueux s'enfuirent, et leur étrange demeure fut rasée. La Reynie ne devait mourir qu'à l'âge de quatre-vingt-cinq ans, le 14 juin 1709.

Son successeur, le marquis Marc-René Voyer d'Argenson, était aussi une figure originale (ARGENSON, t. III, p. 834). Devenu lieutenant général de police en 1691, il déploya dans cette charge une rare activité et un courage singulier. A l'incendie des chantiers de la porte Bernard, il eut tous ses habits brûlés. Il inspirait une terreur telle que sa présence suffit souvent à réprimer des émeutes. On l'appelait le *Damné*, *Rhadamante*, *juge des enfers*. D'ailleurs, il organisa une véritable armée d'espions qui l'instruisaient de tout. Louis XIV, étonné, lui demanda un jour dans quelle catégorie de gens il recrutait ses auxiliaires : « Sire, répondit-il, dans tous les états, mais surtout parmi les ducs et parmi les laquais.... Il y a tels gens que je paie à raison de 10 louis par heure, tels autres à raison de 10 sous ». Tous ses contemporains rendent justice à la capacité de ce terrible homme. Duclos dit « qu'il avait une figure effrayante qui imposait à la populace, l'esprit étendu, net et pénétrant, l'âme ferme et toutes les espèces de courage... ». Saint-Simon, qui l'accuse de s'être livré aux jésuites et parle de « sa hideuse physionomie », rend hommage « à sa supériorité d'esprit » et ajoute « qu'il avait mis un tel ordre dans cette multitude innombrable de Paris qu'il n'y avait nul habitant dont chaque jour il ne sût la conduite et les habitudes ». Fontenelle fait également un grand éloge de ses talents administratifs.

Son second fils, Pierre-Marc d'Argenson, fut deux fois lieutenant général de police, du 26 janvier 1720 au 18 février 1721 et du 26 avril 1722 au 22 septembre 1723. Sans avoir l'indomptable énergie de Marc-René, il prit beaucoup de mesures utiles : telle était l'audace des malandrins qui infestaient Paris et sa banlieue que l'équipage du maréchal de Villars, vers la fin de 1719, avait été arrêté au milieu du Cours-la-Reine, et ce fut même la raison de la disgrâce de M. de

Machault et du choix que fit le Régent pour le remplacer. Le nouveau lieutenant général peupla les prisons du Châtelet de quelques milliers d'escrocs et de vagabonds; il agita même le projet de les envoyer aux colonies, mais on dut reculer devant la dépense. Le comte d'Argenson étendit l'éclairage de la ville depuis la porte Saint-Honoré jusqu'à la porte Saint-Denis, augmenta le nombre des lanternes à chandelles, qu'on plaçait alors sur les fenêtres des maisons, et fit construire, sur la ligne des boulevards qui ceignaient Paris, une série de petits corps de garde séparés par un intervalle de 1 500 pas. Ils subsistèrent jusqu'en 1789. Lors d'un incendie dans la rue de la Juiverie, il fut grièvement blessé à la tête par une poutre enflammée et sollicita le Régent d'accepter sa démission de lieutenant général de police.

Nous dirons peu de chose de ses sept successeurs : Philippe Teschereau ou Taschereau, seigneur de Linières, rendit une ordonnance pour la sûreté des habitants de Paris, et établit le certificat de conduite pour les domestiques. Ravot d'Ombreval fit prendre l'arrêt du Conseil du 24 septembre 1724 qui établit une *Bourse* à Paris, ressuscita les vieilles ordonnances du prévôt de Paris sur la prostitution et édicta les premiers règlements sur la police des fiacres (24 mai 1725). Hérault de Vaucresson ordonna, le premier, l'arrosage des rues pendant les grandes chaleurs, fit placer des inscriptions sur des tablettes de pierre au coin des voies publiques pour indiquer leurs noms, ainsi que des numéros sur les maisons, et prescrivit de transporter loin de Paris les dépôts d'immondices. Feydau de Marville fit accorder des encouragements à Le Sage, à Marivaux et aux acteurs italiens qui portèrent de terribles coups aux fanatiques de la Sorbonne en les ridiculisant sur les tréteaux des foires Saint-Laurent, Saint-Ovide et Saint-Germain-des-Prés; établit le droit des pauvres sur les fêtes du carnaval, prépara une ordonnance, qui, du reste, n'aboutit pas, pour éloigner les abattoirs de l'intérieur de la ville, fit démolir les vieilles fortifications du quartier Sainte-Geneviève, qui étaient de véritables repaires de bandits; fit construire sur les terrains vagues avoisinant la rue Montmartre la rue qui s'appelle encore rue Feydau; fit paver en grès de Fontainebleau une partie du faubourg Saint-Germain, les faubourgs Saint-Marceau, Saint-Martin et Saint-Denis, réglementa les voitures publiques, etc. Berryer de Ravenoville, protégé de Mme de Pompadour, s'occupa surtout de traquer les ennemis de sa protectrice (il en fit emprisonner plus de quatre mille, dont Latude). Il entreprit également de mettre sous les yeux du roi un tableau quotidien de ce qui se passait chez les maîtresses de maisons et les *appareilleuses*, comme on disait alors, mais les rafles que Berryer ordonna pour nettoyer le pavé du roi, et les envois de vagabonds à la Louisiane, qui furent dramatisés par l'abbé Prévost dans *Manon Lescot*, soulevèrent la colère publique, d'autant plus qu'on prétendait que les exempts égorgeaient secrètement des enfants volés pour faire prendre au dauphin des bains de sang humain (ce qui était, d'ailleurs, une absurde calomnie). L'hôtel de la police fut assailli le 17 septembre 1752; Berryer s'évada, et sa femme, l'ex-mademoiselle Fribois, amie de Mme de Pompadour, déploya un grand courage qui en imposa à l'émeute.

Mais Louis XV sacrifia son lieutenant de police, objet des censures du Parlement (sauf à le nommer plus tard ministre de la marine, puis garde des sceaux), et, pour ne plus voir ces Parisiens séditieux en se rendant de Versailles à Compiègne, il fit construire de Versailles à Saint-Denis le *chemin de la Révolte*. Bertin de Bellisle, dont Saint-Edme prétend « qu'il ne paraît pas avoir été jugé digne de figurer dans les recueils de biographie », dut son élévation à la lieutenance de police au duc d'Aiguillon et à Mme de Pompadour. Il est le fondateur de l'École vétérinaire d'Alfort, et l'auteur de nombreuses ordonnances utiles, telles que celle de 1757 sur les fosses d'aisances.

De Sartine, qui succéda à Bertin le 21 novembre 1759 et resta en fonctions jusqu'au 24 août 1774, époque à laquelle il passa au ministère de la marine, a laissé une réputation brillante. Cet Espagnol, qui devait sa fortune administrative à la duchesse de Phalaris, se préoccupa surtout de distraire un monarque fatigué et ses maîtresses successives. C'est dans ce dessein qu'il leur adressait un rapport quotidien sur tous les petits scandales parisiens. Il dressa notamment une édifiante statistique des religieux pris en flagrant délit de débauche, avec l'indication des ordres auxquels ils appartenaient. Manuel, dans sa *Police dévoilée*, et, après lui Saint-Edme, l'ont reproduite. La forme des rapports de police des agents de Sartine est souvent très spirituelle, et l'on comprend qu'elle ait égayé la Pompadour, puis la Dubarry. Mais Sartine ne se borna pas à envoyer les hommes de lettres ou les agitateurs à la Bastille : il organisa les secours aux noyés, fit poser dans les rues de Paris des réverbères (1768), assujettit le guet, fort mal composé jusque-là, à la discipline militaire, créa un corps de balayeurs pour nettoyer les voies publiques, fonda la Halle au blé, une école gratuite de dessin pour les ouvriers, restaura quatorze fontaines, fit dresser la première statistique des carrières de Paris, apporta tous ses soins au recrutement des commissaires, supprima les abus de la claque dans les théâtres, interdit les réunions de sonneurs de cor dans les cabarets, et fit sentir une main énergique dans toutes les branches de son administration, en tirant un parti extraordinaire des fonds mis à sa disposition. Tous les gouvernements d'Europe, Catherine II, Marie-Thérèse, le pape, le consultaient comme un oracle sur la meilleure manière d'organiser la police. Il y avait des agents partout, jusqu'en Amérique et aux Indes, analysait lui-même une énorme correspondance, recevait à tout instant, et même la nuit, ses subordonnés et ses commissaires. Il fut le premier à se servir même des voleurs repentants et des forçats amendés. Aux courtisans qui s'en montraient scandalisés : « Indiquez-moi, je vous prie, dit-il, les honnêtes gens qui voudraient faire un pareil métier! » Sartine était de plus, un homme d'action, d'un merveilleux à propos. Un jour, ayant à réprimer une émeute sur la place Maubert, il s'avança au milieu de la foule, à la tête des mousquetaires de la maison du roi et fit dire aux mutins par l'officier d'avant-garde, qui ôta son chapeau cérémonieusement : « Messieurs, nous venons ici au nom du roi, mais nous n'avons ordre de tirer que sur la canaille : je prie donc les honnêtes gens de se retirer ». Et la place s'évacua d'elle-même!

Le successeur de Sartine, Lenoir, exerça ses fonctions d'abord du 24 août 1774 au 14 mai 1775, et fut un moment remplacé par un protégé de Turgot, Remond d'Albert, à la suite d'un dissentiment d'ordre purement économique avec le ministre des finances; mais les vues libérales de Turgot sur l'approvisionnement de Paris n'ayant abouti qu'à provoquer une hausse du pain et des émeutes, Lenoir fut de nouveau chargé de l'administration de la police, le 19 juin 1776, et conserva ses fonctions jusqu'au 11 août 1785. Bien qu'il fît, comme les d'Argenson ou les Sartine, le plus large emploi de son pouvoir discrétionnaire, on ne peut nier que son administration ait été brillante et utile. Le vertueux Louis XVI ne s'intéressait pas à la chronique galante, mais il n'empêchait pas le chef de la police, de s'occuper d'éviter les scandales et de pacifier les ménages troublés. Le rôle de Lenoir dans l'affaire de Kornmann est une preuve du goût de la police, vers la fin de l'ancien régime, pour la protection des pauvres femmes qui trompaient leurs maris. Mais c'est à cause de cette affaire que Lenoir se brouilla avec le ministre Breteuil, protecteur de Kornmann. Lenoir leva la lettre de cachet accordée par le ministre. Sa manière de se procurer des espions consistait à exploiter les vices et à posséder les secrets, souvent honteux, du plus grand nombre possible de personnes appartenant aux diverses catégories sociales. Il employait beaucoup les femmes, y compris les filles publiques. Mais il faut reconnaître qu'il prit l'initiative de mesures excellentes. Grâce à lui, le régime des prisons et des hôpitaux, qui était horrible, s'améliora sensiblement. Il créa le Mont de Piété en 1776, ce qui suffirait pour immortaliser un nom, éleva la coupole de la Halle aux blés, fit couvrir la Halle aux toiles, organisa une école de boulangerie, des écoles pour les enfants pauvres, un hôpital pour le traitement des enfants syphilitiques, à Vaugirard, inventa le bureau des nourrices, rédigea un règlement sur les secours à donner aux blessés, aux noyés et aux asphyxiés, un autre sur les incendies, et se conduisit personnellement avec un grand courage lors de l'incendie de l'Opéra, le 8 juin 1781. C'est également à ce magistrat qu'on doit la construction des piliers qui ont empêché une partie de Paris de descendre dans les catacombes, et la suppression des *pensions dites sur le clair de lune* qui provenaient des retenues faites sur le traitement de l'entrepreneur de l'éclairage public pour compenser les économies que ce dernier réalisait quand la lune tenait lieu des réverbères.

Le quinzième et dernier lieutenant général de police de la monarchie fut Thiroux de Crosne, intendant de Rouen, qui succéda à Lenoir en août 1785. On lui doit la suppression du cimetière des Innocents qui, depuis Philippe le Bel, empoisonnait le centre de Paris et recevait, chaque année, trois mille cadavres. Les travaux durèrent de décembre 1785 à janvier 1788.

Après la prise de la Bastille, l'Assemblée des électeurs de Paris, nommés pour élire des députés aux États généraux, resta, du 14 au 30 juillet 1789, seule maîtresse de l'autorité municipale. La Prévôté des marchands avait été frappée à la tête; le lieutenant général de police Louis Thiroux de Crosne, avait donné sa démission, le 15 juillet, et il émigra le 23. Bailly acclamé le 15 juillet au soir, en qualité de prévôt des marchands, et presque aussitôt de *maire de Paris*, réunit en sa personne les pouvoirs de l'ancien prévôt des marchands et ceux du lieutenant général de police, sans parler de ceux de l'intendant de la généralité. Il demanda au roi l'hôtel de la police pour le logement du maire, et cet hôtel, qui se trouvait sur l'emplacement aujourd'hui occupé par l'immeuble sis rue Neuve-des-Capucines, n° 12, fut concédé à la municipalité de Paris par une décision du ministre de la maison du roi, notifiée au maire le 5 août 1789. A cette même date du 5 août, dix jours après l'installation de l'Assemblée des représentants de la Commune provisoire (25 juillet 1789), on constate l'existence d'un *comité provisoire de police, sûreté et tranquillité de la ville de Paris*, dont le *Journal de Paris* du 5 août donne la composition. Il comprenait vingt personnes sous la présidence de Pitra; quatorze membres du comité étaient représentants de la Commune. Il est à noter que ce comité ne supprima pas absolument l'autorité des fonctionnaires royaux puisqu'en vertu d'une délibération prise le 15 septembre par l'Assemblée des représentants de la Commune, il s'adjoignit le prévôt général de la maréchaussée ou des maréchaux de l'Isle, et appelé par abréviation *prévôt de l'Isle*, qui commandait la maréchaussée à Paris et dans sa banlieue immédiate. C'est lui qui avait dans les attributions la justice prévôtale et prononçait sans appel sur les crimes ou délits commis par les gens de guerre, sur les vols de grands chemins et les attroupements illicites (déclaration du roi en date du 28 avril 1789). Il est vrai qu'en même temps, l'Assemblée des représentants sollicitait de l'Assemblée nationale l'abolition de la juridiction prévôtale, et obtenait du garde des sceaux l'annulation des jugements prononcés par elle.

Sous la seconde Assemblée des représentants de la

Commune, qui fut installée le 19 septembre 1789, le Conseil de ville ne se forma que le 8 octobre; les chefs des différents départements furent nommés le même jour. Toutefois, le département de police n'entra en fonctions que le 16 novembre. On lui juxtaposa une création nouvelle, le Tribunal de police, institué par décret de l'Assemblée constituante en date du 5 octobre et qui comprenait, sous la présidence du maire, huit notables adjoints, élus au troisième degré par des délégués spéciaux des districts. Quant au département de police, il était présidé par Duport-Dutertre, lieutenant du maire, et était formé de six conseillers administrateurs, parmi lesquels on relève le nom de Manuel. Il est bon de noter ici que, par délibération du 21 octobre 1789, l'Assemblée des représentants de la Commune, pour réprimer les troubles et prévenir les insurrections, institua un *comité de recherches*, qui se composa de six membres élus au scrutin par l'Assemblée. Ces membres étaient Brissot, Garran de Coulon, Agier, Oudard, Perron et de Lacretelle. C'était une concurrence opposée au *comité de recherches* que l'Assemblée nationale avait nommé le 30 juillet 1789 et qui comprenait douze membres. Il ne paraît pas, d'ailleurs, que les deux comités aient marché en mauvais accord : mais le comité municipal joua un rôle plus actif que le comité de l'Assemblée nationale, et c'est lui qui fit poursuivre, pour crime de lèse-nation, les auteurs du coup d'État du 13 juillet 1789. Le futur Louis XVIII, craignant d'être impliqué dans l'affaire Favras, dut même venir se disculper devant les membres de la Commune dans la séance du 26 décembre 1789. Cette organisation subsista jusqu'au 8 octobre 1790, c'est-à-dire jusqu'à la constitution de la municipalité définitive, telle qu'elle résulte de la loi des 21 mai-27 juin 1790.

Aux termes de cette loi, la municipalité est composée d'un maire, de 16 administrateurs, de 32 membres du conseil de 96 notables, d'un procureur de la commune et de 2 substituts. Les 96 notables forment avec le maire et les 48 membres du corps municipal, le Conseil général de la Commune. Le corps municipal est divisé en conseil et bureau : le maire et les 16 administrateurs composent le bureau, les 32 autres membres composent le conseil municipal. Paris est divisé en 48 sections. Dans chaque section se trouve un commissaire de police toujours en activité et secondé par 16 commissaires de section « chargés de *surveiller* et de seconder *au besoin* le commissaire de police ». Les commissaires de police ne sont élus que pour deux ans, mais la section peut les réélire. Ils ont un secrétaire-greffier également élu par la section pour deux ans, mais de façon à alterner avec l'élection du commissaire. Enfin, la municipalité pouvait, non seulement employer la garde nationale parisienne « pour l'exercice de ses fonctions propres ou déléguées, mais requérir le secours des autres forces publiques ». Les attributions de police des officiers municipaux ont été précisées par le titre XI de la loi des 16-24 août 1790 sur l'organisation judiciaire, et par la loi des 19-22 juillet 1791 sur la police municipale et correctionnelle, qui classe les délits, assigne les peines et fixe les limites dans lesquelles doivent se mouvoir les officiers municipaux. Elle fait nettement la distinction de la police municipale et de la police correctionnelle, et elle a servi de base à l'arrêté des Consuls de l'an VIII pour déterminer les fonctions du Préfet de police.

Enfin, pour terminer l'analyse de cette législation antérieure à la chute de la monarchie, la loi du 13 août 1791, connue sous le nom de *loi martiale*, a réglé l'emploi de la force publique contre les attroupements.

Cette organisation, en dépit des éloges que lui décerne Raisson, n'était que l'anarchie organisée, car la législation de 1790 créait une police *mi-partie*, comme dit Schmidt, qui dépendait à la fois de la municipalité et du département, l'administration départementale ayant fonctionné depuis le 18 février 1791. Il faut observer encore que, dans cette période transitoire, *l'autorité et l'inspection du roi* étaient purement nominales; et que son droit de suspendre les administrateurs restait dépourvu de sanction réelle, ainsi, du reste, que la subordination théorique de la Municipalité au Département. Enfin, du 14 juillet 1789 au 10 août 1792, la police secrète ne paraît pas avoir été l'objet d'une organisation régulière, bien que la cour, les ministres et le département se soient évidemment servis d'agents de tout ordre et d'*observateurs*, comme on disait alors.

Après le 10 août 1792, la police, destinée par sa fonction à maintenir l'ordre public, s'attribue un rôle révolutionnaire et passe effectivement de la municipalité aux sections. La garde nationale, réduite à 48 bataillons, qui correspondent au nombre des sections, s'appelle « les sections armées ». Santerre est nommé commandant général par la Commune insurrectionnelle, et ce n'est pas le *bureau d'esprit public*, imaginé par Roland, ministre de l'intérieur, qui peut servir de contrepoids à la toute-puissance de la Commune et des sections. Il fut d'ailleurs supprimé le 21 janvier 1793 par la Convention nationale. Mais Garat, nommé ministre de l'intérieur le 14 mars 1793, le rétablit sous une autre forme. A ce moment, la police de Paris était tripartite et morcelée entre la commune, le département et le ministre de l'intérieur, qui dirigeait lui-même la police secrète ou *bureau d'observation*. Un sous-directeur avait la correspondance avec les autorités constituées et transmettait les instructions du ministre aux « commissaires observateurs du département de Paris ». Il y en avait sept sous l'administration de Garat qui dura jusqu'au 15 août 1793 et ne fut qu'une longue abdication devant le *comité révolutionnaire* de la Commune. Son successeur, Paré, qui après avoir échappé aux dénonciations d'Hébert, resta ministre jusqu'au 20 avril 1794, laissa ses *observateurs*, dont le nombre s'était élevé à vingt-quatre, envoyer leurs rapports au comité de Salut public, c'est-à-dire à Robespierre, qui centralisait tous les pouvoirs. Le 12 germinal an II (1er avril 1794), le comité de Salut public décréta la suppression du conseil exécutif et des 6 ministères, auxquels on substitua 12 commissions. La première était « la commission des administrations civiles, polices et tribunaux ». La Commune de Paris conserva sa police qui fonctionnait, en principe, sous le contrôle de la commission nationale, Hermann, président du tribunal révolutionnaire, fut nommé commissaire des administrations civiles, police et tribunaux. Le bureau de police générale, qui formait une section du comité de Salut public, était dirigé par Robespierre lui-même, et les conflits du comité de Salut public avec le comité de Sûreté générale furent la cause principale du 9 thermidor.

La chute de Robespierre entraîna la chute de la Commune dont les membres furent, pour la plupart, guillotinés. Mais on ne pouvait se passer de police municipale, et, en même temps que, par arrêté du 9 thermidor, les comités de Sûreté générale et de Salut public ordonnaient l'arrestation immédiate de « tous les membres composant l'administration de la police », un autre arrêté, daté du même jour et rédigé par Dubarran, nomma, en remplacement des membres de l'administration de police, 12 nouveaux administrateurs pris parmi les membres des comités de section. Un autre arrêté, du 27 thermidor, lui adjoignit huit collègues ayant la même origine. Puis, le 14 fructidor an II, la Convention réorganisa les commissions nationales chargées de l'administration de Paris. Pour la police, on forma, sous la surveillance du Département, une Commission dite de police administrative et composée de vingt membres, qui était nommée par la Convention sur la présentation des comités de Salut public et de Sûreté générale. Un agent national lui était attaché, et elle recevait le droit d'élire son président. Un décret du 26 vendémiaire an III réalisa cette création, désigna les vingt membres de la commission de police, en leur attribuant un traitement de 4000 livres. L'agent national recevait 6000 livres. Deux décrets, du 23 frimaire et du 30 germinal an III, nommèrent 9 nouveaux membres, 4 des anciens ayant, d'ailleurs, été appelés à d'autres fonctions. Mais la Convention ne tarda pas à trouver que la commission était trop nombreuse, et le décret du 24 thermidor an III la réduisit à trois membres savoir : les citoyens Houdeyer, secrétaire en chef du comité de Sûreté générale, Léger, procureur général syndic, et Guérin, administrateur du département de Paris. Cette commission réduite fonctionna jusqu'à la mise en activité du Bureau central du canton de Paris, montra un réel dévouement et rédigea de nombreux rapports quotidiens dont Schmidt a publié des extraits (1867-71, 4 vol.) et dont Aulard a entrepris la publication intégrale en 1898. (Deux volumes de cette publication ont déjà paru au moment où nous écrivons ces lignes [1899].) Les rapports sont adressés en double à la commission nationale des administrations civiles, police et tribunaux, et à l'agent national près du département de Paris.

En frimaire de l'an IV, la commission de police administrative fut remplacée par un rouage nouveau, le *Bureau central du canton de Paris*, dont la création résultait des art. 183 et 184 de la Constitution de l'an III. Le premier de ces articles stipulait que « dans les communes dont la population excède 100 000 hab., il y aurait au moins trois administrations municipales »; et le second ajoutait que « dans les communes divisées en plusieurs municipalités, il y aurait un *bureau central* pour les objets jugés indivisibles par le Corps législatif ». Ce bureau devait être composé de trois membres, nommés par l'administration du département et confirmés par le pouvoir exécutif. Le 13 frimaire an IV (4 déc. 1795), le Directoire exécutif nomma, pour composer le Bureau central du canton de Paris, les citoyens Cousin, Houdeyer et Hannocque-Guérin, ces deux derniers ayant déjà fait partie de la commission de police administrative dont le Bureau central n'est qu'une transformation avec des attributions identiques. Elles embrassaient, d'une manière générale, la police et les subsistances. Le Bureau central se divisait en dix bureaux (surveillance, sûreté, passeports, prisons, salubrité, mœurs, commerce, hospices, comptabilité, nourrices), Schmidt n'en compte que huit et omet ceux de la comptabilité et des hospices. Le 12 nivôse an IV, une loi créa un ministère de la police générale, et les attributions de police du ministre de l'intérieur (qui avait ses agents indépendants du Bureau central, ainsi que les rapports publiés en font foi) passèrent au ministre de la police, Merlin de Douai, nommé le 14 nivôse, au refus de Camus. Le nouveau ministre adressa le 17 nivôse (7 janv. 1796) au Bureau central une lettre très énergique, dans laquelle on lit : « Je suis en fonctions. Maintenant, citoyens, il faut marcher. Nous avons une cité immense à régénérer.... Rendons Paris sûr, établissons-y la salubrité; donnons-lui des mœurs.... Que les commissaires de police soient avertis. Le temps de la mollesse, celui de la négligence sont passés. C'est de l'exactitude qu'il faut; c'est de la fermeté ». Les attributions du Bureau central furent renforcées par la loi du 21 floréal an IV (10 mai 1796) qui lui donna l'autorisation de lancer des mandats d'amener, d'interroger les prévenus et de les renvoyer devant les juges de paix, qui exerçaient les fonctions de police judiciaire et procédaient aux premières mesures d'instruction dans les procédures criminelles; par la loi du 24 floréal de la même année, qui lui attribua la nomination et la destitution des commissaires de police, sur la proposition de chacune des municipalités; enfin, par celle du 24 brumaire an V (14 nov. 1796), qui lui donna le droit de suivre les actions qui intéresseraient collectivement les administrations municipales. Ainsi le Bureau central avait la haute main sur les municipalités, auxquelles il déléguait souvent l'exécution des mesures adoptées par lui.

Telle fut l'organisation qui fonctionna, sous le contrôle du ministre de la police générale, jusqu'à l'époque de la création de la *Préfecture de police*, le 17 février 1800, en vertu de la loi du 28 pluviôse an VIII, et jusqu'à l'arrêté du 12 messidor (1er juil. 1800) qui détermina les fonctions et attributions de la Préfecture de police.

3e *PARTIE*

DROIT CONSTITUTIONNEL

ÉTUDE

SUR

LA REVISION CONSTITUTIONNELLE

(Loi du 14 août 1884)

ET SUR LA

LOI ÉLECTORALE DU SÉNAT

(Loi du 9 décembre 1884)

LA RÉVISION CONSTITUTIONNELLE[1]

I

LOI DU 14 AOUT 1884, PORTANT RÉVISION PARTIELLE DES LOIS CONSTITUTIONNELLES[2]

Le 14 janvier 1882, M. Gambetta, alors président du conseil des ministres et chef du cabinet du

1. Extrait de l'*Annuaire français de la Société de Législation comparée.*

2. C'est sur mon initiative que la *Société de législation comparée*, qui m'a fait l'honneur de m'appeler à son Conseil de direction, a pris la résolution de publier un *Annuaire des lois françaises* pour faire pendant à son *Annuaire de législation étrangère*. J'ai donné à ces recueils de nombreuses notices auxquelles je renvoie, et je me borne à reproduire dans ce volume les deux plus importantes qui s'adressent particulièrement au grand public. Il va sans dire qu'elles constituent un simple spécimen, et que je me réserve de publier ultérieurement les très nombreux articles de droit que j'ai donnés aux feuilles spéciales, notamment à la *Gazette des Tribunaux* où j'ai analysé pendant près d'un quart de siècle la jurisprudence du Conseil d'État. Mais j'ai conservé un faible pour le *Droit constitutionnel* et je n'oublie pas que mon premier livre, rédigé en collaboration avec A. Bard, aujourd'hui Président de Chambre à la Cour de Cassation et ancien 1er Secrétaire de la Conférence des avocats, n'a pas été étranger à la création de chaires de droit constitutionnel comparé dans plusieurs Facultés de Droit.

14 novembre 1881, déposa sur le bureau de la Chambre des députés une proposition de résolution tendant à la revision des lois constitutionnelles de la République française. Ces lois, il faut le rappeler en passant, étaient au nombre de trois, à savoir : 1° La loi du 25 février 1875 sur l'organisation des pouvoirs publics; 2° la loi du 24 février 1875 sur l'organisation du Sénat; 3° la loi du 16 juillet 1875 sur les rapports des pouvoirs publics. (La loi du 2 août 1875 sur les élections des sénateurs, et la loi du 30 novembre 1875 sur l'élection des députés, complétaient la Constitution, à titre de lois organiques, mais sans être revêtues du caractère constitutionnel [1]).

Le chef du cabinet du 14 novembre ne proposait qu'une revision *limitée* et qui portait sur les points suivants : « Restriction des droits du Sénat en matière de finances; suppression de la catégorie des sénateurs inamovibles; suppression des prières publiques; substitution du scrutin de liste au scrutin d'arrondissement pour l'élection des députés; augmentation du nombre des délégués sénatoriaux pro-

1. Voici le résumé chronologique de la procédure parlementaire qui a précédé la discussion de la loi de revision. — Chambre des députés : Présentation du projet de résolution, 24 mai 1884, *J. Off.* du 25; débats parlementaires, p. 1119; exposé des motifs, *ibid.*, p. 1120; rapport de M. Dreyfus sur le projet, 9 juin 1884, *J. Off.* du 10; adoption le 3 juillet, *J. Off.* du 4. — Sénat : présentation du projet adopté par la Chambre, 5 juillet 1884, *J. Off.* du 6; rapport de M. Dauphin, 21 juillet 1884, *J. Off.* du 22; adoption avec modifications le 29 juillet, *J. Off.* du 30. — Chambre des députés : présentation du projet modifié par le Sénat, 30 juillet 1884, *J. Off.* du 31; rapport par M. Dreyfus et adoption de l'ensemble du projet de résolution tendant à la revision partielle des lois constitutionnelles, 31 juillet 1884, *J. Off.* du 1er août; débats parlementaires, p. 1933; constitution de l'Assemblée nationale le 4 août 1884.

portionnelle à la population des communes ». Mais, à la suite d'un rapport de M. Andrieux, rédigé au nom de la commission des 33, et qui concluait à la souveraineté illimitée du Congrès, tout en limitant le mandat donné au Gouvernement, la Chambre des députés, dans la séance du 26 janvier 1882, repoussa la formule de revision partielle préconisée par le Gouvernement, et vota, par 268 voix contre 218, le projet de la commission [1]. Ce vote entraîna la démission immédiate du ministère Gambetta et l'ajournement des projets de revision. Il paraissait condamner pour l'avenir toute proposition de revision constitutionnelle qui limiterait la souveraineté absolue des deux Chambres, réunies en Assemblée nationale. Cependant le nouveau président du conseil, M. de Freycinet, interpellé dans la séance du 6 février 1882 sur le sens et la portée du vote du 26 janvier, déclara qu'en ce qui concerne « cette disposition considé-

1. Le projet de la commission était ainsi formulé : « *Article unique.* — Conformément à l'article 8 de la loi constitutionnelle du 25 février 1875, la Chambre des députés reconnait la nécessité de reviser : 1° Les articles 4, 7 et 8 de la loi du 24 février 1875, relatifs à l'organisation du Sénat ; 2° le paragraphe 3 de l'article 1er de la loi constitutionnelle du 16 juillet 1875 sur les rapports des pouvoirs publics, et déclare *qu'il y a lieu de reviser les lois constitutionnelles.* » Le but principal de ce projet était d'écarter du programme de la revision le paragraphe 2 de l'article 1er de la loi constitutionnelle du 25 février 1875, relative à l'organisation des pouvoirs publics, qui eût permis au Congrès de statuer sur la question du mode d'élection des députés. Ainsi que l'a fait judicieusement remarquer M. Bozérian, dans son *Étude sur la revision* (Paris, 1884, Plon, éditeur, brochure in-8°), la Chambre ne pouvait espérer par un tel moyen soustraire cette question aux discussions du Congrès, puisque la commission et la majorité reconnaissaient que les droits du Congrès étaient illimités ; il pouvait donc être saisi du mode d'élection des députés par un membre de l'Assemblée usant de son droit d'initiative.

rable, celle qui règle la question de savoir si le Congrès aura ou n'aura pas des pouvoirs limités, la véritable opinion de la majorité ne s'était pas dégagée avec une clarté suffisante ». M. de Freycinet ajouta que le Gouvernement se réservait de soumettre de nouveau au Parlement la question de la revision « lorsqu'elle serait en état de recevoir une solution ».

Dans la séance du 5 mars 1883, M. Jules Ferry, chef du cabinet du 21 février 1883, promit de saisir le Parlement de la question de la revision un peu avant l'époque du renouvellement partiel du Sénat en 1885, et la Chambre, prenant acte de cet engagement par un ordre du jour du 6 mars, rejeta les propositions de revision déposées en novembre 1882 par MM. Andrieux et Barodet. Le 29 décembre 1883, M. Jules Ferry annonça que l'année 1884 serait l'année des *réformes constitutionnelles*. Conformément à cette promesse, le président du conseil soumit à la Chambre, dans la séance du 24 mai 1884, un projet tendant à la revision *partielle* du pacte fondamental.

L'exposé des motifs affirme d'abord que pour aborder le problème délicat de la revision « jamais les circonstances n'ont été plus favorables. Qui peut nier, disait M. Jules Ferry, qu'il existe dans la Chambre des députés une majorité décidée et définie, sachant où elle va et ce qu'elle veut, capable de tenir les engagements pris en son nom? Et, d'autre part, à quel moment l'esprit de transaction, de concession réciproque, a-t-il plus profondément, plus sérieusement pénétré et fécondé les travaux des deux Chambres du Parlement? » Le président du conseil déclarait ensuite que la question constitutionnelle était depuis longtemps posée devant le pays, et qu'il fallait la résoudre, en choisissant l'heure où elle se trouvait « entre les mains des sages.... La bonne politique commande de saisir cette période de calme et de bon accord pour aborder un problème qui pourrait se heurter plus tard à des difficultés beaucoup plus graves, à un état d'opinion publique plus passionnée, plus exigeante, à une situation gouvernementale et parlementaire plus chancelante ».

Profitant de ces circonstances favorables, le gouvernement demandait à la représentation nationale « de déterminer rigoureusement par un vote clair et précis, ne donnant prise à aucune équivoque, les limites de la revision ». Il n'admettait pas qu'on remît en question l'ensemble des institutions du pays, et n'acceptait pas le vote du 26 janvier 1882, « comme la solution juridique et sereine d'un point de droit constitutionnel ». Il demandait à la majorité « de limiter par un acte de sa propre volonté sa faculté constituante » de prendre un engagement, consacré par un vote formel, qui, sans aucun doute, serait ensuite légalement et complètement tenu. Précisant ensuite les différents points sur lesquels devait, suivant lui, porter la revision, le président du conseil déposa sur le bureau de la Chambre le projet de résolution qui suit :

Le Président de la République décrète :

Le projet de résolution dont la teneur suit, sera présenté à la Chambre des députés par le président du conseil, ministre des affaires étrangères, et par le garde des sceaux, ministre de la justice et des cultes, qui sont chargés d'en exposer les motifs et d'en soutenir la discussion.

Article unique. — Conformément à l'article 8 de la

loi constitutionnelle du 25 février 1875 et sur la demande du Président de la République, la Chambre des députés déclare qu'il y a lieu de reviser :

1° L'article 8 de la loi constitutionnelle du 25 février 1875, relative à l'organisation des pouvoirs publics;

2° Les articles 1 à 7 de la loi constitutionnelle du 24 février 1875, relative à l'organisation du Sénat;

3° L'article 8 de la même loi du 24 février 1875;

4° Le paragraphe 3 de l'article 1er de la loi constitutionnelle du 16 juillet 1875 sur les rapports des pouvoirs publics.

En résumé, le ministère demandait aux Chambres de modifier les dispositions constitutionnelles des lois précitées, en décidant :

1° Que la revision ne pourrait jamais porter sur la forme républicaine du gouvernement;

2° Que le système électoral qui donne naissance au Sénat serait établi sur des bases plus larges, sous le double rapport de la nomination des inamovibles et de la composition des collèges électoraux de département;

3° Que les attributions du Sénat, en matière de finances, seraient restreintes, de manière à donner le dernier mot à la Chambre des députés, en ce qui touche la fixation définitive de la loi du budget;

4° Que la clause relative aux prières publiques serait abrogée.

Sur le rapport de M. Dreyfus, la Chambre des députés adopta, après avoir déclaré l'urgence, le projet de résolution présenté par le gouvernement, en ajoutant seulement à l'énumération des textes à reviser le paragraphe 2 de l'article 5 de la loi du

25 février 1876 (délai dans lequel doivent être convoqués les collèges électoraux, en cas de dissolution de la Chambre des députés). La discussion occupa les séances des 23, 24, 30 juin, 1er et 3 juillet 1884. Elle fut parfois très ardente. Tandis que les uns, comme M. Franck-Chauveau, contestaient l'opportunité d'une revision, d'autres, comme MM. Madier de Montjau, Lockroy et, sur d'autres bancs, M. Calla, réclamaient une revision intégrale, ou, comme MM. Barodet et Anatole de la Forge, la convocation d'une Constituante. En face de la doctrine de la souveraineté absolue du Congrès, affirmée notamment dans un contre-projet de M. Camille Pelletan, le système de la revision limitée fut soutenu par M. Adrien Bastide et M. Léon Renault, qui insista vigoureusement pour substituer à une simple énumération de textes l'indication précise des innovations constitutionnelles dont le Congrès serait saisi. Après avoir rejeté tous les contre-projets, la Chambre adopta le projet de résolution du Gouvernement dans sa séance du 3 juillet.

Le président du conseil le déposa sur le bureau du Sénat dans sa séance du 5 juillet. Une commission fut nommée pour l'examiner et, dans la séance du 21 juillet, M. Dauphin déposa son rapport. Il portait la trace des appréhensions du Sénat, qui n'admettait qu'une revision strictement limitée et réclamait des garanties précises contre la tentation que pourrait avoir le Congrès de modifier la Constitution sur des points non visés par le projet de résolution du gouvernement. Le président du conseil et le garde des sceaux, afin de rassurer le Sénat, durent s'engager, au nom du gouvernement, à combattre dans le sein de l'Assemblée nationale toute délibération qui s'écarterait du pacte arrêté préalablement entre les deux Chambres; les ministres ajoutèrent que le Congrès ne serait pas convoqué si les résolutions des deux Chambres ne présentaient pas un texte identique. Malgré ces garanties, la commission du Sénat restait en divergence avec le gouvernement sur deux points importants. D'abord elle refusait de comprendre dans le programme de la revision l'article 1er de la loi constitutionnelle du 24 février 1875, relative à l'organisation du Sénat, article qui fixe de la manière suivante la composition de la haute Assemblée : « Le Sénat se compose de 300 membres : 225 élus par les départements et les colonies et 75 élus par l'Assemblée nationale », et actuellement par le Sénat, en vertu de l'article 7 de la même loi. En d'autres termes, la commission voulait maintenir en dehors de toute atteinte l'institution des sénateurs inamovibles. A cet égard, le Sénat ne soutint pas jusqu'au bout sa commission et, sur la motion de M. Demôle, consentit à rétablir l'article 1er, cité plus haut dans le paragraphe 3 du projet de résolution. Mais l'accord ne put se faire entre le gouvernement et la majorité sénatoriale sur la question des attributions financières du Sénat.

Depuis 1876, un véritable conflit d'opinion existait entre les deux Chambres sur le sens et la portée de l'article 8 de la loi du 24 février 1875. L'exposé des motifs du projet de résolution présenté par le gouvernement résumait dans les termes suivants les prétentions respectives des deux Assemblées : « Le Sénat estime que cet article n'établit pour les lois de finances aucune exception au principe général de l'égalité des droits entre les deux Chambres dans la confection des lois; qu'il prescrit seulement un ordre chronologique, une priorité dans la présentation et la délibération des lois de finances; que le Sénat a dès lors le droit absolu d'amender le budget, soit pour supprimer, soit pour augmenter les crédits votés par la Chambre. La Chambre croit, au contraire, qu'elle possède la plénitude des droits budgétaires; qu'il n'a sur les finances publiques qu'un droit de *contrôle*, et qu'il ne peut pas rétablir un crédit supprimé par la Chambre des députés ». Le ministère rappelait ensuite que, dans la pratique, ce désaccord « s'était toujours résolu à la dernière heure, grâce à l'esprit de conciliation patriotique qui anime les deux assemblées, par des concessions mutuelles. Il est arrivé à la Chambre des députés de rétablir dans une nouvelle délibération les crédits qu'elle avait d'abord supprimés et que le Sénat avait rétablis; il n'est jamais arrivé que le Sénat s'obstinât à rétablir un crédit deux fois supprimé par la Chambre ». Mais ces transactions ne supprimaient pas la source de nouveaux conflits, et le gouvernement demandait au Sénat de laisser passer dans la loi constitutionnelle, sous la forme d'un texte précis, la jurisprudence de fait qui donnait le dernier mot à la Chambre, après deux délibérations portant suppression de crédits. La commission du Sénat résista fermement à ces pressantes ouvertures. Elle rencontrait dans l'exposé des motifs du gouvernement certaines obscurités inquiétantes, et ne se trouva pas suffisamment rassurée par l'offre de déterminer « les dépenses et les traitements afférents à certains services constitués par des lois organiques et qui ne pourraient être modifiés que par l'accord des Chambres ». Le silence gardé sur la solution de ce délicat problème par le rapport de la commission de la Chambre, ne semblait pas non plus de nature à diminuer les craintes du Sénat, quant à l'issue des débats qui auraient lieu dans le sein de l'Assemblée nationale. Dans ces conditions, la commission sénatoriale crut devoir proposer au Sénat d'écarter du programme de la revision l'article 8 de la loi constitutionnelle du 24 février 1875. A cet égard, le Sénat sanctionna l'avis de la commission et refusa de soumettre l'article 8 aux discussions du Congrès (26 et 29 juillet 1884). Finalement, la haute Assemblée adopta, dans la séance du 29 juillet, un projet de résolution ainsi conçu :

Article unique. — Conformément à la loi constitutionnelle du 25 février 1875 et sur la demande du président de la République, la Chambre des députés déclare qu'il y a lieu de reviser : 1° le paragraphe 2 de l'article 5 de la loi constitutionnelle du 25 février 1875, relative à l'organisation des pouvoirs publics;

2° Le paragraphe 3 de l'article 8 de la même loi constitutionnelle du 25 février 1875, en ce qui touche la question de savoir si le droit de revision peut s'appliquer à la forme républicaine du gouvernement;

3° Les articles 1 à 7 de la loi constitutionnelle du 24 février 1875, relative à l'organisation du Sénat, en ce qui touche la question de savoir s'ils seront ou non distraits des lois constitutionnelles;

4° Le paragraphe 3 de l'article 1er de la loi constitutionnelle du 16 juillet 1875, sur les rapports des pouvoirs publics.

Dès le 30 juillet, le projet de résolution voté par le Sénat fut transmis à la Chambre des députés et le gouvernement en réclama l'adoption. Dans la séance du 31, M. Dreyfus déposa un rapport au nom de la commission chargée d'examiner le nouveau texte. Ce rapport, après avoir constaté que l'accord n'avait pu s'établir sur tous les points entre les deux Assemblées, ajoute ce qui suit : « Votre commission n'a pas hésité à penser que chercher un nouveau terrain de commune entente, ce serait ouvrir imprudemment une période de tentatives illusoires et de tâtonnements infructueux. Plutôt que de compromettre par son inflexibilité le succès d'une réforme nécessaire, la Chambre doit, nous semble-t-il, voter le projet qui lui est soumis et qui, malgré les restrictions apportées par le Sénat, ne laisse pas de réaliser de sérieux progrès ». Ces progrès consistaient surtout, d'après les déclarations du rapporteur, dans la modification de la loi sur l'élection des sénateurs qui pourrait être distraite de la constitution, dans l'élargissement de la base électorale du Sénat et la suppression de l'institution des inamovibles. Le rapport affirmait, d'ailleurs, la prééminence de la Chambre, en matière de lois de finances, et rappelait les considérations développées, le 14 janvier 1882, par M. Gambetta, dans l'exposé des motifs de son projet de revision, considérations qui se résument en cette thèse que « la Chambre haute, en matière de dépenses comme en matière d'impôts, ne doit avoir qu'un droit de contrôle ». Mais la commission n'en demandait pas moins à la Chambre d'accepter purement et simplement le texte du Sénat. Malgré l'intervention de M. Floquet, qui protesta contre le maintien du *statu quo* en ce qui touche les attributions financières du Sénat; malgré celle de M. Camille Pelletan, qui rappela la déclaration faite devant l'autre Chambre par le président du Conseil, lorsqu'il avait dit qu'un projet de revision où ne serait pas visé l'article 8 de la loi du 24 février 1875 (droits financiers des Chambres) serait « un projet amoindri, décapité », la Chambre, par 294 voix contre 191, adopta l'ensemble du projet de résolution voté par le Sénat et présenté par le gouvernement (31 juillet).

Rien ne s'opposait plus à la réunion de l'Assemblée nationale. La première séance s'ouvrit à Versailles le 4 août 1884, sous la présidence de M. Le Royer, président du Sénat (art. 11 de la loi constitutionnelle du 16 juillet 1875 sur les rapports des pouvoirs publics). Après l'adoption du règlement de l'Assemblée nationale de 1871 (modifié par l'adoption de deux amendements de M. Forcioli et la suppression des articles 55, 56 et 57, prononcée sur la demande de M. Rivière, qui estimait le mode de votation par scrutin secret incompatible avec la sincérité de l'œuvre de revision), l'Assemblée nationale procéda au tirage au sort des bureaux (15 bureaux, composés chacun de 56 membres) et le président du conseil donna lecture du projet de loi tendant à la revision des lois constitutionnelles. Sur la proposition de M. Testelin, il fut décidé que ce projet serait renvoyé à une commission de 30 membres, élus au scrutin de liste à la tribune (séance du 4 août). Au début de la séance du lendemain, M. Madier de Montjau vint déclarer, au nom de l'extrême gauche, que ce groupe s'abstiendrait de prendre part au scrutin pour la nomination de la commission. Après la clôture du scrutin, dans lequel on ne compta que 434 suffrages exprimés, lecture fut donnée de tous les documents présentés et M. Barodet présenta une résolution tendant à la convocation d'une Assemblée constituante.

Le 6, M. Gerville-Réache, rapporteur, donna lecture du rapport de la commission des Trente. Il déclarait que la commission avait repoussé par la question préalable toutes les propositions « qui méconnaissaient les termes et conditions du contrat loyalement et librement passé entre les deux Chambres... et que devant l'Assemblée nationale on ne pouvait légitimement discuter que les points que les deux Chambres avaient limitativement déterminés ». En ce qui concerne les articles 1 à 7 de la loi constitutionnelle du 24 février 1875 sur le mode électoral du Sénat, la commission se prononçait contre l'abrogation pure et simple demandée par les amendements de MM. Andrieux, Maxime Lecomte, Bontoux et Jules Roche, et prenait acte de la promesse faite par le gouvernement de déposer un projet de loi sur la composition du Sénat, le lendemain même du jour où l'Assemblée nationale aurait enlevé aux articles 1 à 7 de la loi du 24 février 1875 leur caractère constitutionnel. Un autre amendement de M. Andrieux, proposait d'ajouter à l'art. 8 de la loi constitutionnelle du 25 février le paragraphe suivant : « Les princes des familles ayant régné sur la France ne pourront être élus présidents de la République ». De leur côté, MM. Jules Roche, Thomson et Ordinaire demandaient l'addition d'un paragraphe ainsi conçu : « Les membres des familles ayant régné sur la France ne peuvent être investis d'aucune fonction élective ou publique ». D'accord avec le gouvernement, la commission substitua à ces deux amendements un texte nouveau, redigé de la façon suivante : « Le paragraphe 3 de l'article 8 de la même loi du 25 février 1875 est complété ainsi qu'il suit : La forme républicaine du gouvernement ne peut faire l'objet d'une proposition de revision. Les membres des familles ayant régné sur la France sont inéligibles à la présidence de la République[1] ».

Dans la séance du 7 août, la discussion générale fut ouverte. M. Chesnelong, dans un discours important, protesta contre la revision, parce qu'elle supprimait les prières publiques, ce qui, d'après l'orateur, exposait la France « à la revanche de Dieu », et parce qu'elle proscrivait le principe monarchique. M. Madier de Montjau répondit par une philippique ardente contre les partis monarchiques et contre le Sénat, que l'orateur compara « au sabot avec lequel on arrête, tant qu'on peut, la marche de la voiture ». Le 8, après un discours de M. Laisant et une réplique du rapporteur, M. Gerville-Réache, dirigée surtout

1. Dans la séance du 2 juillet, M. Andrieux avait présenté à la Chambre des députés un amendement tendant à édicter l'inégibilité des princes à la présidence de la Republique. Le président du conseil, sur la demande de l'auteur de cet amendement, avait déclaré qu'il l'acceptait et qu'il le soutiendrait devant l'Assemblée nationale.... Mais, le Sénat ne fut pas mis en demeure de se prononcer sur la question des princes avant la réunion du Congrès. Aussi, M. Andrieux lui-même fit-il remarquer à l'Assemblée nationale, que son amendement ne rentrait pas dans le contrat passé entre les deux Chambres, et qu'en l'ajoutant, sur la demande de la commission des Trente, au programme de la revision, le président du conseil avait déchiré le contrat et fait « dans la revision limitée une trouée, par laquelle tout aujourd'hui pouvait passer », c'est-à-dire que la question préalable ne pouvait plus être opposée à aucun amendement. (Séance du 7 août 1884.)

contre la harangue de M. Chesnelong et les déclarations faites la veille par M. Andrieux, au sujet de la question des princes; après une dernière discussion entre M. Camille Pelletan et M. Dauphin, président de la commission, sur la valeur du contrat intervenu entre les deux Chambres (discussion qui ne put s'achever, M. Dauphin, ayant renoncé à se faire entendre), la clôture de la discussion générale fut prononcée au milieu d'un tumulte indescriptible, et le président dut se couvrir et quitter la salle avec le bureau, à la suite d'un incident provoqué par M. Jolibois. A la reprise de la séance, l'Assemblée vota le passage à la discussion des articles; elle rejeta par la question préalable un amendement de M. Barodet qui, déniant à l'Assemblée nationale de 1871, le pouvoir constituant, et n'admettant pas que ladite Assemblée ait pu le conférer indirectement à une autre Assemblée nationale, nommée en vertu de la Constitution de 1875, demandait la convocation d'une Assemblée constituante. Sur cet amendement, la question préalable fut votée par 471 contre 266. A la suite du vote M. Barodet et six de ses collègues déclarèrent se retirer « en protestant contre les violences de la majorité ».

Le lendemain, l'Assemblée rejeta aussi, en leur opposant la question préalable : 1° Un amendement de M. Marius Poulet, tendant à la revision intégrale de la Constitution par une Assemblée constituante, élue au scrutin de liste par département, et dont la durée ne devrait pas dépasser trois mois (pour la question préalable, 463 voix ; contre, 253); 2° un amendement de M. Schœlcher conçu en ces termes : « Considérant que le droit d'interpréter la Constitution n'appartient qu'à l'Assemblée nationale, l'Assemblée nationale, usant de son droit d'interprétation, déclare que les Chambres n'ont pu, sans empiéter sur son droit, restreindre la revision dont elle seule a pouvoir de déterminer les limites. En conséquence, l'Assemblée nationale délibère : *Article unique.* — Une commission de 30 membres, nommée dans les bureaux, est chargée de préparer un projet de revision constitutionnelle » (pour la question préalable, 429 voix; contre, 304).

C'est à l'occasion de ce vote que M. Alfred Naquet souleva l'importante question du *quorum* nécessaire à la validité des délibérations portant revision des lois constitutionnelles. On sait qu'aux termes de l'article 8 de la loi constitutionnelle du 25 février 1875, relative à l'organisation des pouvoirs publics, « les délibérations portant revision des lois constitutionnelles, en tout ou en partie, devront être prises à la majorité absolue des membres composant l'Assemblée nationale ». A cet égard, M. Léon Renault soutint d'abord que l'article 8 n'était pas applicable à un vote sur la question préalable, lequel, loin d'entraîner une modification de la Constitution, servait au contraire à écarter les modifications proposées; il soutint ensuite que, pour le calcul de la majorité absolue, il allait déduire les sièges des législateurs décédés ou démissionnaires. MM. Naquet et Baragnon prétendaient, en sens inverse, que le *quorum* constitutionnel devait être déterminé d'après le nombre *légal* des membres de l'Assemblée nationale, c'est-à-dire sur le nombre total des membres de l'assemblée supposée au complet. On invoquait, à l'appui de cette seconde thèse, un précédent tiré de ce qui s'était passé le 20 juin 1879, lors du vote d'un précédent Congrès sur l'abrogation de l'article de la Constitution qui obligeait les Chambres à siéger à Versailles. A cette époque, le président avait fixé le chiffre de la majorité absolue à 417, c'est-à-dire à la moitié plus un du nombre *légal* des sièges de sénateurs et de députés, à savoir 833, dont 300 sénateurs et 533 députés[1]. Le président de l'Assemblée nationale ayant déclaré que son opinion était conforme à celle de M. Baragnon, et l'ordre du jour qui tranchait la question ayant été retiré, le président déclara que la majorité constitutionnelle « restait fixée à 429 », c'est-à-dire à la moitié plus un du nombre *légal* des membres de l'Assemblée nationale, qui comptait : 300 sénateurs et 557 députés.

On put enfin, dans la séance du lundi 11 août (après le rejet par la question préalable — 490 voix contre 209, — d'un amendement de M. Cunéo d'Ornano, qui demandait que les lois constitutionnelles fussent soumises à l'épreuve d'un plébiscite), on put enfin aborder la discussion du projet de loi tendant à la revision partielle. Cette discussion fut continuée le 12 et se termina le 13 août par l'adoption sans modifications du projet du gouvernement.

1. M. Lepère a cité, dans le même sens, à la tribune, l'opinion formulée par MM. Poudra et Pierre, dans l'édition de 1881 de leur recueil sur l'*Organisation des pouvoirs publics*. On nous permettra de faire remarquer que, dans la première édition de notre ouvrage, *publié en* 1876 avec la collaboration de M. A. Bard : *La Constitution française de* 1875, *étudiée dans ses rapports avec les constitutions étrangères*, 1 vol. in-8°, Paris, Thorin, p. 375, nous avions exprimé, les premiers peut-être, cette opinion que, pour être valables, il faut « que les modifications de la Constitution soient adoptées par la majorité *non pas des votants, mais des membres composant l'Assemblée nationale, c'est-à-dire par* 418 *voix au moins* ».

(Votants 631; majorité constitutionnelle 429. Pour l'adoption, 509; contre, 172; abstentions, 141.) La nouvelle loi constitutionnelle a été promulguée par décret du 14 au *Journal officiel* du 15 août 1884.

On en trouvera le texte reproduit ci-dessous :

ART. 1er. — Le paragraphe 2 de l'article 5 de la loi constitutionnelle du 25 février 1875, relative à l'organisation des pouvoirs publics, est modifié ainsi qu'il suit :

En ce cas, les collèges électoraux sont réunis pour de nouvelles élections dans le délai de deux mois, et la Chambre dans les dix jours qui suivent la clôture des opérations électorales [1].

ART. 2 — Le paragraphe 3 de l'article 8 de la même loi du 25 février 1875 est complété ainsi qu'il suit :

1. M. Gustave Rivet demandait, par amendement à cet article, la suppression pure et simple de l'article 5 de la loi constitutionnelle du 25 février 1875 relatif au droit de dissolution. M. Rivet soutint (dans la séance du 11 août) que le droit de dissoudre la Chambre des députés, conféré au président de la République, sur l'avis conforme du Sénat, était en contradiction avec un régime démocratique où la souveraineté du peuple forme la base même de la Constitution. L'amendement fut écarté par la question préalable (442 voix contre 270). A la suite de ce vote, l'article 1er du projet fut adopté au scrutin public par 523 voix contre 130. Pour comprendre la portée du nouveau texte, il faut connaître la teneur du paragraphe qu'il modifie. Le paragraphe 2 de l'article 5 de la loi constitutionnelle du 25 février 1875 était ainsi conçu : « En ce cas (celui de la dissolution de la Chambre), les collèges électoraux sont *convoqués* pour de nouvelles élections dans le délai de *trois* mois ». A la suite de la dissolution de la Chambre, prononcée le 25 juin 1877 par le maréchal de Mac-Mahon, plusieurs jurisconsultes avaient soutenu cette thèse, que, pour observer la loi, il suffisait de *convoquer* les électeurs dans le délai de trois mois, sauf à fixer à deux, quatre, six mois au plus la date des élections. La nouvelle rédaction a eu pour objet de dissiper toute équivoque. En ce qui touche la controverse qui s'était produite en 1877, sous le régime du 16 Mai, on peut se reporter à la dissertation qui se trouve à la page 465 de la 2e édition de notre commentaire de la *Constitution de* 1875, publié en collaboration avec M. Bard. Paris, 1878, E. Thorin, éditeur.

La forme républicaine du gouvernement ne peut faire l'objet d'une proposition de revision [1].

1. Voici en quels termes le président du conseil a justifié cette prohibition dans l'*exposé des motifs* du projet :

« Si nous vous proposons de soumettre à la revision l'article 8 de la loi du 25 février 1875, qui règle la procédure à suivre pour la revision des lois constitutionnelles, c'est dans l'intention de demander au Congrès de faire cesser par une disposition claire et formelle une équivoque qui a trop duré.

« La procédure de revision organisée par l'article 8 pourrait-elle s'appliquer non seulement à tous les articles des lois constitutionnelles, mais à l'institution qui en est l'essence et le support, à la forme républicaine du gouvernement?

« La loi constitutionnelle n'a voulu ni l'affirmer ni l'interdire. On a laissé sur ce point une obscurité qui n'était pas sans parti pris. S'il en fallait conclure qu'à tout moment, dans chacune des deux Chambres, la délibération régulière peut s'ouvrir sur la forme même du gouvernement, notre Constitution ne ressemblerait à aucune autre; elle aurait proclamé elle-même son incurable précarité; elle ne remplirait pas cet office fondamental qui est la raison d'être de toute Constitution, le but poursuivi par tous les régimes, dans tous les pays et dans tous les temps : faire cesser l'état révolutionnaire, donner aux citoyens, autant que le permet la fragilité des choses humaines, la plus grande somme de sécurité morale et la foi dans l'avenir. Si la France, qui aime le travail et la paix, a applaudi, a ratifié avec éclat l'élaboration constitutionnelle du mois de février 1875, c'est qu'elle y voyait la fin du provisoire et de l'incertitude, l'établissement d'une République définitive; elle n'imaginait pas que le dernier mot de cette évolution laborieuse pût être d'organiser dans les deux Chambres l'état révolutionnaire en permanence.

« Il importe à la paix publique, à la dignité du gouvernement républicain, de rectifier une formule qui ne met point assurément la République en péril, mais qui sert, en quelque sorte, de pierre d'attente aux factions et de prétexte légal à d'inutiles agitations.

« Nous demanderons au Congrès de décider que la revision ne peut, en aucun cas, porter sur la forme républicaine du gouvernement ».

Dans la séance du 11 août, et en réponse à une protestation de M. Bocher, qui qualifia la revision de l'article 8 « d'œuvre vaine, vaine au fond comme dans la forme, dénuée de force et de sanction » et critiqua la prétention « d'assurer, en la décrétant, l'éternité de la Constitution nouvelle », le président du conseil fit observer qu'il ne demandait pas à l'Assemblée « de décréter

Les membres des familles ayant régné sur la France sont inéligibles à la présidence de la République [1].

Art. 3. — Les articles 1 à 7 de la loi constitutionnelle du 24 février 1875, relative à l'organisation du Sénat, n'auront plus le caractère constitutionnel [2].

l'éternité de la République... mais de déclarer que la République est aujourd'hui la forme définitive du gouvernement; qu'elle n'accepte pas, dans ce pays, dont elle a la direction légitime, des conditions d'existence légale inférieures à celles des régimes qui l'ont précédée... ». Sans s'arrêter à une autre protestation de M. Freppel, l'Assemblée vota le paragraphe 1er de l'article 2, par 602 voix contre 165. On remarquera que le paragraphe 3 de l'article 8 « Les délibérations portant revision des lois constitutionnelles en tout ou partie, devront être prises à la majorité absolue des membres composant l'Assemblée nationale », ne figure pas dans le texte définitif de l'article de la loi de revision. La commission et le gouvernement ont considéré qu'il n'avait pas été question de ce paragraphe dans le contrat intervenu entre les deux Chambres.

1. M. Jules Roche avait présenté, comme on l'a dit plus haut, un amendement conçu en ces termes : « Les membres des familles ayant régné sur la France ne peuvent être investis d'aucune fonction élective ou publique ». Le président du conseil déclara, dans la séance du 11 août, qu'il était partisan de l'inégibilité des princes, et qu'il présenterait un projet de loi aux Chambres pour la consacrer; mais qu'il ne lui paraissait ni opportun, ni conforme au contrat intervenu entre les majorités des deux Chambres, d'introduire ainsi dans la Constitution une disposition qui était essentiellement du domaine de la loi électorale. A la suite de ces observations, M. Jules Roche retira son amendement. Repris par M. Camille Pelletan, cet amendement fut rejeté par 542 voix contre 198. Malgré l'intervention de M. Baragnon, qui soutint ensuite que le paragraphe présenté par la commission et le gouvernement ne respectait pas davantage le contrat passé entre la Chambre des députés et le Sénat, le Sénat n'ayant pas eu à statuer sur l'amendement Andrieux, le paragraphe 3 de l'article 2 du projet de loi fut adopté par 597 voix contre 153 (séance du 11 août).

2. Voici en quels termes le gouvernement, dans son *exposé des motifs*, justifiait la disposition qui enlève le caractère constitutionnel à la loi sur l'organisation du Sénat :

« Si l'on considère la place qu'occupe la loi électorale du Sénat dans l'ensemble de nos lois fondamentales, on est frappé d'une anomalie que l'histoire de la Constitution explique, mais que la logique ne justifie pas. Cette loi est coupée en deux moitiés, dont

ART. 4. — Le paragraphe 3 de l'article 1er de la loi consti

l'une a le caractère constitutionnel, dont l'autre n'est qu'une loi organique : elles ne contiennent pourtant, l'une et l'autre, que des dispositions de nature organique. Il n'en est pas ainsi de la loi électorale de la Chambre des députés, qui a été rejetée tout entière dans le cadre de la législation ordinaire. Nous croyons que cette disparité de situation doit cesser, et que la loi électorale des sénateurs doit être traitée sur le même pied que la loi électorale des députés. Il n'est pas bon de donner aux lois électorales le caractère constitutionnel. D'une manière générale, il n'est pas bon d'introduire dans la Constitution des dispositions contingentes, sujettes à varier et qu'il devient impossible de modifier sans ébranler la Constitution elle-même. »

L'*exposé des motifs* indiquait ensuite les bases du futur projet de loi sur le régime électoral du Sénat. Elles consistaient dans : 1° Le maintien d'une catégorie de sénateurs élus par un collège particulier, mais ce collège composé, conformément aux vues premières de l'Assemblée nationale de 1875, de la représentation nationale tout entière, de façon à avoir, à côté des sénateurs élus par les départements, les élus du second degré d'un collège unique représentant tout le pays;

2° La réduction à la durée ordinaire du mandat électif sénatorial, c'est-à-dire à neuf années du mandat qui est actuellement viager, sans donner cependant à la loi nouvelle un effet rétroactif;

3° L'accroissement du nombre des délégués des conseils municipaux dans le collège départemental. Dans le même document, le ministère avait indiqué, sur ce troisième point, qu'il donnerait ses préférences à un système de progression dans le nombre des délégués parallèle à l'accroissement progressif du nombre des conseillers municipaux d'après la population (art. 10 de la loi municipale). Du reste, suivant les déclarations antérieures du gouvernement, l'Assemblée nationale ne devait être saisie que de la question de savoir si la loi électorale du Sénat serait distraite de la Constitution, et ne pouvait pas régler les détails de cette loi. Aussi, dans les séances du 12 et du 13 août, le Congrès repoussa-t-il tous les amendements qui méconnaissaient les termes du contrat et dont l'adoption eût entraîné une modification des articles visés dans la loi de revision, c'est-à-dire des articles 1 à 7 de la loi constitutionnelle du 24 février 1875.

M. Laguerre développa d'abord un amendement, présenté par M. Laurent-Pichat et qui tendait à la suppression du Sénat (séance du 12 août). Cet amendement fut repoussé par 479 voix contre 197. Un autre amendement, présenté par M. Andrieux, demandait l'*abrogation* des articles 1 à 7 de la loi constitutionnelle

tutionnelle du 16 juillet 1875, sur les rapports des pouvoirs publics, est abrogé [1].

du 24 février 1875. Il avait pour objet de forcer le gouvernement à demander, et le Sénat à voter avant les prochaines élections sénatoriales, une nouvelle loi électorale, tandis qu'à défaut d'abrogation formelle des articles 1 à 7, le Sénat serait maître soit de conserver indéfiniment le bénéfice de la législation existante, pourvue ou dépouillée du caractère constitutionnel, soit d'imposer au Gouvernement et à la Chambre une nouvelle loi électorale qui ne serait nullement conforme à celle dont les bases se trouvaient indiquées dans l'*exposé des motifs* du projet de revision. M Léon Renault rappela l'engagement formel, pris envers le Sénat par le gouvernement et accepté par la Chambre, de ne pas soumettre aux délibérations du Congrès l'organisation électorale du Sénat, et l'amendement Andrieux fut rejeté, à la fin de la séance du 12 août, par 408 voix contre 271.

Dans la séance du 14 août, l'Assemblée nationale eut à statuer sur un amendement de M. Bernard-Lavergne qui était ainsi conçu : « Inscrire avant l'article 1er de la loi du 24 février 1875, la disposition suivante : Le Sénat est nommé par le suffrage universel, dans les conditions déterminées par la loi électorale ». Après avoir entendu l'auteur de cet amendement, auquel M. Dauphin, président de la commission, opposa la question préalable, et un grand discours de M. Clemenceau, dernière et vive protestation contre l'institution du Sénat et la revision limitée par un pacte antérieur, l'Assemblée nationale vota la question préalable sur l'amendement Bernard-Lavergne par 418 voix contre 327. Le même sort était réservé à l'amendement de M. Raoul Duval, qui proposait de faire nommer le Sénat par le suffrage universel, mais avec obligation de ne choisir les sénateurs que dans certaines catégories de citoyens. Cet amendement était la copie textuelle d'un article du projet de loi, présenté le 19 mai 1873 par M. Dufaure, alors garde des sceaux, tant en son nom personnel qu'au nom de M. Thiers, président de la République. Par 428 voix contre 289, l'Assemblée opposa également la question préalable à l'amendement de M. Marcou, qui proposait de faire élire le Sénat par le suffrage universel au second degré. On ne prit pas en considération un amendement de M. Raoul Duval, présenté au cours de la délibération et portant que « jusqu'au vote d'une nouvelle loi électorale du Sénat, il ne serait pas pourvu au remplacement des sénateurs inamovibles décédés ». A la suite du rejet de ces divers amendements, le texte de l'article 3 de la loi de revision a été voté par 494 voix contre 195 (séance du 13 août).

1. Le paragraphe 3 de l'article 1er de la loi constitutionnelle du

II

LOI DU 9 DÉCEMBRE 1884, SUR L'ORGANISATION DU SÉNAT ET LES ÉLECTIONS DES SÉNATEURS

Conformément à l'engagement pris par lui devant la commission de l'Assemblée nationale de présenter un projet de loi sur l'organisation du Sénat et les

16 juillet 1875 sur les rapports des pouvoirs publics, était ainsi conçu : « Le dimanche qui suivra la rentrée, des prières publiques seront adressées à Dieu dans les églises et dans les temples, pour appeler son secours sur les travaux des Assemblées ». Dans l'*exposé des motifs* du projet de loi de revision, le gouvernement expliquait l'abrogation de cette prescription de la manière suivante : « Nous croyons que cette clause est, par son caractère et sa nature, étrangère aux lois constitutionnelles, et qu'elle ne doit plus y figurer ». Après avoir entendu un discours de Mgr Freppel, qui soutint que « l'athéisme allait devenir la formule doctrinale de la République », et qu'on voulait « effacer le nom de Dieu de la Constitution, pour la mettre à l'unisson de la franc-maçonnerie »; et une réponse de M. de Pressensé, qui affirma que « rien n'est plus chrétien que la neutralité du pouvoir civil », l'Assemblée nationale adopta l'article 4 par 521 voix contre 180.

L'ensemble du projet de loi fut ensuite adopté, dans cette dernière séance du 13 août, par 509 voix contre 172. Avant d'ouvrir ce scrutin, on rejeta par la question préalable, un amendement de M. Floquet qui, interprétant l'article 8 de la loi constitutionnelle du 25 février 1875, déclarait que ledit article devait être entendu en ce sens « que le droit d'initiative et de décision, en matière d'ouverture de crédits ou d'établissement d'impôts, appartient exclusivement à la Chambre des députés ». (Pour la question préalable, 415 voix; contre, 261.) L'Assemblée nationale vota l'ordre du jour pur et simple sur un amendement de M. Bourgeois, tendant à l'abrogation ou à la modification de l'article 8 de la loi de germinal an X, aux termes duquel le chant du *Domine salvam fac Rempublicam* est obligatoire dans les églises. Elle refusa la prise en considération à une disposition additionnelle, présentée par MM. de Terves et des Rotours, et qui déclarait gratuit le mandat de sénateur et de député. Après le vote d'ensemble sur le projet de loi, le président déclara close la session de l'Assemblée nationale (mercredi 14 août 1884).

élections sénatoriales aussitôt après la clôture du Congrès, le Gouvernement déposa le projet dont il s'agit sur le bureau du Sénat, dans la séance du 16 août 1884, c'est-à-dire le dernier jour de la session ordinaire de 1884. Les dispositions essentielles de ce projet ayant été analysées dans notre commentaire de la loi de revision, d'après l'exposé des motifs présenté par le Gouvernement, il n'est pas nécessaire d'y revenir.

Dès le 17 octobre, au début de la session extraordinaire qui s'ouvrit le 14 du même mois, le Sénat nomma dans ses bureaux la commission chargée d'examiner le projet de loi. Six membres sur neuf acceptaient, les uns intégralement, les autres avec quelques modifications de pur détail, le système proposé par le ministère pour l'élection des sénateurs des départements. Les trois autres membres de la commission s'étaient prononcés dans leurs bureaux pour l'élection des sénateurs par tous les conseillers municipaux directement et pour la suppression des délégués. La majorité des membres de la commission (cinq contre quatre) était hostile à l'institution des inamovibles. Dans la séance du 28 octobre, M. Demôle, rapporteur, déposa et lut le rapport de la commission.

Après avoir constaté que le principe de l'élection au scrutin de liste par départements ne donnait lieu à aucune contestation, le rapport déclarait, dans les termes suivants, que la commission s'était trouvée en présence : « 1° D'un système qui attribuerait l'élection du Sénat, comme l'élection de la Chambre des députés, au suffrage universel. Ce système a fait l'objet d'un amendement présenté par l'honorable M. Naquet, après que les résolutions de votre commission avaient été définitivement arrêtées. Nous l'avions cependant discuté dès le début de nos travaux. Le respect que nous professons tous pour le principe fondamental de la souveraineté de la nation nous en faisait un devoir;

« L'exposé de la discussion dans les bureaux nous avait fait connaître d'ailleurs que cette opinion y avait été soutenue par plusieurs de nos collègues;

« 2° D'un système en vertu duquel le Sénat serait élu par des délégués, élus eux-mêmes, dans chaque commune, *par et parmi les électeurs*. A ces délégués seraient adjoints les députés et les conseillers généraux et d'arrondissement. Notre honorable collègue M. Dauphin nous a saisis d'une proposition dans ce sens;

« 3° Du système actuellement en vigueur, le collège électoral départemental se composant : 1° des députés; 2° des conseillers généraux; 3° des conseillers d'arrondissement; 4° des délégués élus, un par chaque conseil municipal, parmi les électeurs de la commune (loi du 24 février 1875, art. 4);

« 4° D'une proposition formulée séparément, mais dans les mêmes termes, par M. Marcel Barthe, d'une part, et par MM. Bozérian et Dufay, d'autre part.

« Cette proposition modifie la composition actuelle des collèges électoraux, en ce qu'aux délégués des conseils municipaux on substituerait tous les membres de ces conseils;

« 5° Et enfin du projet du Gouvernement qui maintient les collèges électoraux tels qu'ils sont établis, avec cette modification, assurément fort importante, que les conseils municipaux, au lieu d'un délégué unique, auraient à nommer des délégués en nombre déterminé par le chiffre de leurs membres. »

La commission repoussait l'élection du Sénat par le suffrage universel, en vertu de cette considération que, dans un pays où la nécessité du partage du pouvoir entre deux assemblées est reconnue et consacrée, on ne conçoit pas que ces deux assemblées aient une origine commune. Elle repoussait également le projet de M. Dauphin, parce qu'elle ne reconnaissait aucune supériorité à des délégués élus par le suffrage universel sur des délégués élus par les conseils municipaux et bien qualifiés pour parler au nom des communes; en second lieu, parce qu'il lui semblait à craindre que les électeurs n'accueillissent avec indifférence les nouveaux scrutins où leurs droits ne s'exerçaient plus que d'une manière indirecte. Enfin, la majorité de la commission refusait son adhésion aux projets de MM. Marcel Barthe, Bozérian et Dufay qui, en attribuant le droit d'élire les sénateurs à tous les membres des conseils municipaux, auraient décuplé le nombre des électeurs et conféré à ces corps municipaux une importance politique qu'on jugeait nuisible à l'intérêt des communes. Quoi qu'il en soit, la commission, par cinq voix contre trois, maintint le système des délégations municipales et se rallia au projet du Gouvernement, qui donnait à chaque commune un nombre de délégués déterminé par le nombre de ses conseillers municipaux. En ce qui concerne les inamovibles, le rapport se prononçait nettement pour leur suppression : « De toutes les réformes réclamées par l'opinion publique, c'est assurément celle-là, disait-il, qui s'est produite avec plus d'ensemble et d'énergie. Véritable cession de la souveraineté nationale, le mandat viager, dont l'exercice ne s'accompagne d'aucune responsabilité, constitue, dans un état démocratique, la plus choquante et la moins soutenable de toutes les anomalies ». Mais, si la commission condamnait l'institution des inamovibles, elle n'était pas moins hostile, sur ce point, au projet du Gouvernement qui tendait à faire nommer 75 sénateurs, pourvus d'un mandat de neuf ans, à la majorité des suffrages, par les deux Chambres, formant un seul collège, mais procédant au vote dans deux assemblées distinctes. A aucun prix le Sénat ne voulait admettre l'ingérence de l'autre Chambre dans la nomination d'une catégorie de sénateurs. Par 7 voix contre 2, la commission s'appropria le contre-projet de M. Marcel Barthe, portant qu'à l'avenir les 300 membres du Sénat auraient la même origine. A la majorité de 5 voix contre 4, elle consentait, d'ailleurs, à conserver les inamovibles actuels jusqu'à l'expiration naturelle de leur mandat.

Dans la même séance du 28 octobre, le Sénat vota l'urgence, sur la demande de la commission et malgré les protestations de la droite. La discussion générale commença dans la séance du 4 novembre. M. Fresneau (droite) prit la parole le premier et demanda au Sénat de repousser purement et simplement le projet de loi, et de ne pas voter le passage aux articles. M. Naquet défendit le système de l'élection du Sénat par le suffrage universel direct, avec le scrutin de liste par département, et annonça que, si ce système était rejeté, il se rallierait à celui du suffrage universel à deux degrés, proposé par M. Griffe. M. Schérer, président de la commission, prononça ensuite, en son nom personnel, un discours important où il défendit l'institution des inamovibles, et la présenta « comme un refuge pour le principe de l'indépendance parlementaire, comme une dernière barrière contre l'envahissement de ce système du mandat imposé et du compte rendu obligatoire que la commission a le tort d'admirer ». Après ce discours, la discussion générale fut déclarée close, et, par 167 voix contre 68, le passage à la discussion des articles fut prononcé.

Un contre-projet de M. Eymard-Duvernay ayant été retiré par son auteur, M. Lenoël développa celui qu'il avait présenté et qui tendait au maintien de l'élection de 75 sénateurs par le Sénat, mais avec cette innovation que le mandat de ces 75 sénateurs, au lieu d'être viager, ne serait plus que de neuf ans. Ainsi l'amendement dont il s'agit se rapprochait du projet du Gouvernement, en ce qu'il conservait deux catégories de sénateurs; la différence consistait en ce que M. Lenoël refusait d'admettre la Chambre à participer à l'élection des 75 sénateurs novennaires et réservait leur nomination au Sénat seul. Combattu par le rapporteur, le contre-projet donna lieu à plusieurs scrutins. La première partie : « Le Sénat se compose de 300 membres, 225 élus par les départements et les colonies, 75 élus par le Sénat... » fut adoptée par 126 voix contre 112. La seconde partie : « Ils sont élus pour neuf ans » fut également adoptée par 146 voix contre 86. Enfin le scrutin sur l'ensemble de l'amendement donna 138 voix pour et 114 contre. A la suite de ce vote, qui bouleversait toute l'économie du projet de loi, il fut renvoyé à la commission (5 novembre). Le rapporteur, M. Demôle, ayant donné sa démission, fut remplacé par M. Lenoël et, dans la séance du 7, on reprit la discussion. Elle se prolongea pendant les séances du 8 et du 10 novembre, avec divers incidents (dont le plus notable fut le rejet de la proposition Roger-Marvaise, tendant à la suppression des inamovibles en fonctions) et aboutit au vote à mains levées de l'ensemble du projet de loi du Gouvernement, modifié sur l'article 1er par l'amendement Lenoël, qui attribuait au Sénat la nomination des 75 sénateurs novennaires (10 novembre).

La Chambre fut saisie du projet le 12 novembre; le 25, M. Léon Renault déposa son rapport au nom de la commission. Sur la demande de M. Waldeck-Rousseau, ministre de l'intérieur, l'urgence fut déclarée dans la séance du 29 novembre, et, après la clôture de la discussion générale, qui ne donna lieu qu'à un discours de M. Maxime Lecomte, concluant à l'élection du Sénat par le suffrage universel, on aborda immédiatement la discussion des amendements sur l'article 1er du projet. La Chambre rejeta d'abord un amendement de M. Papinaud qui proposait de substituer à la disposition de l'article 1er, portant que « le Sénat se compose de 300 membres », ce principe que le nombre des sénateurs de chaque département serait proportionnel à la population, chaque fraction de 150 000 habitants donnant droit à un sénateur, et chaque fraction supérieure à 25 000 habitants donnant droit à un sénateur de plus. M. Achard développa ensuite un autre amendement qui réclamait la suppression des inamovibles. Cet amendement ayant été pris en considération par 269 voix contre 215 et renvoyé à la commission, la commission demanda et obtint l'ajournement de la discussion au 1er décembre, afin d'avoir le temps de délibérer sur la proposition Achard.

Dans la séance du 1er décembre, le rapporteur,

M. Léon Renault, déclara qu'après avoir entendu le ministre de l'intérieur, la commission proposait, par 7 voix contre 3, le rejet de l'amendement Achard. A la suite d'une longue discussion, la Chambre revint sur son vote de la veille et rejeta l'amendement par 263 voix contre 234, grâce à l'intervention énergique du ministre de l'intérieur. Elle vota ensuite, par 271 voix contre 48, le paragraphe 2 de l'article 1er, puis l'ensemble de l'article. L'article 2 ne donna lieu à aucune discussion et l'article 3 fut également voté, après le rejet d'un amendement de M. Bernard-Lavergne. Quant à l'article 4, il souleva plus de difficultés. Un amendement, signé de MM. Bernard-Lavergne, Bovier-Lapierre et Cavalié, tendait à introduire dans la loi le principe de l'incompatibilité entre le mandat de sénateur et l'exercice des fonctions publiques rétribuées par l'État. La première partie de l'amendement ayant été adoptée par 252 contre 239, l'amendement tout entier fut renvoyé à la commission.

Le lendemain (2 décembre) la discussion continua et la Chambre prit en considération, par 340 voix contre 102, un amendement présenté au cours de la discussion par M. Perras et qui proposait d'ajouter à la première partie de l'amendement Bernard-Lavergne les mots suivants : « ... Sauf les exceptions qui s'appliquent actuellement à la Chambre des députés ». Ce vote entraîna un nouveau renvoi à la commission et, par voie de conséquence, on réserva aussi l'article 5 du projet qui touchait à la question des incompatibilités militaires.

Sur l'article 6, qui règle le mode d'élection des sénateurs, MM. Floquet, Andrieux et plusieurs de leurs collègues avaient déposé une proposition ainsi conçue : « Les sénateurs sont élus à la majorité des suffrages, au scrutin de liste, par le suffrage universel et direct ». A l'appui de son amendement, M. Floquet rappela que la majorité de l'Assemblée nationale de 1871 avait donné ses suffrages à la proposition de M. Thiers et de M. Dufaure, qui confiait au suffrage universel l'élection des sénateurs; et que cette proposition n'échoua finalement que par suite de l'intervention du maréchal de Mac-Mahon qui, dans un message, menaça de donner sa démission si l'Assemblée maintenait son vote. L'orateur ajouta que, malgré la question préalable, systématiquement opposée aux amendements qui violaient le contrat, l'amendement Bernard-Lavergne n'avait été repoussé au Congrès de 1884 que par une majorité de 91 voix et grâce aux votes de 140 sénateurs. M. Floquet critiqua vivement l'institution du Sénat qui, suivant lui, ne représentait que les électeurs privilégiés et constituait une oligarchie dans l'État, une résurrection des idées fédéralistes dans une France modifiée par la Révolution française. Il énuméra tous les votes émis par le Sénat en opposition avec ceux de la Chambre, et soutint que la coexistence d'une assemblée élue par les délégués des communes et d'une assemblée élue par le suffrage universel était attentatoire au principe de la souveraineté nationale. M. Waldeck-Rousseau, ministre de l'intérieur, combattit l'amendement Floquet; il reproduisit cet argument qui consiste à dire qu'il est impossible de concevoir comment deux assemblées distinctes « se différencieraient seulement en ce que l'une viendrait siéger au palais Bourbon, et l'autre au Luxembourg », le mode d'élection étant le même. Si un conflit éclatait entre ces deux assemblées, on pourrait se demander, dit le ministre, laquelle représente véritablement le pays. « Le premier mouvement de la seconde serait de faire disparaître la première. » Ainsi l'amendement tend évidemment à n'avoir qu'une Chambre, et dans ses professions de foi, M. Floquet s'est d'ailleurs déclaré partisan de ce système. En terminant, le ministre fit l'éloge du régime « qui a fonctionné depuis 1875, avec des entraves d'abord, avec toute liberté ensuite, est entré dans les habitudes de la vie publique et fait aujourd'hui véritablement partie des franchises communales de la France ».

Après une réplique de M. Floquet, l'amendement fut voté par 267 voix contre 250. Ce vote, qui changeait complètement le caractère de la loi, entraîna la démission immédiate du rapporteur, M. Léon Renault, et le renvoi de la discussion au surlendemain.

Le 4 décembre, la séance s'ouvrit par une déclaration de M. Bernard-Lavergne, président de la commission, qui annonça que M. Léon Renault avait consenti à reprendre ses fonctions de rapporteur. La Chambre adopta ensuite l'amendement de MM. Bovier-Lapierre et Bernard-Lavergne et celui de M. Perras, qui avaient été renvoyés à la commission dans la séance du 29 novembre et se confondaient dans la rédaction suivante : « L'exercice des fonctions publiques rétribuées par l'État ou dont les titulaires sont nommés par le Gouvernement, est incompatible avec le mandat de sénateur, sauf les exceptions qui s'appliquent actuellement à la Chambre des députés ».

Ainsi complété, l'article 4 fut voté, de même que l'article 5. C'est sur l'article 6 que M. Floquet, fort du premier vote de la Chambre, proposait tout un contre-projet pour l'application du principe du suffrage universel aux élections sénatoriales. M. Léon Renault déclara, au nom de la commission, qu'elle laissait la Chambre libre de voter ou de ne pas voter le contre-projet dont il s'agit. Malgré l'intervention du président du conseil, l'Assemblée adopta les articles du contre-projet Floquet, destinés à remplacer les articles 7 à 11 du projet de la commission, et vota l'ensemble de la loi ainsi modifiée. A la suite d'un discours de M. Raoul Duval, la droite s'était associée à l'extrême gauche pour consacrer le principe du suffrage universel.

Dès le lendemain, 5 décembre, le Sénat fut saisi du projet, et M. Demôle, rapporteur, résuma dans les termes suivants les modifications apportées par la Chambre des députés au texte primitif : « En premier lieu, la Chambre n'admet pas le droit que vous aviez attribué au Sénat de procéder lui-même à la nomination d'un quart de ses membres. En deuxième lieu, au mode électoral institué par la loi du 24 février 1875 et maintenu par vous avec quelques modifications, la Chambre substitue l'élection par le suffrage universel et direct. Enfin, elle a pensé qu'il convient d'introduire dans la loi en discussion une disposition relative aux incompatibilités ». Sur le premier point, la commission, restant fidèle au sentiment qu'elle avait exprimé dans son premier rapport, proposa de décider qu'à l'avenir les 300 sénateurs seraient élus de la même manière par les départements et les colonies. Sur le deuxième point, formation du corps électoral, la préférence donnée par la Chambre au suffrage universel et direct ne parut pas justifiée à la commission sénatoriale. Elle persistait à penser que la combinaison électorale qui faisait choisir les sénateurs par des corps issus du suffrage universel direct respectait absolument « toutes les notions qui, dans un état démocratique, doivent présider à la formation des pouvoirs publics ». En attribuant aux deux assemblées qui exercent en France le pouvoir législatif une origine commune, on aboutirait fatalement « à la confusion des deux Chambres ou à l'absorption de l'une par l'autre ». En ce qui concerne les incompatibilités, la commission proposait de substituer à la rédaction adoptée par la Chambre la disposition transitoire qui suit : « Dans le cas où une loi spéciale sur les incompatibilités parlementaires ne serait pas votée au moment des prochaines élections sénatoriales, l'article 8 de la loi du 30 novembre 1875 serait applicable à ces élections ». Enfin, le rapport se terminait par cette déclaration, aussi brève dans la forme qu'elle était importante au fond : « Nous devons ajouter que, dans l'article 6 de notre projet, nous nous sommes rapprochés des chiffres proposés par la commission de la Chambre des députés, quant au nombre des délégués ».

A la suite de la lecture de ce rapport, la commission demanda au Sénat de fixer au lendemain la discussion sur le nouveau texte. La séance du 5 décembre fut terminée par la lecture d'un rapport de M. Demôle, au nom de la commission chargée d'examiner la proposition de loi de MM. Demôle, Bozérian et Ferrouillat, tendant à suspendre l'effet de l'article 7 de la loi du 24 février 1875 sur le remplacement des sénateurs inamovibles[1]. Partant de ce point, que l'institution

1. L'article 7 de la loi du 24 février 1875 relative à l'organisation du Sénat était ainsi conçu : « Les sénateurs élus par l'Assem-

des inamovibles était d'ores et déjà condamnée par le Parlement, la commission proposait l'adoption de l'article unique de la proposition de loi, qui présentait la rédaction suivante : « Il ne sera procédé à l'élection d'aucun sénateur inamovible tant qu'il n'aura pas été statué sur le projet de loi tendant à modifier les lois organiques sur la composition du Sénat et les élections des sénateurs ». Cet article fut adopté sans discussion par 111 voix contre 103.

Dans la séance du 6 décembre, le Sénat commença l'examen du projet remanié par la Chambre, ou plutôt du nouveau texte de la commission sénatoriale. La discussion générale fut ouverte et l'on put croire un moment qu'elle allait être close sans débat. Cependant, M. de Lareinty monta à la tribune et fit entendre, au milieu du bruit, une protestation contre la suppression des inamovibles, ainsi que contre les changements successifs apportés dans le nombre des délégués sénatoriaux. Il termina en faisant appel au suffrage universel.

Après M. de Lareinty, M. Audren de Kerdrel prononça un discours important où l'orateur examina en détail les différents projets mis en avant pour remplacer la loi de 1875 : celui de M. Naquet, celui de M. Dauphin, celui de MM. Bozérian, Marcel Barthe et Bardoux. M. de Kerdrel blâma le Gouvernement et le Sénat d'avoir préféré à ces systèmes « les expédients, les petits moyens qui produisent quelquefois de grands résultats; enfin ce que le ministre de l'intérieur appelait sa méthode électorale ». Il fit l'histo-

blée sont inamovibles. En cas de vacance par décès, démission ou autre cause, il sera, dans les deux mois, pourvu au remplacement par le Sénat lui-même ».

rique des variations du Parlement et de ses commissions, en ce qui concerne les proportions adoptées pour la fixation du nombre des délégués, et prétendit que ces changements successifs avaient paru motivés par le désir d'exclure de la haute Assemblée des sénateurs désagréables au Gouvernement.

La discussion générale fut déclarée close après ce discours, et le Sénat vota sans discussion les articles 1 à 4 du projet. Sur l'article 5, il y eut quelques débats. M. Fresneau demanda le renvoi de l'article à la loi sur les incompatibilités, mais cette proposition fut repoussée par 135 voix contre 91. Le général Billot proposa un paragraphe additionnel qui fut également repoussé.

On passa ensuite à la discussion de l'article 6. Deux amendements avaient été déposés : l'un, signé de MM. Le Guay, Lambert Sainte-Croix, Delbreil, duc de Broglie, consistait à mettre après les mots : *Les sénateurs sont élus au scrutin de liste* : ceux-ci *par le suffrage universel*; l'autre, présenté par M. Naquet, qui ajoutait après les mots « les sénateurs sont élus » ceux-ci : « par le suffrage universel ». M. Naquet développa de nouveau son amendement, en s'appuyant sur le vote de la Chambre, et discuta les arguments produits devant l'autre Assemblée par M. Waldeck-Rousseau, ministre de l'intérieur. Subsidiairement, l'orateur se déclara favorable au système de l'élection à deux degrés, les délégués étant choisis par le suffrage universel en nombre proportionnel au chiffre des électeurs inscrits. Il critiqua l'élection des délégués par des corps non politiques, tels que les conseils municipaux, et dit que ce système aboutissait à confier l'élection des sénateurs « à la pire des oligarchies ».

Jules Ferry, président du conseil, réfuta la thèse de M. Naquet; il fit l'éloge du Sénat, qu'il présenta, étant donnée son organisation actuelle, comme « un des meilleurs éléments de conservation de la République », mais, en même temps, comme une Chambre de contrôle, qui ne peut avoir la prétention de renverser les ministres, tandis qu'un Sénat élu au scrutin de liste par le suffrage universel « prendrait, dans l'ordre législatif, la même initiative que la Chambre issue du suffrage universel direct ». M. Léon Say vint déclarer qu'il voterait l'amendement Naquet, bien qu'il fût lui-même partisan du système des deux Chambres. Il protesta contre la théorie du président du conseil qui faisait du Sénat une Chambre subordonnée « en face d'une Chambre investie de tous les pouvoirs », et adressa au projet du Gouvernement et de la commission le reproche de n'être fondé sur aucun principe, de tendre à créer *un pays légal*, au lieu de faire sortir le Sénat de la nation elle-même. Puisqu'on avait abandonné le système de la représentation égale des communes, il convenait, suivant l'orateur, de confier au suffrage universel, combiné avec le scrutin de liste, l'élection des sénateurs, la Chambre des députés étant nommée par le suffrage universel, combiné avec le scrutin d'arrondissement. A la suite de cette vive discussion, l'amendement Naquet fut soumis à la prise en considération. Le Sénat la refusa par assis et levé, après une première épreuve déclarée douteuse. Il rejeta ensuite, par 144 voix contre 93, un amendement de M. de Lareinty qui demandait « que les sénateurs fussent élus par un collège d'électeurs nommés directement par le suffrage universel, à la commune ».

Au début de la séance du 8 décembre, on aborda la discussion de l'amendement de M. Marcel Barthe à l'article 6 du projet. La partie originale de cet amendement consistait à faire élire les sénateurs, dans les communes chefs-lieux de département et dans les villes de 20 000 habitants et au-dessus, par tous les conseillers municipaux votant directement. M. Marcel Barthe, après avoir expliqué les motifs de sa proposition, déclara la retirer, parce qu'il n'avait pas trouvé un appui suffisant pour la faire adopter.

M. Léon Say vint ensuite soutenir un amendement subsidiaire, en exprimant le regret que le Sénat n'eût pas accordé le droit d'élire les sénateurs à tous les conseillers municipaux. Cet amendement était ainsi conçu : « Les conseils composés de 10 membres éliront 1 délégué ; — Les conseils composés de 16 membres éliront 3 délégués ; — Les conseils composés de 21 membres éliront 4 délégués ; — Les conseils composés de 23 membres éliront 5 délégués ; — Les conseils composés de 27 membres éliront 6 délégués ; — Les conseils composés de 30 membres éliront 7 délégués ; — Les conseils composés de 32 membres éliront 8 délégués ; — Les conseils composés de 34 membres éliront 9 délégués ; — Les conseils composés de 36 membres éliront 10 délégués ; — Le Conseil municipal de Paris désignera 20 délégués. — Le reste comme au projet ». L'orateur, après avoir constaté que l'on avait abandonné le système de la proportionnalité et condamné le système de la représentation des communes, qualifia d'arbitraires toutes les autres combinaisons. Examinant spécialement la progression présentée par le Gouvernement, M. Léon Say dit qu'elle ne « paraît avoir d'autre intérêt arithmétique

que d'être composée de nombres qui sont divisibles par 3 ». Il opposa à l'échelle de la commission, celle de l'amendement dont les échelons ne sont séparés les uns des autres que par une unité, au lieu de l'être par plusieurs. Il conclut en déclarant qu'il n'y avait pas à hésiter entre cette série *naturelle* et la série *pyramidale* que proposait le gouvernement. Cet amendement fut combattu d'abord par le rapporteur et ensuite par M. Waldeck-Rousseau, ministre de l'intérieur. Le ministre constata d'abord que M. Léon Say, après avoir réclamé l'élection des sénateurs par le suffrage universel au scrutin de liste, c'est-à-dire en vertu du mode électoral le plus large qu'on puisse concevoir, proposait maintenant de revenir au collège le plus restreint. M. Waldeck-Rousseau expliqua ensuite que le Gouvernement avait d'abord donné ses préférences au système de la progression par unités, en ce qui concerne le nombre des délégués, mais qu'il s'était rallié aux modifications demandées par la commission sénatoriale. Quant à la Chambre des députés, elle s'était bornée à augmenter de 691 le nombre des délégués : ce n'était pas là une raison suffisante pour provoquer un conflit entre les deux Chambres. Malgré les observations de M. Bardoux, qui fit remarquer que l'extension du nombre des électeurs pouvait exercer une influence décisive sur 50 ou 60 élections, et qu'en conséquence, il était préférable de s'en tenir à la progression la plus faible dans l'échelle des délégués, l'amendement Léon Say fut repoussé par 153 voix contre 106, ainsi qu'un amendement de M. Clément qui proposait le rétablissement d'une partie des proportions votées par le Sénat lors de la première délibération (147 voix contre 121).

M. Wallon prit ensuite la parole pour réfuter les considérations développées par le président du conseil dans la séance du 6 décembre, relativement au rôle et aux attributions du Sénat. L'orateur expliqua dans quelles conditions son amendement « qui a été la pierre angulaire de la Constitution de 1875 » avait été voté par l'Assemblée nationale. Il protesta contre cette affirmation de M. Jules Ferry « qu'une institution inventée, imaginée et dressée contre la République, *par ses ennemis les plus implacables* devint son plus ferme appui », et rappela que l'article 1er du projet sur l'organisation du Sénat, présenté par M. Wallon et plusieurs de ses collègues, après le rejet de l'amendement Pascal Duprat, qui confiait au suffrage universel l'élection des sénateurs, avait été voté par la gauche tout entière, y compris des républicains avancés comme M. Lockroy, et par une grande partie du centre droit. M. Wallon, dans ce discours, nia ensuite l'opportunité de la revision et déplora l'abandon de l'institution sénatoriale « à tous les hasards des propositions qui peuvent se produire dans l'avenir ». Il qualifia la suppression des inamovibles de *faute capitale*; soutint que le système de la représentation égale des communes était préférable à celui de la proportionnalité sans règles fixes, qui n'avait, suivant lui, d'autre but que de faire sortir du Sénat quelques personnalités gênantes, et reprocha au président du conseil d'être « venu prêcher à la tribune la théorie de l'abaissement, de la subordination du Sénat ». Le président du conseil, dans sa réplique, déclara qu'il pensait seulement que l'esprit de contrôle, de sagesse et de mesure appartenait plutôt au Sénat; tandis qu'à la Chambre « appartenait plus particulièrement l'esprit d'innovation », sans qu'une des deux Assemblées fût d'ailleurs subordonnée à l'autre. M. Jules Ferry termina par un éloge de cette revision limitée qui, après une campagne de huit mois, allait consolider le rôle du Sénat et lui donner « la popularité qui lui a manqué à certaines époques ». Le Sénat, à la suite de cette longue discussion, adopta l'ensemble de l'article 6 par 151 voix contre 86. Les articles 7, 8 et 9 ne donnèrent lieu à aucune difficulté et l'on arriva *aux dispositions transitoires*. M. Demôle, rapporteur, expliqua, au nom de la commission, les motifs qui l'avaient décidée à proposer d'inscrire à la suite de la disposition transitoire (qui appliquait aux élections sénatoriales de janvier 1885 les dispositions de l'article 8 de la loi du 30 novembre 1875) un paragraphe additionnel, destiné à régler la situation des sénateurs qui allaient sortir au mois de janvier suivant. Il n'y eut à cet égard aucune discussion. Avant le vote final, M. de Carné et M. Buffet posèrent une question au sujet de la date des prochaines élections sénatoriales. M. Waldeck-Rousseau répondit que le Sénat ayant été élu le 30 janvier 1876, le mandat des sénateurs sortants expirait à pareille date en 1885, mais que le gouvernement se réservait la faculté de faire les élections avant l'expiration de ce délai. Enfin, le Sénat adopta l'ensemble du projet de loi, au scrutin secret par appel nominal. Sur 160 votants, il y eut 136 voix pour, et 24 contre le projet.

Immédiatement transmis à la Chambre des députés le lundi 8 décembre, le texte modifié par le Sénat fut examiné à la hâte par la commission compétente, qui se réunit dans la matinée du 8, et, à la séance du même jour, M. Léon Renault déposait et lisait son rapport. Ce document rappelait les concessions faites par le Sénat à la Chambre : la suppression des inamovibles, l'application aux élections sénatoriales des cas d'incompatibilité édictés pour les élections législatives, enfin l'augmentation du nombre des délégués des communes. La commission approuvait nettement le refus du Sénat de remettre l'élection des sénateurs au suffrage universel et proposait d'adopter sans changement la loi votée par l'autre Chambre. Lecture du nouveau texte fut donnée par le rapporteur et la discussion s'ouvrit immédiatement. En réalité, il n'y avait qu'une question à vider, celle de savoir si la Chambre persisterait dans son vote sur l'application du suffrage universel aux élections sénatoriales. M. Floquet vint de nouveau défendre son amendement. Abandonnant le terrain théorique et l'examen des textes, il développa uniquement des considérations politiques et accusa le président du conseil d'avoir seul empêché la ratification par le Sénat du principe du suffrage universel. Déjà le Gouvernement avait par deux fois demandé à la Chambre de changer d'opinion. Elle ne pouvait prendre la responsabilité de repousser une réforme capitale, « la plus démocratique qui aurait été faite depuis 1870 », alors que cette réforme était mûre et qu'il était aisé de l'obtenir. Il ne fallait pas, suivant l'orateur, se laisser retenir « par les considérations contingentes » et craindre de renverser un ministère dont l'intérêt ne s'identifiait pas avec celui de la République. Le président du conseil répondit à M. Floquet. Il fit d'abord l'éloge des conseils municipaux, qu'il appela « les véritables assemblées primaires de la nation française », et refusa de voir en eux une *oligarchie*, une *forme du pays légal.* En faveur des assemblées issues du suffrage à deux degrés, M. Jules Ferry invoqua l'exemple de l'Assemblée constituante et de la Convention, ainsi que les pratiques constitutionnelles de la Suisse et des États-Unis, qui « font entrer dans la constitution du pouvoir législatif le suffrage à deux degrés ». Il soutint que si le Sénat était élu par le suffrage universel, au scrutin de liste, la Chambre des députés issue du scrutin d'arrondissement deviendrait vite une assemblée *dirigée* au lieu d'être une Assemblée *dirigeante*. Après avoir exposé de nouveau les concessions faites à la Chambre par le Sénat, le chef du cabinet dit qu'il fallait choisir entre la politique pratique, la politique d'accord avec l'autre Assemblée, et la politique du tout ou rien. Il termina en posant nettement la question ministérielle et en déclarant que le cabinet ne voulait pas faire les élections sénatoriales avec la législation de 1875. Malgré une réplique de M. Floquet, la majorité se déjugea et, docile aux objurgations du Gouvernement, repoussa l'amendement Floquet par 280 voix contre 227.

Ce vote important entraînait l'adoption de tout le projet de loi. Un amendement de M. Calla proposant de substituer aux délégués des conseils municipaux tous les conseillers municipaux de chaque département, n'obtint que 100 voix contre 310. M. Camille Pelletan n'eut pas plus de succès en protestant contre la loi, qu'il traita de « sophistication du mécanisme électoral suivant les intérêts électoraux de la majorité », et la Chambre adopta le texte de l'article 6. Répondant ensuite à une question de M. Jolibois, qui demandait au ministre de l'intérieur s'il compléterait avant les élections les conseils municipaux où s'étaient produits des vides, M. Waldeck-Rousseau déclara que si l'un des articles de la loi de 1884 sur les conseils municipaux faisait une obligation au Gouvernement de compléter les conseils municipaux pour la nomination des maires et adjoints, aucune prescription analogue ne figurait dans la loi organique du Sénat. Le ministre promit seulement « de concilier son obligation légale de faire les élections sénatoriales dans un certain délai avec son désir de ne pas priver les populations d'une partie de la représentation à laquelle elles ont droit ». Les articles 7, 8 et 9 furent votés sans difficulté et, après le rejet d'un amendement de MM. Bovier-Lapierre, Cavalié et Bernard-Lavergne à la disposition transitoire, la Chambre des députés adopta l'ensemble du projet par 318 voix contre 132. La loi, devenue ainsi définitive, a été promulguée au *Journal officiel* du 10 décembre 1884.

ARTICLE 1er. — Le Sénat se compose de trois cents membres élus par les départements et les colonies.

Les membres actuels, sans distinction entre les sénateurs élus par l'Assemblée nationale ou le Sénat et ceux qui sont élus par les départements et les colonies, conservent leur mandat pendant le temps pour lequel ils ont été nommés[1].

1. Lors de la première délibération au Sénat, M. Roger-Marvaise, dans la séance du 7 novembre, développa un amendement par lequel l'honorable sénateur demandait la suppression des inamovibles *en fonctions* et la répartition de leurs sièges entre les trois séries de départements. La majorité de la commission s'était ralliée à cet amendement et le rapporteur, en le combattant, ne représentait que la minorité; mais M. Waldeck-Rousseau, ministre de l'intérieur, appuya les conclusions du rapporteur et présenta l'amendement Roger-Marvaise comme de nature à « aller au delà » de la réforme projetée par le Gouvernement, de même que le

ART. 2. — Le département de la Seine élit dix sénateurs. Le département du Nord élit huit sénateurs.

Les départements des Côtes-du-Nord, Finistère, Gironde, Ille-et-Vilaine, Loire, Loire-Inférieure, Pas-de-Calais, Rhône, Saône-et-Loire, Seine-Inférieure élisent chacun cinq sénateurs.

L'Aisne, Bouches-du-Rhône, Charente-Inférieure, Dordogne, Haute-Garonne, Isère, Maine-et-Loire, Manche, Morbihan, Puy-de-Dôme, Seine-et-Oise, Somme élisent chacun quatre sénateurs.

L'Ain, Allier, Ardèche, Ardennes, Aube, Aude, Aveyron, Calvados, Charente, Cher, Corrèze, Corse, Côte-d'Or, Creuse, Doubs, Drôme, Eure, Eure-et-Loir, Gard, Gers, Hérault, Indre, Indre-et-Loire, Jura, Landes, Loir-et-Cher, Haute-Loire, Loiret, Lot, Lot-et-Garonne, Marne, Haute-Marne, Mayenne, Meurthe-et-Moselle, Meuse, Nièvre, Oise, Orne, Basses-Pyrénées, Haute-Saône, Sarthe, Savoie, Haute-Savoie, Seine-et-Marne, Deux-Sèvres, Tarn, Var, Vendée, Vienne, Haute-Vienne, Vosges, Yonne élisent chacun trois sénateurs.

Les Basses-Alpes, Hautes-Alpes, Alpes Maritimes, Ariège Cantal, Lozère, Hautes-Pyrénées, Pyrénées-Orientales, Tarn-et-Garonne, Vaucluse élisent chacun deux sénateurs.

Le territoire de Belfort, les trois départements de l'Algérie, les quatre colonies de la Martinique, de la Guadeloupe, de la Réunion et des Indes françaises élisent chacun un sénateur.

ART. 3. — Dans les départements où le nombre des sénateurs est augmenté par la présente loi, l'augmentation s'effectuera à mesure des vacances qui se produiront parmi les sénateurs inamovibles.

A cet effet, il sera, dans la huitaine de la vacance, procédé en séance publique à un tirage au sort pour déterminer le département qui sera appelé à élire un sénateur.

Sénat était resté, d'après lui, « en deçà du projet » par l'adoption de l'amendement Lenoël. A la suite de ces observations du ministre, le Sénat repoussa la proposition de M. Roger-Marvaise et vota par 132 voix contre 120 l'ensemble de l'article 1er, avec la rédaction qui est restée définitive.

Cette élection aura lieu dans le délai de trois mois à partir du tirage au sort; toutefois, si la vacance survient dans les six mois qui précèdent le renouvellement triennal, il n'y sera pourvu qu'au moment de ce renouvellement.

Le mandat ainsi conféré expirera en même temps que celui des autres sénateurs appartenant au même département.

ART. 4. — Nul ne peut être sénateur s'il n'est Français, âgé de quarante ans au moins, et s'il ne jouit de ses droits civils et politiques.

Les membres des familles qui ont régné sur la France sont inéligibles au Sénat[1].

ART. 5. — Les militaires des armées de terre et de mer ne peuvent être élus sénateurs.

Sont exceptés de cette disposition :

1° Les maréchaux de France et les amiraux;

2° Les officiers généraux maintenus sans limite d'âge dans la première section de l'état-major général et non pourvus de commandement;

3° Les officiers généraux ou assimilés, placés dans la 2e section du cadre de l'état-major général;

4° Les militaires des armées de terre et de mer qui

1. Nous avons dit que, dans sa séance du 4 décembre, la Chambre avait adopté les amendements Bovier-Lapierre et Perras qui ajoutaient à *l'article 4* le paragraphe suivant, accepté par la commission et le Gouvernement : « L'exercice des fonctions publiques rétribuées sur les fonds de l'État ou dont les titulaires sont nommés par le Gouvernement, est incompatible avec le mandat de sénateur, sauf les exceptions qui s'appliquent actuellement à la Chambre des députés ». Le Sénat, dans sa séance du 5 décembre, avait été saisi du texte modifié par la Chambre. Dans son rapport, la commission sénatoriale (*Journal officiel* du 6 décembre, p. 1828) commet un *lapsus*, en disant que le paragraphe cité plus haut avait été ajouté par la Chambre à l'article 5 du projet, alors que les amendements Bovier-Lapierre et Perras se rattachaient à l'article 4. (Voir le *Journal officiel* du 5 décembre, p. 2570.) Le rapport n'explique pas nettement qu'il propose d'enlever à l'article dont il s'agit le complément voté par la Chambre et de le remplacer par la disposition transitoire qui termine le nouveau texte du projet remanié par la commission sénatoriale.

appartiennent soit à la réserve de l'armée active, soit à l'armée territoriale [1].

Art. 6. — Les sénateurs sont élus au scrutin de liste, quand il y a lieu, par un collège réuni au chef-lieu de département ou de la colonie et composé :

1° Des députés;

2° Des conseillers généraux;

3° Des conseillers d'arrondissement;

4° Des délégués élus parmi les électeurs de la commune par chaque conseil municipal.

Les conseils composés de 10 membres éliront 1 délégué;

Les conseils composés de 12 membres éliront 2 délégués;

Les conseils composés de 16 membres éliront 6 délégués;

Les conseils composés de 23 membres éliront 9 délégués;

Les conseils composés de 27 membres éliront 12 délégués;

1. Dans la séance du 6 décembre 1884, le général Billot, sous la forme d'un paragraphe additionnel à l'article 5, proposa une exception nouvelle au principe de l'inéligibilité des militaires. Elle tendait à déclarer éligibles au Sénat les anciens ministres de la guerre et de la marine. Malgré l'opposition du général Campenon, ministre de la guerre, le paragraphe additionnel fut pris en considération et renvoyé à la commission. Après une suspension de séance, le rapporteur de la commission demanda le rejet de la disposition présentée par le général Billot, et ce rejet fut voté par 129 voix contre 107, le ministre de la guerre ayant affirmé qu'il ne fallait pas mettre des intérêts personnels en balance avec les intérêts généraux de l'armée et avec le principe que tous les militaires de l'armée active doivent être tenus en dehors de la politique. Lors de la première discussion au Sénat, le général Pellissier et le colonel Meinadier avaient demandé en vain qu'aux exceptions spécifiées par l'article 5 on ajoutât un paragraphe permettant *aux généraux de division et aux vice-amiraux* de poser leur candidature au Sénat. « Évitons, disait le général Pellissier, le spectacle fâcheux et pénible qui s'est produit dans une autre enceinte quand on a discuté la loi sur le recrutement. Si notre amendement était repoussé, le Sénat ne tarderait pas à descendre au niveau de la Chambre des députés, en ce qui concerne les questions militaires. » En présence de l'opposition du général Campenon, cet amendement avait été repoussé par 103 voix contre 72 (7 novembre 1884).

Les conseils composés de 30 membres éliront 15 délégués;

Les conseils composés de 32 membres éliront 18 délégués;

Les conseils composés de 34 membres éliront 21 délégués;

Les conseils composés de 36 membres et au-dessus éliront 24 délégués.

Le conseil municipal de Paris élira 30 délégués.

Dans l'Inde française, les membres des conseils locaux sont substitués aux conseillers d'arrondissement. Le conseil municipal de Pondichéry élira 5 délégués. Le conseil municipal de Karikal élira 3 délégués. Toutes les autres communes éliront chacune 2 délégués.

Le vote a lieu au chef-lieu de chaque établissement[1].

1. Voici le texte de l'article 6 du premier projet de la commission du Sénat, dont l'ensemble, modifié par l'amendement Lenoël, avait été adopté dans la séance du 10 novembre 1884 :

Art. 6. — Les sénateurs sont élus au scrutin de liste, quand il y a lieu, par un collège réuni au chef-lieu du département ou de la colonie et composé :

1° Des députés;

2° Des conseillers généraux;

3° Des conseillers d'arrondissement;

4° Des délégués élus parmi les électeurs de la commune par chaque conseil municipal.

« Les conseils composés de 10 membres éliront 1 délégué; — les conseils composés de 16 membres éliront 3 délégués; — les conseils composés de 21 membres éliront 5 délégués; — les conseils composés de 23 membres éliront 7 délégués; — les conseils composés de 27 membres éliront 9 délégués; — les conseils composés de 30 membres éliront 11 délégués; — les conseils composés de 32 membres éliront 13 délégués; — les conseils composés de 34 membres éliront 15 délégués; — les conseils composés de 36 membres et au-dessus éliront 17 délégués; — le conseil municipal de Paris élira 25 délégués.

« Dans l'Inde française, les membres des conseils locaux sont substitués aux conseillers d'arrondissement. Le conseil municipal de Pondichéry élira 3 délégués. Le conseil municipal de Karikal élira 2 délégués. Toutes les autres communes éliront chacune 1 délégué. Le vote a lieu au chef-lieu de chaque établissement. »

Il faut remarquer que la commission du Sénat avait augmenté le

Art. 7. — Les membres du Sénat sont élus pour neuf années.

Le Sénat se renouvelle tous les trois ans, conformément

nombre de délégués accordés à chaque commune, car le projet du Gouvernement n'accordait que 4 délégués aux conseils municipaux de 21 membres; 5 aux conseils municipaux de 23 membres; 6 aux conseils de 27 membres; 7 aux conseils de 30 membres, et ainsi de suite, en progressant, pour chaque catégorie, d'une seule unité, au lieu que la commission procédait par augmentation de deux délégués.

Nous croyons devoir reproduire ici un passage du discours prononcé par un orateur de la droite du Sénat, l'honorable M. Audren de Kerdrel, qui, dans la séance du 6 décembre (*J. Off.* du 7), a résumé de la façon suivante les changements apportés par les commissions des deux Chambres aux dispositions votées par le Sénat, en ce qui concerne le nombre des délégués : « Vous avez tous lu le rapport de l'honorable M. Léon Renault. Il n'y a rien de changé pour les conseils municipaux de 16 à 21 membres; mais, à partir des conseils qui comptent 23 membres, la proportionnalité ascendante augmente considérablement. *Les conseils de 23 membres ont 7 délégués au lieu de 5; ceux de 27, 11 au lieu de 7*; ceux de 30, 15 au lieu de 11. La progression est de 4 unités par catégorie, au lieu de 2. Les conseils de 32 membres, 19 au lieu de 13, ceux de 34, 23 au lieu de 15; pour finir, après la progression de 4 par une progression de 6. Enfin, Paris aurait 40 délégués. Vous voyez que nous n'en sommes plus à la première méthode ». L'orateur rappelle ensuite qu'après l'adoption par la Chambre de l'amendement Floquet, qui appliquait le principe du suffrage universel aux élections sénatoriales, le Gouvernement et la commission du Sénat, décidés à repousser cette innovation, ont cherché un moyen d'amener la Chambre à y renoncer, en se rapprochant, suivant une expression de M. Demôle, des proportionnalités adoptées par cette assemblée. « A partir des conseils municipaux de 21 membres — jusque-là rien de changé — ces conseils éliraient six délégués, au lieu des 5 du premier projet, au lieu des 4 du projet du ministre, et des 5 du projet Léon Renault. Voilà que nous devenons plus royalistes que le roi, car M. Léon Renault ne demandait que 5 délégués et nous en nommons 6. Pour les conseils de 27 membres, nous accordons aussi maintenant, d'après le projet de la commission, 12 délégués, au lieu de 9 du premier projet de la commission, de 7 de M. le ministre de l'intérieur et de 11 du projet de M. Renault, qui est encore distancé. Les conseils de 30 membres auront 15 délégués, au lieu de 11 et de 7. Ici nous sommes d'accord avec M. Léon Renault. Mais, à l'ordre des séries de départements et colonies actuellement existantes.

ART. 8. — Les articles 2 (§§ 1 et 2), 3, 4, 5, 8, 14, 16, 19, 23 de la loi organique du 2 août 1875 sur les élections des sénateurs sont modifiés ainsi qu'il suit :

Article 2 (§§ 1 et 2). — Dans chaque conseil municipal, l'élection des délégués se fait, sans débat au scrutin secret, et, le cas échéant, au scrutin de liste, à la majorité absolue des suffrages. Après deux tours de scrutin, la majorité relative suffit, et en cas d'égalité de suffrages, le plus âgé est élu.

Il est procédé de même et dans la même forme à l'élection des suppléants.

Les conseils qui ont 1, 2 ou 3 délégués à élire nomment 1 suppléant.

Ceux qui élisent 6 ou 9 délégués nomment 2 suppléants.

Ceux qui élisent 12 ou 15 délégués nomment 3 suppléants.

Ceux qui élisent 18 ou 21 délégués nomment 4 suppléants.

Ceux qui élisent 24 délégués nomment 5 suppléants.

Le Conseil municipal de Paris nomme 8 suppléants.

Les suppléants remplaceront les délégués, en cas de refus ou d'empêchement, selon l'ordre fixé par le nombre des suffrages obtenus par chacun d'eux.

Article 3. — Dans les communes où les fonctions de con-

quand nous arrivons aux très grandes villes, nous demandons un peu moins de délégués que M. Léon Renault, 18 au lieu de 19, 21 au lieu de 23, 24 au lieu de 29. Cela répond à l'idée que j'exprimais tout à l'heure : on craint un peu les grandes villes.... »

M. de Kerdrel, au cours de son improvisation, a d'ailleurs commis une légère erreur, en disant que le rapport de M. Léon Renault à la Chambre donnait aux conseils municipaux de 23 membres 7 délégués, *au lieu de* 5, et aux conseils municipaux de 27 membres, 11 délégués, *au lieu de* 7. Dans le texte primitif du projet de la commission sénatoriale, lu par M. Demôle dans la séance du 28 octobre 1884, et voté par le Sénat, les conseils municipaux de 23 membres recevaient déjà le droit d'élire 7 *délégués*; et les conseils municipaux de 27 membres, celui d'élire 9 *délégués*. Comme nous l'avons dit plus haut, c'est le projet du Gouvernement qui n'accordait que 5 délégués aux conseils de 27 membres.

seil municipal sont remplies par une délégation spéciale, en vertu de l'article 44 de la loi du 5 avril 1884, les délégués et suppléants sénatoriaux seront nommés par l'ancien conseil.

Article 4. — Si les délégués n'ont pas été présents à l'élection, notification leur en est faite dans les vingt-quatre heures par les soins du maire. Ils doivent faire parvenir au préfet, dans les cinq jours, l'avis de leur acceptation. En cas de refus ou de silence, ils sont remplacés par les suppléants qui sont alors portés sur la liste comme délégués de la commune.

Article 5. — Le procès-verbal de l'élection des délégués et des suppléants est transmis immédiatement au préfet. Il mentionne l'acceptation ou le refus des délégués et suppléants, ainsi que les protestations élevées contre la régularité de l'élection par un ou plusieurs membres du conseil municipal. Une copie de ce procès-verbal est affichée à la porte de la mairie.

Article 8. — Les protestations relatives à l'élection des délégués ou des suppléants sont jugées, sauf recours au Conseil d'État, par le Conseil de préfecture, et, dans les colonies, par le Conseil privé.

Les délégués dont l'élection est annulée parce qu'ils ne remplissent pas une des conditions exigées par la loi, ou pour vice de forme, sont remplacés par les suppléants.

En cas d'annulation de l'élection d'un délégué et de celle d'un suppléant, comme en cas de refus ou de décès de l'un ou de l'autre, après leur acceptation, il est procédé à de nouvelles élections par le conseil municipal, au jour fixé par un arrêté du préfet.

Article 14. — Le premier scrutin est ouvert à huit heures du matin et fermé à midi. Le second est ouvert à deux heures et fermé à cinq heures. Le troisième est ouvert à sept heures et fermé à dix heures. Les résultats des scrutins sont recensés par le bureau et proclamés immédiatement par le président du collège électoral.

Article 16. — Les réunions électorales pour la nomination des sénateurs pourront être tenues depuis le jour de la promulgation du décret de convocation des électeurs jusqu'au jour du vote inclusivement.

La déclaration prescrite par l'article 2 de la loi du 30 juin 1881 sera faite par deux électeurs au moins.

Les formalités et prescriptions de cet article, ainsi que celles de l'article 3, seront observées.

Les membres du Parlement élus ou électeurs dans le département, les électeurs sénatoriaux délégués et suppléants, et les candidats, ou leur mandataire, peuvent seuls assister à ces réunions.

L'autorité municipale veillera à ce que nulle autre personne ne s'y introduise.

Les délégués et suppléants justifieront de leur qualité par un certificat du maire de la commune; les candidats ou mandataires par un certificat du fonctionnaire qui aura reçu la déclaration dont il est parlé au paragraphe 2.

Article 19. — Toute tentative de corruption ou de contrainte, par l'emploi des moyens énoncés dans les articles 177 et suivants du Code pénal, pour influencer le vote d'un électeur ou le déterminer à s'abstenir de voter, sera punie d'un emprisonnement de trois mois à deux ans, et d'une amende de 50 francs à 500 francs, ou de l'une de ces deux peines seulement.

L'article 463 du Code pénal est applicable aux peines édictées par le présent article.

Article 23. — Il est pourvu aux vacances survenues par suite de décès ou de démission des sénateurs dans le délai de trois mois; toutefois, si la vacance survient dans les six mois qui précèdent le renouvellement triennal, il n'y est pourvu qu'au moment de ce renouvellement.

Art. 9. — Sont abrogés :

1° Les articles 1 à 7 de la loi du 24 février 1875 sur l'organisation du Sénat;

2° Les articles 24 et 25 de la loi du 2 août 1875 sur les élections des sénateurs.

Disposition transitoire. — Dans le cas où une loi spéciale sur les incompatibilités parlementaires ne serait pas votée au moment des prochaines élections sénatoriales, l'article 8 de la loi du 30 novembre 1875 serait applicable à ces élections.

Tout fonctionnaire atteint par cette disposition, qui comptera vingt ans de service et cinquante ans d'âge à l'époque de l'acceptation de son mandat, pourra faire valoir ses droits à une pension de retraite proportionnelle, qui sera réglée conformément au troisième paragraphe de l'article 12 de la loi du 9 juin 1853 [1].

1. Ce paragraphe a été ajouté, sur la proposition du rapporteur, à la disposition transitoire, dans la séance du Sénat en date du 8 décembre 1884. Il est emprunté à la loi sur les incompatibilités parlementaires, que le Sénat avait déjà votée en première délibération.

LOI DU 16 JUIN 1885.

SUR LE SCRUTIN DE LISTE

LE SCRUTIN DE LISTE

Il peut paraître inutile de remonter au delà de 1848 pour étudier l'histoire des deux systèmes électoraux qui ont présidé, tour à tour, à la désignation des mandataires du peuple français. Rappelons seulement que la Constitution, non appliquée, du 24 juin 1793, a proclamé, pour la première fois, le principe du suffrage universel. « Le peuple souverain, dit l'article 7 de cette Constitution, est l'universalité des citoyens français », et l'article 21 ajoute : « la population est la seule base de la représentation nationale ». Quant aux Constitutions de 1791 et de l'an III, où certains hommes politiques ont voulu trouver le germe du scrutin de liste, il faut remarquer qu'en 1791, comme en l'an III, les élections étaient faites à deux degrés, avec des conditions de cens. En fait, le principe du suffrage *universel et direct* ne date que du décret du 5 mars 1848[1] (art. 5), qui porte également

1. Le vote *direct* a été introduit en France par la loi du 5 février 1817 dont l'article 17 était ainsi conçu : « Il n'y a dans chaque département qu'un seul collège électoral; il est composé de tous les électeurs du département dont il nomme les députés à la Chambre ».

que « tous les électeurs voteront au chef-lieu de leur canton, *par scrutin de liste* » (art. 9). On retrouve ces prescriptions dans la Constitution du 4 novembre 1848 (art. 24 et 30), et elles furent appliquées par la loi électorale du 15 mars 1849. La Constitution de 1852 conserva le principe du suffrage universel, mais supprima le scrutin de liste en affirmant, dans son préambule, que le scrutin de liste « fausse l'élection ».

Après la chute de l'Empire, un décret, en date du 29 janvier 1871, déclara que les élections législatives auraient lieu par département au scrutin de liste, conformément à la loi de 1849. C'est ce système électoral qui donna naissance à l'Assemblée nationale de 1871. Elle abolit de nouveau le scrutin de liste, en adoptant, dans sa séance du 11 novembre, par 357 voix contre 326, l'amendement Lefèvre-Pontalis, lequel consacrait dans toute son étendue le scrutin uninominal par arrondissement. Cet amendement est devenu l'article 14 de la loi organique du 30 novembre 1875 sur l'élection des députés, article ainsi conçu : « Les membres de la Chambre des députés sont élus au scrutin individuel. Chaque arrondissement administratif nommera un député. Les arrondissements où la population dépasse cent mille habitants nommeront un député de plus par cent mille ou fraction de cent mille habitants. Les arrondissements, dans ce cas, seront divisés en circonscriptions dont le tableau sera établi par une loi, et ne pourra être modifié que par une loi ». Avant de voter cette rédaction, l'Assemblée nationale avait entendu de nombreux orateurs critiquer ou défendre le scrutin d'arrondissement. On peut rappeler notamment les discours de M. Dufaure, adversaire, et de M. Ricard, partisan du scrutin de liste (séance du 11 novembre 1875). Les arguments, invoqués de part et d'autre, sont trop connus pour qu'il y ait même lieu de les résumer.

Le 11 novembre 1880, M. Bardoux présenta à la Chambre une proposition de loi tendant au rétablissement du scrutin de liste. Elle conférait à chaque département le droit de nommer, au scrutin de liste, un député par 70 000 habitants ou par toute fraction dépassant ce chiffre. Combattue par la commission de la Chambre (rapport de M. Boysset du 16 mai 1881), la proposition Bardoux fut cependant votée, à quelques voix de majorité, dans la séance du 19 mai 1881; mais, au Sénat, elle fut repoussée dans la séance du 9 juin, à la suite d'un rapport défavorable, présenté au nom de la commission par M. Waddington.

Dans la proposition de revision constitutionnelle que présenta, le 14 janvier 1882, M. Gambetta, chef du cabinet du 14 novembre 1881, se trouvait comprise la substitution du scrutin de liste au scrutin d'arrondissement pour l'élection des députés [1]. Mais la Chambre ayant repoussé, dans sa séance du 26 janvier 1882, la formule de revision partielle proposée par le Gouvernement, et voté, par 268 contre 218, le projet de la commission dont le but essentiel était de soustraire aux délibérations du Congrès le mode d'élection des députés (art. 1, par. 2 de la loi constitutionnelle du 25 février 1875 sur l'organisation des pouvoirs publics), ce vote entraîna la démission du ministère Gambetta, l'ajournement de la revision constitutionnelle et le maintien du *statu quo* en ce

1. Voir la notice sur la revision constitutionnelle dans l'*Annuaire français* de 1884.

qui concerne le scrutin d'arrondissement. Dès le 24 mai 1884, M. Jules Ferry, chef du cabinet du 21 février 1883, déposait sur le bureau de la Chambre un nouveau projet de revision; mais, s'il visait le système électoral applicable au recrutement du Sénat, en ce sens qu'il proposait d'enlever le caractère constitutionnel à la loi sur l'organisation du Sénat, il ne visait pas la loi électorale de la Chambre, qui, d'ailleurs, figurait tout entière dans le cadre de la législation ordinaire, tandis que la législation électorale du Sénat était coupée en deux moitiés, dont l'une avait le caractère constitutionnel et l'autre un caractère purement organique. La loi du 14 août 1884, portant revision partielle des lois constitutionnelles, déclara, dans son article 3, que « les articles 1 à 7 de la loi constitutionnelle du 24 février 1872, relative à l'organisation du Sénat, n'auraient plus le caractère constitutionnel » ; en conséquence, la loi du 9 décembre 1884, sur l'organisation du Sénat et les élections des sénateurs, ne fut investie d'aucun caractère constitutionnel, et l'on vit cesser la disparité de situation qui existait naguère entre les lois électorales des deux Chambres.

Le 26 mars 1884, M. Constans soumit de nouveau à la Chambre la question du scrutin de liste qui avait précédemment soulevé tant d'orages parlementaires[1]. La discussion paraissant d'avance épuisée, l'opinion

1. Voici le résumé chronologique de la proposition qui est devenue la loi du 16 juin 1885 :

Dépôt de la proposition, 26 mars 1884 (*J. Off.* du 27, déb. parl., p. 922). — Rapport sommaire, 26 mai 1884. (Voir *J. Off.*, doc. parl., *octobre*, p. 773. — Prise en considération le 22 juillet 1884.) — Rapport de M. Constans : déposé le 29 déc. 1884 (*J. Off.*, doc. parl., février 1885, p. 1729). — Déclaration d'urgence, le

de chacun était faite, il n'y avait plus lieu de rouvrir les grands débats de 1872 et de 1881. Un revirement considérable semblait, d'ailleurs, s'être produit dans les régions parlementaires, et c'est *à l'unanimité, d'accord avec le Gouvernement*, que la commission de la Chambre proposa de rétablir dans la législation le principe du scrutin de liste, dans les termes mêmes où l'avait accepté la Chambre au mois de mai 1881. Les derniers partisans du scrutin d'arrondissement, MM. Achard, Courmeaux et Hémon, se placèrent surtout au point de vue du résultat pratique de la modification proposée par M. Constans, et M. Hémon émit, à cet égard, des pronostics que l'événement a, en partie, justifiés [1]. La Chambre n'en vota pas moins le rétablissement du scrutin de liste par 402 voix contre 91. (Séance du 24 mars 1885.)

Transmise au Sénat, la proposition de loi fut

19 mars 1885. — Discussion et adoption par la Chambre, 19, 21, 23, 24 mars 1885. (*J. Off.*, déb. parl., p. 588, 607, 627, 748.)

Sénat. Transmission au Sénat; déclar. d'urgence, le 26 mars 1885, (déb. parl., p. 442). — Rapport de M. Bozérian, 16 mai 1885 (déb. parl., p. 556). — Discussion les 19, 21, 23 mai 1885 (déb. parl., p. 606).

Ch. des Députés. Retour de la loi, 26 mai 1885 (déb. parl., p. 907). — Rapport de M. Constans, 6 juin 1885 (déb. parl., p. 1016). — Discuss. et adopt., 8 juin (déb. parl., p. 1032).

1. Voici la conclusion de son discours : « Quant à moi, qui ne me pique pas de mettre la perfection dans les lois, mais qui voudrais plutôt mettre la sécurité dans les faits, je résume modestement mon opinion, en disant qu'à mes yeux, dans un temps de transition et de combat comme le nôtre, le meilleur régime électoral sera toujours celui qui préservera le mieux contre les surprises. Et c'est pour cela que j'ai tenu à dégager ma responsabilité de ce projet de restauration du scrutin départemental qu'en conscience, je ne puis envisager autrement que comme une aventure, et comme la plus grosse, la plus périlleuse aventure dans laquelle sa mauvaise étoile ait jamais engagé la République ». *Ch. des dép.*, séance du 21 mars 1885.

l'objet d'un rapport favorable de la commission qui, à l'unanimité, engagea la Haute Assemblée à voter l'application du scrutin de liste à l'élection des députés. La discussion générale fut courte. M. Marcel Barthe (séance du 19 mai) prononça cependant un discours important où il soutint cette opinion que le scrutin de liste aurait pour conséquence d'attribuer à Paris la direction du mouvement électoral; de permettre à un comité central parisien d'envoyer des liste toutes faites aux 86 départements et, au moyen d'une presse embrigadée, d'empêcher les électeurs ruraux d'émettre un vote libre et éclairé.

Après une réplique de M. Bardoux, le Sénat passa à la discussion des articles. L'article 1er, ainsi conçu : « Les membres de la Chambre des députés sont élus au scrutin de liste », fut voté sans débat. Mais sur les articles suivants des amendements importants furent proposés par divers sénateurs ou par la commission elle-même. Le texte qui sortit des délibérations du Sénat différait du texte voté par la Chambre sur quatre points : 1° Le Sénat n'avait pas cru devoir admettre les étrangers dans le calcul de la population électorale; 2° il attribuait à chaque département une représentation de trois députés *au moins*; 3° il introduisait dans la loi électorale de la Chambre le principe de l'inégibilité des princes qui se trouvait déjà inscrit dans la loi électorale du Sénat; 4° il ajoutait à l'article 2 une disposition portant que le tableau des circonscriptions ne pourrait être modifié que par une loi. (Séance du 23 mai.)

Le 6 juin, M. Constans, au nom de la commission, proposa d'accepter les modifications apportées par la Chambre haute au texte primitif, afin de ne pas retarder l'introduction du scrutin de liste dans la législation électorale. Sur la demande de M. Madier de Montjau et de M. Clemenceau, la discussion fut renvoyée au 8 juin. A cette date, malgré l'opposition de M. Clemenceau, la Chambre maintint la rédaction donnée à l'article 2 par le Sénat, en vue d'exclure les étrangers du compte de la population électorale, et adopta l'ensemble du projet de loi par 385 voix contre 71. Il a été promulgué le 16 juin et publié au *Journal officiel* du 17[1].

Art. 1er. — Les membres de la Chambre sont élus au scrutin de liste[2].

1. Un décret du 5 septembre 1885 (*J. Off.* du 8) a convoqué les collèges électoraux pour le 4 octobre, à l'effet d'élire le nombre de députés fixé par le tableau annexé à la loi du 16 juin 1885. Au premier tour, il y eut 304 élections définitives, dont 177 monarchistes, 127 républicaines, et 268 ballottages. Aux élections de ballottage du 18 octobre, les résultats furent les suivants : conservateurs élus, 26, républicains, 242. Les 10 élections des colonies et les nouveaux votes des 5 départements dont les premiers élus furent invalidés par la Chambre, ont, depuis, augmenté dans une certaine mesure l'effectif de la majorité républicaine, qui s'élève à 395 membres. La Chambre de 1881, élue avec le scrutin d'arrondissement, comprenait 90 députés monarchistes contre 450 républicains.

2. Diverses propositions ont été soumises au Parlement, à l'occasion du scrutin de liste, pour assurer la représentation des minorités. Nous signalerons notamment celles de M. Courmeaux, de M. Bienvenu et de M. Pieyre, présentées à la Chambre, et celle de M. Eymard-Duverney, présentée au Sénat. M. Courmeaux, dans la séance du 21 mars 1885, a développé un amendement à l'article 1er pour demander l'addition, à cet article, des mots suivants : « ... avec représentation proportionnelle des majorités et des minorités ». S'appuyant sur une pensée de Mirabeau : « Les Assemblées représentatives doivent contenir tous les éléments du pays avec leur proportion, sans que les éléments les plus considérables puissent faire disparaître les moindres, l'honorable député proposait de faire la répartition des sièges au prorata des totaux respectifs obtenus par chacune des listes en présence dans

Art. 2. — Chaque département élit le nombre de députés qui lui est attribué par le tableau annexé à la présente loi, à raison d'un député par soixante-dix mille habitants [1], les étrangers non compris [2] (voir note 2 p. 290).

le comice départemental. Cet amendement fut repoussé par 307 voix contre 58.

La même question de la représentation des minorités a donné lieu à la présentation de l'amendement de M. Bienvenu. Il était rédigé ainsi qu'il suit : « Chaque électeur dispose d'autant de suffrages qu'il y a de députés à élire dans la circonscription. Il peut en attribuer plusieurs ou même les donner tous au même candidat. En conséquence, il devra répéter le nom du candidat sur son bulletin de vote autant de fois qu'il voudra lui donner de suffrages ». La Chambre ne parut pas disposée à écouter l'auteur de cet amendement, qui, cependant, contenait une théorie fort intéressante, et a l'appui de laquelle on pouvait invoquer des précédents tirés de la législation comparée (Voir notamment *An. Soc. de législ. comp.*, 1872, Notice de M. Demongeot, sur le système électoral de l'État de l'Illinois [États-Unis]. L'amendement fut retiré (24 mars). M. Adolphe Pieyre soutint le même principe du vote cumulatif, mais sans plus de succès. La Chambre, dans la même séance du 24 mars, rejeta ce second amendement, qui était ainsi conçu : « Tout électeur (afin de sauvegarder le principe de la représentation des minorités) aura le droit de voter autant de fois pour le même candidat qu'il y aura de députés à élire ».

M. Eymard-Duvernay, sénateur, avait soumis, de son côté, à la Commission sénatoriale, un amendement qui avait pour objet d'interdire aux électeurs d'inscrire sur leur bulletin plus de quatre candidats. Cet amendement, auquel fait allusion le rapport de M. Bozérian, ne fut pas appuyé.

1. Le paragraphe 1er de l'article 2 indique la population comme base du calcul qui doit fixer le nombre de députés de chaque département. Ce principe a été vivement contesté à la Chambre. Un amendement présenté par M. le marquis de Roys (et qui proposait également de supprimer la représentation coloniale) contenait un article ainsi rédigé : « Chaque département nomme un député à raison de dix-neuf mille *électeurs inscrits*, et un député en plus quand le nombre excédent des électeurs dépasse dix mille. Pour justifier son amendement, M. de Roys faisait observer que, sous le régime actuel, la souveraineté réside uniquement dans l'ensemble du corps électoral; que chacun d'eux doit donc exercer une part égale de souveraineté. Or, suivant l'orateur, si l'on

Néanmoins il sera tenu compte de toute fraction inférieure à soixante-dix mille [3] (voir note 3 p. 291).

conserve la base de la population pour fixer le nombre de députés, les électeurs clairsemés au milieu de certains groupes d'étrangers, de repris de justice, ou de population flottante, comme en comportent certains départements (la Seine, par exemple) exerceront, à coup sûr, une plus grande part de souveraineté que les électeurs répartis d'une façon normale sur d'autres parties du territoire, ce qui tendrait à créer, ou plutôt à conserver, des électeurs privilégiés (21 mars). Dans la même séance, M. Ribot vint rappeler à la tribune qu'une majorité s'était tout d'abord prononcée en faveur de la proposition dans le sein de la Commission, et que le Gouvernement ne l'avait pas combattue. L'orateur ajouta que, dans une démocratie où personne n'est exclu de la cité politique, il faut s'attacher au nombre même des électeurs, tandis que, dans les pays censitaires, où l'électorat est un privilège, il est naturel de considérer la population et non pas les électeurs pour déterminer le chiffre de la représentation de chaque province, car il n'y a aucune relation naturelle entre le nombre des électeurs censitaires et la population de ces pays. En France, les électeurs de certains départements auraient une part d'action politique trop considérable, si l'on prenait pour base la population intégrale, car, sur certains points, il y a des agglomérations énormes d'habitants non électeurs qu'on désigne sous le nom générique de population flottante. Elle s'élève, en France, à 997 000 personnes qu'on défalque quand il s'agit de déterminer par exemple, le nombre des membres des conseils municipaux (militaires, détenus, personnel traité dans les hôpitaux, ouvriers attachés temporairement aux travaux publics). Il y a, en outre, 1 031 000 étrangers qui ont fixé chez nous leur résidence pour un temps plus ou moins long. Le recensement, qui porte sur tous les habitants, même nomades, pour déterminer le chiffre de la population, est une opération dépourvue de contrôle, tandis que la fixation des listes électorales est entourée de garanties multiples. Par ces motifs, M. Ribot se prononça en faveur de l'amendement de Roys (séance du 21 mars). Mais dans la séance suivante, après une vive discussion entre M. Spuller, président, M. Constans, rapporteur de la Commission, MM. Clemenceau, Waldeck-Rousseau, d'une part, et MM. de Roys, Ribot, de Sonnier, d'autre part, la Chambre rejeta la première partie de l'amendement de Roys, par 345 voix contre 129 et vota la première partie de l'article 2 avec la rédaction de la Commission. Le principal argument mis en avant par les adversaires de l'amendement fut exposé par M. Clemenceau, lorsqu'il reprocha à M. Ribot d'avoir uniquement

Chaque département élit au moins trois députés[4] (voir note 4 p. 291).

tenu compte des électeurs *inscrits*, et d'avoir, confondant le droit avec l'exercice de droit, exclu de la souveraineté nationale les citoyens français, majeurs, mais non inscrits, et cela souvent sans leur faute. Or l'inscription ne confère pas le droit politique, la part de souveraineté, mais en rend seulement l'exercice, la mise en action possibles.

Au Sénat, la rédaction de la Chambre, sur ce point, a été adoptée sans difficulté (séance du 19 mai). Après le rejet d'un amendement de M. Lalanne, qui était ainsi conçu : « Chaque département élit le nombre de députés qui lui est attribué par le tableau annexé à la présente loi, proportionnellement au chiffre des électeurs inscrits, sur un nombre total de députés fixé normalement à 540 ». M. Bozérian, rapporteur, avait déclaré, au nom de la Commission, qu'il n'y avait pas à espérer que la Chambre abandonnerait la base de la population après l'avoir consacrée par une majorité de 216 voix.

2. Dans la séance du 23 mars, M. de Sonnier donna lecture d'un amendement ainsi rédigé : « Ne compteront pas dans la population qui sert à déterminer le nombre des députés : 1° les étrangers; 2° les militaires de terre et de mer compris dans le dénombrement hors du département où ils ont leur domicile électoral; 3° les individus détenus dans les maisons de force et de correction et les enfants détenus dans les maisons d'éducation correctionnelle; 4° les personnes enfermées dans des établissements d'aliénés. Cet amendement fut pris en considération par 254 voix contre 209 et renvoyé à la Commission; mais le lendemain, la Commission, par l'organe de M. Constans, conclut au rejet de l'amendement de Sonnier, par ce motif que les documents donnaient le chiffre de la population flottante ne présentaient pas un caractère suffisant d'exactitude et d'authenticité. En vain, M. de Sonnier fit-il observer que l'*Album de statistique graphique du ministère de l'Intérieur* fait figurer le dénombrement de la population étrangère recensée en France dans les tableaux de recensement relatifs aux citoyens français, l'amendement fut rejeté, après pointage, par 232 voix contre 217.

Mais le Sénat était certain de ne pas se heurter à une majorité énorme au sein de la Chambre, s'il reprenait l'idée de défalquer les étrangers des tableaux de la population servant à déterminer le nombre des députés. Par suite, M. Bozérian, au nom de la Commission sénatoriale, proposa au Sénat, dès que la proposition de loi eut été transmise au Luxembourg, de déduire les étrangers du chiffre de la population, ce qui aurait pour conséquence de

Il est attribué deux députés au territoire de Belfort, six

ramener le nombre des députés au chiffre de 582, en supprimant 14 sièges. Malgré les adjurations de M. Léon Renault, de M. Tolain et du nouveau président du Conseil, M. Brisson, le Sénat suivit sa Commission et vota, par 120 voix contre 121, le principe de la déduction des étrangers (séance du 21 mai). Lorsque le projet, modifié par le Sénat, revint devant la Chambre, M. Maxime Lecomte et M. Clemenceau demandèrent la suppression des mots « les étrangers non compris », c'est-à-dire le rétablissement de la rédaction votée par la Chambre; mais le rapporteur et le président du Conseil intervinrent pour prier la Chambre d'accepter le texte du Sénat, et les mots « les étrangers non compris » furent définitivement maintenus dans la loi par 280 voix contre 159 (séance du 8 juin, Ch. des dép.).

3. Le système adopté par la Chambre pour déterminer le nombre de députés afférent à chaque département reposait sur les bases suivantes : un député pour chaque fraction de 70 000 habitants; un député, de plus, à raison de toute fraction inférieure à 70 000. La conséquence de ce système était d'augmenter de 39 le nombre des députés, et de le porter à 596, le chiffre résultant de la loi de 1881 n'étant que de 557. M. Bozérian, au nom de la Commission du Sénat, a critiqué un tel résultat qui, dans l'hypothèse d'une réunion des deux Chambres en Congrès, eût diminué d'une manière excessive l'influence du Sénat. Par 7 voix contre 2, la Commission sénatoriale proposa de maintenir l'attribution d'un siège de député à chaque fraction de 70 000 habitants et de n'accorder un député de plus qu'à toute fraction de 20 000 habitants au moins, tandis que, d'après la proposition Constans, une unité au delà de 70 000 augmentait d'un député la représentation du département. Avec le chiffre de 20 000, comme fraction *minima* donnant droit à l'élection d'un député supplémentaire, la Commission du Sénat limitait à 559 le nombre des députés, chiffre très voisin de 557, qui était la résultante du recensement de 1881. Mais, dans la séance du 23 mai, le Sénat, par 137 voix contre 115, rejeta le paragraphe 2 de l'article, rédigé par la Commission dans les termes suivants : « Il est tenu compte de toute fraction supérieure à 20 000 », et vota la rédaction de la Chambre qui est ainsi devenue définitive.

4. Le texte primitif de la proposition Constans contenait un article 5 rédigé ainsi qu'il suit :

« Chaque département conservera au *minimum* pour la prochaine législature, le nombre de représentants qui lui est actuellement attribué. » Mais, dans sa séance du 24 mars, la Chambre rejeta cet article par 234 voix contre 230. Un amendement de M. Cyprien à l'Algérie et dix aux colonies, conformément aux indications du tableau [1].

Ce tableau ne pourra être modifié que par une loi [2].

Chaix et autres qui proposaient d'inscrire dans la loi cette disposition transitoire : « Néanmoins chaque département élit au moins trois députés », fut également repoussé, dans la même séance, par 282 voix contre 138, bien que la Commission ne lui eût fait aucune opposition.

Mais au Sénat la disposition transitoire dont il s'agit fut reprise par vote d'amendement et insérée par la Commission dans l'article 2, à titre de paragraphe 3. Le Sénat vota ce paragraphe, sans aucune discussion, dans la séance du 23 mai. Lorsque le projet revint devant la Chambre, le minimum de 3 députés ne fut même pas refusé aux départements des Basses-Alpes et des Hautes-Alpes par l'amendement Maxime Lecomte, qui proposait de rétablir le tableau annexé tel que l'avait d'abord voté la Chambre, en tenant compte des étrangers, et, après le rejet implicite de cet amendement, les mots « chaque département élit au moins trois députés » furent adoptés avec la fin de l'article 2, telle que l'avait rédigée la Commission du Sénat (séance du 8 juin 1885).

1. Le texte de la proposition Constans ne parlait ni du territoire de Belfort, ni de l'Algérie, ni des colonies. Il n'en avait pas été question à la Chambre, lors de la première discussion ; mais le tableau de la Chambre comprenait dix députés pour les colonies et six pour l'Algérie. La Commission du Sénat estima qu'il y avait lieu d'inscrire dans la loi des dispositions concernant le nombre de représentants accordé à l'Algérie, aux colonies et au territoire de Belfort, parce que ce nombre est déterminé d'après des principes qui sortent du droit commun électoral. La rédaction de l'article 2 ainsi complétée, après un débat assez confus et un renvoi à la Commission, a été votée dans la séance du 23 mai.

2. Le dernier paragraphe de l'article 2 a été considéré comme surabondant et inutile par M. le ministre de l'intérieur (Sénat, séance du 23 mai) sous prétexte que la loi de 1875 disait déjà que le tableau ne pouvait être modifié que par une loi. M. le Rapporteur fit observer que c'était là une erreur. En effet, l'article 14 de la loi du 30 novembre 1875 sur l'élection des députés, après avoir édicté ce principe que les arrondissements dont la population dépasse cent mille habitants nommeront un député de plus par cent mille ou fraction de cent mille habitants, dit seulement : « Les arrondissements, *dans ce cas*, seront divisés en circonscriptions dont le tableau sera établi par une loi et ne pourra être modifié que par une loi ». L'article 2 de la nouvelle loi a une

Art. 3. — Le département forme une seule circonscription[1].

Art. 4. — Les membres des familles qui ont régné sur la France sont inéligibles à la Chambre des députés[2].

Art. 5. — Nul n'est élu au premier tour de scrutin s'il n'a réuni :

1° La majorité absolue des suffrages exprimés;

2° Un nombre de suffrages égal au quart du nombre des électeurs inscrits.

portée bien plus générale, et le tableau qu'il vise n'est pas dressé uniquement d'après la base de la population, notamment en ce qui concerne les colonies, l'Algérie, Belfort et les départements qui ont droit à un minimum de 3 députés.

1. M. Roquet, dans la séance du 23 mars, déposa et soutint un amendement ainsi conçu : « Néanmoins le département de la Seine formera cinq circonscriptions, conformément au tableau ci-annexé ». Le principal argument donné par M. Roquet pour justifier cet amendement était l'éventualité de fréquentes élections partielles à Paris et l'inconvénient grave de mettre à chaque instant en mouvement un corps électoral de 500 000 électeurs dont la direction est fatalement abandonnée aux journaux et à leurs commanditaires. Mais la Chambre refusa de prendre en considération cet amendement, pourtant fort bien étudié.

Au Sénat, M. Eymard-Duvernay avait présenté un amendement d'un caractère plus général, en ce sens qu'il proposait de diviser les départements en plusieurs circonscriptions quand ils auraient à nommer plus de cinq députés. La Commission sénatoriale ne jugea pas opportun d'engager sur ce point, avec la Chambre, une lutte dont l'issue ne faisait aucun doute.

2. Le texte de la proposition Constans ne faisait pas mention de l'inégibilité des princes à la Chambre des députés; mais la Commission du Sénat a cru nécessaire de l'inscrire dans la loi nouvelle pour le mettre en harmonie avec l'article 2 de la loi constitutionnelle du 14 août 1884, dont le paragraphe 3 porte que « les membres des familles ayant régné sur la France sont inéligibles à la présidence de la République » et avec l'article 4 de la loi organique du 9 décembre 1884 qui consacre la même règle, en ce qui touche le Sénat. L'article 4 fut voté au Sénat par 187 voix contre 56, certains sénateurs de droite, comme M. de l'Angle-Beaumanoir, ayant déclaré voter ledit article pour préserver les princes de la tentation d'entrer dans les Assemblées actuelles. A la Chambre, l'article fut voté sans scrutin, après une courte protestation de M. le comte de Lanjuinais (séance du 8 juin).

Au deuxième tour, la majorité relative suffit.

En cas d'égalité de suffrages, le plus âgé des candidats est élu[1].

Art. 6. — Sauf le cas de dissolution prévu et réglé par la Constitution, les élections générales ont lieu dans les soixante jours qui précèdent l'expiration des pouvoirs de la Chambre des députés[2].

1. Le texte primitif de la proposition Constans était ainsi rédigé : « Nul n'est élu au premier tour de scrutin s'il n'a réuni la majorité absolue des suffrages exprimés, et si le nombre des suffrages n'est pas égal au quart des électeurs inscrits ». Au Sénat, dans la séance du 23 mai, le rapporteur fit observer que cet article n'était pas clair, et qu'il était, de plus, incomplet, en ce sens qu'il ne prévoyait pas l'hypothèse de l'égalité de suffrages au deuxième tour de scrutin. Par suite, la Commission s'appropria et fit adopter par le Sénat l'amendement Béral, qui n'est autre que la reproduction textuelle de l'article 18 de la loi électorale du 30 novembre 1875.

2. Cet article ne se trouvait pas dans le texte primitif de la proposition Constans. Ainsi que l'explique un rapport supplémentaire, présenté au nom de la Commission par M. Constans, dans la séance du 23 février 1885 (annexe n° 3 570), la question de la date de réunion des collèges électoraux a été soulevée par l'initiative de plusieurs députés postérieurement au dépôt du premier rapport sur la proposition de loi. La Commission de la Chambre, par 5 voix contre 3 et une abstention, accepta une date fixe pour le renouvellement de la Chambre, et rédigea un article additionnel dans les termes suivants :

« La réunion ordinaire des collèges électoraux pour l'élection de la Chambre des députés a lieu le premier dimanche du mois d'octobre. » Mais, au cours de la séance du 24 mars, MM. Langlois et Floquet présentèrent une proposition ainsi conçue : « Sauf le cas de dissolution, prévu et réglé par la Constitution, les élections générales ont lieu le quatrième dimanche qui précède l'expiration des pouvoirs de la Chambre ». D'après les explications données à la tribune par M. Langlois, la disposition précitée avait pour objet d'empêcher le renouvellement de ce qui s'était produit quatre ans auparavant. Les pouvoirs de la Chambre élue en 1877 ayant pris fin le 14 octobre 1881 seulement, la Chambre élue le 21 août 1881 n'avait pas d'existence légale avant le 14 octobre, de telle sorte que si la réunion du Congrès avait été nécessaire, c'est la Chambre ancienne qui aurait siégé, à l'exclusion de la Chambre nouvelle. L'amendement fut pris en considération et

ART. 7. — Il n'est pas pourvu aux vacances survenues dans les six mois qui précèdent le renouvellement de la Chambre[1].

renvoyé à la Commission qui s'y rallia, séance tenante, en remplaçant les mots « le quatrième dimanche qui précède l'expiration du pouvoir de la Chambre des députés », par ceux-ci : « Dans les soixante jours qui précèdent l'expiration des pouvoirs de la Chambre des députés ». C'est la rédaction qui a été adoptée.

Répondant à une question de M. Emmanuel Arène, le rapporteur a déclaré que les vingt jours qui doivent suivre le décret de convocation étaient compris dans le délai de soixante jours prescrit par l'article 6.

1. La proposition de loi de M. Constans ne contenait pas la règle transitoire qui forme l'article 7 du texte définitif. Mais le rapport présenté par la Commission dans la séance du 29 décembre 1884 se termine par une disposition additionnelle ainsi conçue : « Il ne sera procédé à aucune élection dans les six mois qui précèderont l'expiration du pouvoir de la Chambre actuelle ». Cette disposition additionnelle fut adoptée sans débat par la Chambre dans sa séance du 24 mars.

Au Sénat, M. Tenaille-Saligny présenta, au cours de la discussion, un article additionnel ainsi conçu : « Dans les départements nommant quatre députés au plus, il est, dans le délai de trois mois, pourvu à toute vacance survenue au cours de la législature, par suite de décès, démission ou autre cause. Dans les départements nommant un plus grand nombre de députés, il n'est procédé à des élections complémentaires que si deux sièges au moins sont devenus vacants. En ce cas, l'élection a lieu dans le délai de trois mois, à dater de la dernière vacance. Toutefois, dans aucun cas, il n'est pourvu aux vacances survenues dans les six mois qui précèdent le renouvellement de la Chambre ». La Commission avait accepté l'amendement, par ce motif que, quand il s'agit de ne nommer qu'un député, il n'y a plus de liste. En outre, l'élection d'un seul député pour tout un département entraîne des dépenses considérables. M. Allain-Targé, ministre de l'intérieur, répondit qu'il ne faut pas paraître redouter les manifestations du suffrage universel; que la loi sur les élections des sénateurs du 2 août 1875 contenait des dispositions analogues à celles que proposaient M. Tenaille-Saligny pour les députés (Voir en effet l'article 23 exigeant, pour qu'il y ait à combler les vacances, que la représentation sénatoriale d'un département fût réduite de moitié); or, ces dispositions ont été effacées par la nouvelle loi sur les élections des sénateurs, en date du 9 décembre 1884

(Voir l'article 24). Enfin, le ministre signala l'inconvénient d'apporter une modification de plus au texte voté par la Chambre. A la suite de ces observations, le rapporteur fit entendre que la Commission ne maintenait que le dernier paragraphe, accepté d'ailleurs par le Gouvernement. Les deux premiers paragraphes ayant été repoussés par 128 voix contre 110, le troisième, après la suppression des mots « Toutefois, dans aucun cas », fut adopté par le Sénat. Dans la séance du 8 juin, la Chambre vota l'article 7 sans discussion.

Mentionnons qu'une loi du 2 avril 1885 (*Journal Off.* du 3) avait déjà interdit les élections partielles jusqu'à la fin de la législature. Son article unique est ainsi rédigé : « Il ne sera procédé à aucune élection de député jusqu'au renouvellement des pouvoirs de la Chambre actuelle. Cette disposition n'est pas applicable aux élections pour lesquelles les électeurs auraient été convoqués antérieurement au 31 mars 1885 ».

4e PARTIE

DROIT CRIMINEL

DEUX QUESTIONS DE DROIT SUR LA DÉPORTATION

DEUX QUESTIONS DE DROIT SUR LA DÉPORTATION [1]

Le ministère de la marine vient de faire distribuer aux membres des deux Chambres la *Notice sur la déportation à la Nouvelle-Calédonie*, notice que la loi du 25 mars 1873 oblige l'administration à publier chaque année. Peu de temps après, paraissait une autre notice officielle sur la transportation à la Guyane française et à la Nouvelle-Calédonie, pendant les années 1871, 1872, 1873, 1874 et 1875 [2]. Le moment serait donc bien choisi pour nous livrer à une étude d'ensemble des établissements pénitentiaires de nos colonies. Mais le cadre de cette étude ne saurait permettre d'envisager une question aussi vaste sous tous les aspects qu'elle comporte. Nous voulons aujourd'hui nous borner à exposer sommairement, d'après les documents officiels qui nous ont été communiqués, un problème juridique des plus délicats, dont l'objet se rattache à l'application des peines politiques.

1. Extrait de la *Revue générale du droit*, juillet-août 1878.
2. *Notices sur la déportation et la transportation, publiées par les soins du ministre de la marine*. Paris, imprim. nation., 1877-1870-1874.

Bien qu'il ait été fort question, à différentes époques, de la déportation, bien qu'elle figure dans le Code pénal de 1810, et que la Chambre des Pairs en ait discuté le principe en 1847, on peut la considérer comme une peine nouvelle. La loi du 8 juin 1850, destinée à substituer la déportation dans une enceinte fortifiée à la peine de mort, que la Constitution de 1848 avait supprimée en matière politique, resta, pour ainsi dire, sans application, car la vallée de Vaïthau, aux îles Marquises, n'a jamais vu aucun condamné; et trois déportés simples ont fourni tout le personnel des convois dirigés sur Nouka-Hiva. Mais, après la répression de l'insurrection du 18 mars 1871, le chiffre des déportés s'éleva brusquement à environ 3000 hommes, que la loi du 23 mars 1872 prescrivit d'envoyer à la Nouvelle-Calédonie. Tout ce qui concernait la peine de la déportation prenait dès lors une importance considérable; il devenait nécessaire de bien fixer le sens et la portée des textes dont l'administration de la marine allait avoir à donner le commentaire praique.

Quels étaient ces textes ?

Ils ne sont pas nombreux. Le premier, c'est l'article 17 du Code pénal qui définit ainsi la peine de la déportation :

> La peine de la déportation consistera à être transporté et à demeurer à perpétuité dans un lieu déterminé par la loi, hors du territoire continental de l'Empire.

Les lois subséquentes se sont expressément référées à la définition de cet article.

La loi du 23 mars 1872 (V. l'art. 3), comme la loi du 8 juin 1850 (V. l'art. 5), ne désignent des lieux de déportation qu'*en exécution de l'article* 17 *du Code pénal*. C'est donc uniquement de ce texte qu'il faut tirer tous les caractères essentiels de la *déportation*, ainsi que les différences qui la distinguent du nouveau mode d'exécution des travaux forcés introduit par la loi du 30 mai 1854, et auquel on a donné le nom de *transportation*. Le critérium qui empêche de confondre la déportation, peine politique, et la transportation, peine de droit commun, n'est pas autre chose que l'obligation du travail pénal qui, n'étant pas attachée à la déportation, est au contraire inhérente à la transportation. Le rapporteur de la commission pénitentiaire de l'Assemblée nationale, M. O. d'Haussonville, a fort clairement établi cette différence essentielle dans son intéressant rapport [1]. Après avoir dit que les déportés sont « des transportés que le Code n'a pas astreints au travail », M. d'Haussonville ajoute :

La déportation n'emporte pas l'obligation du travail pénal, tandis que cette obligation constitue le trait distinctif de la peine des travaux forcés.... Ces principes ne doivent pas être perdus de vue et sont la meilleure réponse qu'on puisse adresser à certaines critiques contre les deux lois récemment votées par l'Assemblée nationale, et par lesquelles elle a réglementé à nouveau le mode d'exécution de la peine de la déportation, sans astreindre les déportés au travail pénal. L'Assemblée n'aurait pu leur imposer directement cette obligation, sans se montrer infidèle à la lettre du Code qui n'attache pas à la peine de la déportation l'obligation du travail, sans méconnaître son esprit, qui fait précisément de cette dispense du travail pénal la différence entre les peines pour crimes de droit commun et les peines

1. Voir notre analyse dans la *Gazette des Tribunaux*, nos des 2 et 3 septembre 1874.

pour crimes politiques; enfin, sans assimiler en fait l'une à l'autre deux pénalités profondément distinctes. Telle est la réponse que nous opposons à des critiques qui ont été insérées dans certains recueils et qui témoignent chez leurs auteurs d'une étude incomplète de la matière dont ils ont traité [1].

Il semble qu'en présence de déclarations aussi formelles, l'administration de la marine ne pouvait s'abuser sur l'interprétation donnée au Code pénal par l'Assemblée souveraine qui se chargeait de faire appliquer la peine de la déportation. En vain dirait-on que le député dont nous avons cru devoir citer les paroles ne parlait qu'au nom de la commission d'enquête pénitentiaire, et que, par conséquent, sa manière de voir, en ce qui touche la déportation et les lois qui la régissent, n'a que la valeur d'une opinion individuelle et isolée. Cet argument ne porterait pas, car M. d'Haussonville a été aussi le rapporteur, devant l'Assemblée nationale, de la loi du 25 mars 1873, loi ayant pour objet de régler la condition des déportés de la Nouvelle-Calédonie. Il s'exprimait dans les mêmes termes, au nom de la commission chargée de l'élaboration de cette loi; et l'Assemblée nationale n'a nullement contesté sa théorie juridique de la déportation. Il suffit, au reste, de parcourir la loi précitée du 25 mars 1873, ainsi que celle du 23 mars 1872, qui désigne les nouveaux lieux de déportation, pour se convaincre que le législateur n'a nullement entendu astreindre les déportés à l'obligation du travail. C'est ce que déclare formellement

1. Voir le tome VI de l'*Enquête parlementaire sur le régime des établissements pénitentiaires*. Rapport de M. O. d'Haussonville. Chap. de la Déportation, p. 479. Paris, 1874.

le rapporteur de la loi de 1873 [1]. Invoquera-t-on la loi de 1850 ? Mais elle consacre, de la manière la plus nette, la faculté pour les déportés de demander ou de ne pas demander des moyens de travail. L'article 6 de cette loi est ainsi conçu : « Le Gouvernement déterminera les moyens de travail qui seront donnés aux condamnés, *s'ils le demandent*. Il pourvoira à l'entretien des déportés qui ne subviendraient pas à cette dépense par leurs propres ressources ».

L'administration n'a pas songé tout d'abord à contester le droit des déportés, ni surtout celui des déportés simples, à refuser tout travail. « *Il ne faut pas se dissimuler*, lisons-nous dans les Instructions ministérielles du 15 avril 1872, *que l'obligation imposée à l'État de pourvoir aux besoins des déportés qui n'ont pas de moyens d'existence pouvant être considérée par les condamnés comme créant à leur profit une sorte de* DROIT A L'OISIVETÉ, *il peut naître encore de ce côté de sérieuses complications.* » Cette interprétation se trouve encore reproduite plus loin dans la même dépêche, qui émane de l'honorable amiral Pothuau :

Le principe de non-rétroactivité ne permettait pas au gouvernement de demander que le travail fût rendu obligatoire ; mais vous comprendrez facilement que toute entreprise de moralisation échouerait, si elle ne cherchait un auxiliaire dans les habitudes de travail. Vos efforts devront donc tendre à obtenir de la bonne volonté des intéressés, *ce que la loi ne permet pas de leur imposer disciplinairement.*

Plus tard, il est vrai, l'administration de la marine

1. « ... Il ne faut pas oublier que le Code n'a manifestement entendu attacher l'obligation du travail pénal à aucune des peines de l'échelle politique. » *Enquête pénitentiaire*, t. VI, p. 485.

a modifié sa manière de voir; et, en 1874, lors de l'impression de la première notice sur la déportation, on a cru devoir mettre au bas du document que nous venons de citer la rectification suivante : *Par travail obligatoire, l'administration entendait* LE TRAVAIL PÉNAL. Mais la distinction entre le *travail pénal et celui auquel tout homme est obligé de se livrer pour assurer son existence* est posée pour la première fois, avec une certaine netteté, dans une dépêche ministérielle du 29 juin 1874, qui porte la signature de l'amiral Montaignac.

Le travail pénal fait partie de la peine, il en est une aggravation, et il sert en même temps à indemniser la société des frais que lui occasionne le châtiment du coupable. C'est de celui-là que les condamnés politiques, en général, et les déportés, par conséquent, sont exemptés par la loi. Il est évident, en présence de cette exemption, que l'État est tenu d'entretenir les condamnés, lorsque ceux-ci se trouvent retenus dans une prison, et, par conséquent, dans l'impossibilité de se procurer des moyens d'existence; tels sont par exemple les condamnés à la détention.

Quant au déporté, c'est une sorte d'exilé qui jouit de la même liberté que les autres colons, sauf à ne pas quitter la colonie. Le ministre veut donc qu'il soit abandonné, comme les autres colons, à ses propres efforts; et ce n'est qu'autant qu'il ne *pourrait* pourvoir par lui-même aux nécessités de l'existence que l'État serait forcé de le nourrir.

L'administration est bien obligée de reconnaître que cette thèse n'est pas très solide, en ce qui concerne au moins les déportés de l'enceinte fortifiée : ces condamnés ne jouissent, en effet, d'aucune initiative. Le décret du 31 mai 1872, *portant règlement d'adminis-*

tration publique sur le régime de police et de surveillance auquel les condamnés à la déportation dans une enceinte fortifiée sont assujettis, donne au gouverneur de la colonie le droit de suspendre les communications des déportés de la première catégorie avec les personnes du dehors, d'édicter les règlements sur la discipline intérieure de l'établissement, d'accorder ou de retirer les concessions de terre, dans le périmètre de l'enceinte. De plus, les concessionnaires doivent répondre à des appels et rentrer, à l'heure fixée, dans la partie de l'enceinte affectée à leur logement. Pendant le jour, ils ne peuvent circuler que dans la partie ouest de l'île. Une ligne de poteaux est le signe matériel qui dit au déporté : « Tu n'iras pas plus loin [1] ». Costume, habitation, régime alimentaire, tout est réglementé pour lui. Il est donc inexact de soutenir que les déportés de l'enceinte fortifiée jouissent de la même liberté que les autres colons. Le ministre avoue, d'ailleurs, dans une dépêche du 25 août 1873 :

> Qu'ils pourront rencontrer dans leur situation pénale des obstacles plus grands à l'emploi de leurs forces et à l'exercice de leur industrie.

Mais le raisonnement ne nous semble pas meilleur, en ce qui touche les déportés simples. Certes leur situation légale est moins dure que celle des déportés de l'enceinte fortifiée. La loi du 25 mars 1873 (art. 16) leur accorde de plein droit l'exercice des droits civils dans le lieu de la déportation, faveur qui ne s'étend pas aux déportés de la première catégorie. En outre, les déportés simples peuvent être autorisés à s'établir

1. Voir l'arrêté du gouverneur de la Nouvelle-Calédonie, en date du 19 août 1872.

en dehors du territoire affecté à la déportation, sans aucune condition de stage préalable, tandis que les déportés dans l'enceinte fortifiée ne peuvent recevoir la même autorisation qu'après cinq années d'une conduite irréprochable. Mais ces avantages accordés aux déportés simples ne les empêchent pas d'être soumis à une discipline très sévère qui ne permet nullement de les assimiler à ceux que le ministre appelle « les colons honnêtes ». Les concessions de terres ne sont accordées aux déportés simples qu'à titre provisoire. Il faut bien des conditions pour qu'elles se transforment en propriété définitive. Sans doute aussi la loi de 1873 reconnaît aux déportés le droit d'exercer une industrie pour leur compte, ou de travailler pour le compte des particuliers. Mais tout cela ne peut se faire qu'en vertu de l'autorisation administrative, laquelle est arbitrairement accordée ou refusée. Le même caractère s'attache aux permissions de passer sur la Grande-Terre. Les autorités locales usent à chaque instant de la faculté de révoquer ces faveurs et de réintégrer à l'île des Pins les déportés autorisés à vivre à Nouméa ou sur d'autres points de la Grande-Terre. Concluons, en conséquence, que la liberté des déportés subit bien d'autres restrictions que celle qui consiste à ne pas quitter la colonie; et que, si l'administration prétend les forcer à se procurer par eux-mêmes des moyens d'existence, elle ne peut du moins démontrer à personne que leur initiative n'est pas plus entravée que celle des colons libres.

Mais, en pareille matière, il n'y a pas à nous écarter du terrain purement juridique. Le premier et le dernier mot de cette délicate question du travail des déportés se trouve dans la loi de 1850 dont l'article 6, mentionné plus haut, ne donne prise à aucune équivoque. Cet article met à la charge de l'État *l'entretien des déportés qui ne* SUBVIENDRAIENT PAS *à cette dépense par leurs propres ressources*. Qu'est-ce à dire, sinon qu'il leur est loisible de n'y pas subvenir? En vain l'administration émet la prétention d'imposer le travail à tous les déportés. Il serait facile de prouver, par de nombreux extraits des documents officiels, que les fonctionnaires de la marine ne s'abusent pas sur la portée des textes. Nous nous bornerons à relever l'aveu suivant, qui est extrait d'une dépêche ministérielle du 21 janvier 1873 : « *La loi n'oblige pas le déporté au travail*, et là où il n'y a pas une obligation pénale, il ne peut y avoir de répression coercitive ». D'autre part, le décret du 31 mai 1872 est en parfaite harmonie avec l'opinion que l'administration repousse aujourd'hui, puisqu'il n'accorde la ration de vin aux déportés de la première catégorie qu'en échange d'un travail déterminé. Si le gouvernement pouvait imposer le travail à tous les déportés, ne serait-il pas contradictoire de les encourager à travailler, au moyen de l'attribution éventuelle de la ration de vin? Les rédacteurs de la notice de 1874 ont bien compris cette contradiction, quand ils ont écrit :

> Le département a cherché dans l'appât de certains encouragements un expédient contre le mal. La disposition qui accorde la ration de vin est un de ces palliatifs.

Est-ce que le département n'abandonnerait pas l'emploi de ces palliatifs, pour recourir à des moyens plus énergiques, s'il se sentait le droit d'imposer aux déportés l'obligation du travail?

. . . .

Assurément il a commis une erreur le garde des sceaux qui, dans une circulaire du 17 juillet 1874, a dit que l'interprétation de son collègue de la marine *a reçu la sanction du législateur*, parce qu'elle n'a provoqué aucune protestation, lors de la discussion de la loi du 23 mars 1873. Cette particularité n'a rien de surprenant, puisque la circulaire qui contient la théorie ministérielle dont il s'agit, porte la date du 29 juin 1874. Par contre, nous avons vu que le ministre de 1872 professait une opinion très différente de celle du ministre de 1874. Ce qui ne laisse place à aucun doute, c'est que le rapporteur de la loi de 1873, qui avait qualité apparemment pour en signaler le but et la portée, a écrit que :

Le travail ayant été déclaré facultatif pour les détentionnaires, la même solution devait être appliquée aux déportés.

L'Assemblée nationale n'a pas protesté davantage; et l'on peut dire aussi, en terminant sur ce point, que l'opinion du rapporteur *a reçu la sanction du législateur*.

Nous pensons avoir justifié cette proposition que le Code pénal et les lois subséquentes font de la dispense du travail le caractère essentiel de la peine politique appelée *déportation*.

Un autre point resterait à examiner : celui de savoir si le paragraphe premier de l'article 6 de la loi de 1850 assure aux déportés le droit *d'exiger du travail*, au cas où il leur conviendrait de travailler. *Le gouvernement*, porte le premier paragraphe, *déterminera les moyens de travail qui* SERONT *donnés aux condamnés*, S'ILS LE DEMANDENT. Tout d'abord, le gouverneur de la colonie avait trouvé for claire cette disposition.

Il avait pensé que l'obligation imposée à l'État de fournir des moyens de travail aux déportés qui en demandent devait être comprise d'une manière absolue. En conséquence, il avait évalué en argent le coût des travaux de la déportation prise dans son ensemble, au point de vue des salaires à accorder aux déportés qui réclament du travail. *Ce travail*, QU'ON NE SAURAIT LEUR REFUSER, écrivait le gouverneur, *nécessitera un crédit de plus de 600 000 fr. pour la seule année 1873.* Conséquent avec lui-même, le gouverneur prit, à la date du 17 octobre 1872, un arrêté qui admettait les déportés des deux catégories à travailler pour le compte de l'administration, moyennant un salaire journalier, dont le minimum était fixé à 1 fr. et le maximum à 2 fr. pour certains ouvriers. Le ministère ne blâma pas cette mesure et se contenta de substituer le salaire à la tâche au salaire à la journée. Mais une interprétation qui coûtait si cher à l'État donna bientôt à réfléchir. L'administration supérieure prescrivit de changer le système, et de laisser les déportés demander du travail à l'industrie privée, en accordant des concessions de terre à ceux qui témoignaient du goût pour l'agriculture. Les travaux commandés par l'administration ne furent pas absolument supprimés, mais on les restreignit à ce que réclamaient les besoins réels de la colonie, dans les limites des crédits ordinaires.

Nous sommes loin de contester ici la légalité de la nouvelle interprétation adoptée par le département de la marine. Tout ce qu'on peut demander à l'administration, c'est de fournir aux déportés qui désirent s'occuper et améliorer leur condition le travail dont elle dispose et qui répond aux besoins spéciaux de la colonie. L'art. 6 de la loi de 1850 confère au gouvernement le droit de *déterminer* les moyens de travail qui seront donnés aux condamnés désireux de s'occuper. Le ministre de la marine est donc libre d'offrir aux déportés le genre d'occupations et le mode de paiement qui lui paraissent le plus opportuns et le moins onéreux pour l'État. C'est très légalement, par exemple, que les instructions ministérielles ont prescrit de remplacer le salaire à la journée, qui accordait la même rémunération aux bons et aux mauvais travailleurs, par le salaire à la tâche qu'on applique sans exception dans les maisons centrales de France. C'est très légalement encore que le département a substitué, dans une large mesure, e système des concessions de terre et des travaux industriels pour les particuliers aux travaux commandés par l'administration. De même, l'État, qui, à notre sens, ne peut imposer à aucun déporté l'obligation du travail, ne viole assurément aucun principe juridique, en traitant mieux, sous le rapport de l'alimentation, les hommes qui travaillent que ceux qui persistent dans une oisiveté volontaire. Il n'y a rien à objecter, par exemple, aux décisions du ministre ou du gouverneur qui n'accordent la ration de vin qu'aux déportés qui travaillent pour le compte de l'administration ou pour leur propre compte. L'emploi de ces expédients présente le double avantage d'encourager indirectement les déportés à prendre des habitudes laborieuses, et de respecter en même temps les principes généraux du Code pénal et des lois subséquentes. L'État peut, d'ailleurs, invoquer l'art. 6, § 2, de la loi de 1850 qui l'assujettit seulement « à pourvoir à l'entretien des déportés qui ne subviendraient pas à cette dépense par leurs propres ressources », pour soutenir qu'il a rempli toutes ses obligations envers le déporté, dès qu'il lui a donné un abri, des vêtements et des vivres (Voir la dépêche ministérielle du 15 avril 1873). Mais il ne faut pas oublier qu'aux termes du même article les déportés ont le droit incontestable de *demander* des moyens de travail, et que le devoir s'impose à l'administration de donner satisfaction aux demandes de cette nature, dans la mesure du possible. En fait, il est juste de reconnaître que le département de la marine a déployé une louable activité pour favoriser l'initiative de ceux qui cherchent à se procurer des ressources, en s'adonnant soit au travail industriel, soit aux travaux agricoles. Aux concessionnaires de terres, on a donné des graines, des outils, du bétail. Aux autres, on a procuré des commandes, faites par les colons libres de Nouméa ou même par l'administration. Les meubles nécessaires aux services publics sont exécutés à l'île des Pins. Enfin, les déportés les plus méritants ont obtenu sans peine l'autorisation de passer sur la Grande-Terre pour s'y créer des occupations lucratives. Les derniers documents officiels constatent que, tant à l'île des Pins qu'à la presqu'île Ducos, le travail libre s'organise d'une manière satisfaisante par l'intermédiaire de délégués de l'administration. Pour la seule presqu'île Ducos, le produit du travail des déportés s'est élevé à la somme de 53 000 fr. en 1876. Concluons donc qu'il n'est pas chimérique de faire contribuer les déportés aux progrès de la colonisation, tout en observant le texte et l'esprit de la loi.

5e PARTIE

VARIÉTÉS

LE DERNIER DES PHILOSOPHES LATINS

CONSTANT MARTHA

LE DERNIER DES PHILOSOPHES LATINS

CONSTANT MARTHA [1]

I

A notre époque de démocratie tumultueuse, en présence de la tendance manifeste des gouvernants actuels à faire appel au nombre brutal et aux appétits d'en bas, un fossé, de plus en plus profond, se creuse entre l'élite intellectuelle du pays et les nouvelles couches qui aspirent à des destructions incohérentes, sans être capables de rien asseoir sur les ruines des institutions, des principes et des mœurs. Aussi est-ce une étrange fantaisie que d'élever la voix aujourd'hui pour parler d'une grande âme qui s'est éteinte récemment et dont tous les amis des lettres auraient dû porter le deuil.

Nous le ferons cependant au risque de n'être compris que d'un petit monde très restreint; mais, puisqu'il y a encore une langue française, on a le devoir étroit de ne pas laisser disparaître un des écrivains les plus exquis de ce siècle, sans lui rendre un hom-

1. *Estafette* du 17 mars 1896.

mage discret, sans mettre en relief les délicatesses charmantes et profondes qu'il s'est plu lui-même, au cours d'une longue vie, à renfermer dans l'ombre et à cacher aux yeux des profanes.

Benjamin-Constant Martha, professeur à la Faculté des lettres et membre de l'Académie des sciences morales, est mort le 30 mai dernier. Il avait soixante-quinze ans et depuis vingt-cinq années, il occupait à la Sorbonne la chaire d'éloquence latine. Nous n'étonnerons aucun de ses élèves, aucun de ses admirateurs, en disant que ce maître n'était pas fait pour attirer le grand public, pour grouper autour de sa chaire les amateurs de banalités ronflantes, de tirades emphatiques et de paradoxes retentissants. Comme la plupart des hommes supérieurs, il exerçait sur lui-même une critique trop sévère pour se livrer aux hasards de l'improvisation sans une sorte de contrainte et d'effroi.

Les habitués de la Sorbonne n'ont pu apprécier la haute valeur de M. Martha que dans les soutenances de thèses pour le doctorat. C'est là qu'en présence de ses collègues, qui étaient tous ses amis, devant un candidat respectueux et un auditoire de choix, il entr'ouvrait le trésor de son âme tendre et délicate, toute parfumée de la sagesse antique, et laissait libre cours à son ironie caressante, qui dissimulait, sous l'atticisme de la forme, le sens critique le plus pénétrant et l'inflexible sévérité d'un goût que tempérait seule la bonté. Il parlait doucement, sans l'ombre de pédantisme, sans aucune recherche de l'effet, comme s'il eût parlé pour lui-même ; mais la pensée était si juste, l'enchaînement de l'argumentation si serré, les erreurs si nettement relevées, les qualités du sujet si finement mises en relief qu'on sentait bien qu'après M. Martha, il n'y avait plus rien à dire d'essentiel. Avec un art délicieux, il savait donner un développement et un corps à un germe d'idée qu'il trouvait heureux et que personne, pas même l'auteur, n'avait aperçu. Le fabuliste me semble avoir écrit pour lui les jolis vers du discours à Mme de la Sablière :

> Sur différentes fleurs l'abeille se repose
> Et fait du miel de toute chose.

M. Martha tenait d'ailleurs de La Fontaine d'adorables distractions et de divins enfantillages. Comme lui, il était capable de faire de longs voyages sans presque s'en apercevoir, et de continuer, au point d'arrivée, la rêverie commencée au départ. Que de fois, au temps de la vigueur physique, n'a-t-il pas oublié, en causant avec un ami, qu'il devait prendre le chemin de l'Institut ou de la Sorbonne! Je crois bien que sa montre restait souvent pendue à un clou de son cabinet, et qu'il ne mesurait la marche des heures que par l'épuisement d'un paquet de cigares. Et c'est avec ce nonchaloir de platonicien, égaré au milieu d'un siècle peu fait pour le comprendre, que M. Martha a mené sa vie heureuse, aussi dépourvue d'ambition que de calcul. « On prétend, me disait-il un jour, qu'il est difficile de se faire une place dans le monde universitaire, et que, pour arriver, il faut se donner un mal infini. Quelle erreur! Voyez, par exemple, ce qui m'est advenu : j'étais bien tranquille dans ma chaire de professeur du lycée de Strasbourg et je ne demandais qu'à y rester, au milieu de mes amis et de mes livres. Un ministre me nomma, malgré moi, à la Faculté de Douai ; d'autres ministres m'ont nommé professeur au Collège de France, puis à la Sorbonne. J'ai fait un livre pour mon plaisir et ce livre m'a fait entrer à l'Institut. On a rougi deux fois ma boutonnière et l'on m'a même nommé deux fois officier de l'instruction publique.... Vous voyez comme c'est facile d'arriver dans l'Université! »

Ce que M. Martha ne racontait pas à tout le monde, c'est que ces fameux ministres ne triomphaient pas toujours de sa modestie et de son goût passionné pour certain fauteuil qui n'avait cependant rien de sardanapalesque. Jules Ferry notamment, malgré son insistance amicale, ne réussit pas, certain jour, à déterminer M. Martha à quitter son modeste appartement de la rue du Cherche-Midi pour prendre la direction de l'École Normale. Je ne sais si M. Martha se fût résigné à se laisser prendre par la main pour faire les visites d'usage, mais l'Académie française doit regretter, à cette heure, d'avoir oublié de s'adjoindre un des maîtres les plus impeccables de l'art d'écrire.

En ce sanctuaire des Quarante, il y a un banc des universitaires (on emploie dans le langage courant un mot moins académique). Il me semble que l'auteur de *Lucrèce* et de la *Délicatesse dans l'art* méritait bien de s'y asseoir. Sans doute, quelques amis manifestèrent leur étonnement de ne pas le voir installé à cette place, mais (c'est son fils et successeur Jules Martha qui le raconte dans sa belle leçon d'ouverture du 3 décembre dernier) le philosophe rappelait alors à ces personnes bien intentionnées le mot du vieux Caton, quand on lui demandait pourquoi il n'avait pas encore sa statue au Forum : « J'aime mieux cette question que la question contraire ».

*
* *

M. Martha, considéré comme penseur et comme écrivain, présente ce singulier contraste d'être un Grec par la tournure de l'esprit et la grâce poétique des idées, un Romain par la précision et la solidité de ses doctrines, enfin l'un des plus exquis parmi les écrivains français, l'un des maîtres rares, dont certaines pages devraient être mises comme des modèles de style dans les anthologies qui ont la prétention d'offrir à la jeunesse les formes les plus parfaites de notre génie national.

Comment résumer en quelques pages des œuvres qui sont elles-mêmes la substance et comme le miroir de l'antiquité tout entière? M. Martha me disait lui-même qu'il pensait souvent en latin, et qu'il lui arrivait de versifier en songe dans l'idiome de Virgile. Aussi (en un temps où les latinistes et les grécisants deviennent rares et le deviendront plus encore, parce que l'enseignement classique est en pleine décadence), on ne pouvait souhaiter aux grands écrivains, poètes ou moralistes de Rome ou d'Athènes, un commentateur plus fin, plus pénétrant, plus familier avec ce qu'on appelle « les langues mortes », par une singulière impiété, car les langues dont se sert notre monde latin sont faites de cette cendre!

M. Martha a consacré tout un volume à l'analyse du poème de Lucrèce : *De Natura rerum* et, du premier coup, il a marqué sa place à l'Institut. Dans son ensemble, ce livre restera comme un pur chef-d'œuvre. C'est plus qu'une analyse et qu'un commentaire : c'est une revue profonde, bien que dégagée de tout pédantisme, de toutes les grandes questions philosophiques et morales qui ont passionné l'humanité. Les érudits trouveront dans l'appendice une ample satisfaction à leur souci des textes, à leur amour pour les gloses et les rapprochements littéraires ; mais, bien que l'érudition de M. Martha fût considérable, en dépit de ses efforts pour en dissimuler l'étendue, il pensait, comme il l'a écrit dans une de ses préfaces « qu'on ne peint pas les âmes avec des gloses ». N'a-t-il pas été, à la Sorbonne, un vivant contraste avec quelques-uns de ces grammairiens très savants qui dissertent à perte de vue sur la prosodie et la métrique, sans rien comprendre au génie des poètes classiques qu'ils dissèquent lamentablement ?

On croit inutile de discuter ici la véritable portée des doctrines de Lucrèce et de son maître Épicure. La physique d'Épicure et le ménage des atomes, bien que Gassendi les aient pris au sérieux, paraissent fort vieillis ; mais Voltaire a eu bien raison de faire plus de cas de la *morale* de l'épicurisme authentique qui n'a rien de commun avec la moralité douteuse des épicuriens de nos jours. La *volupté*, *summum bonum*, comme l'entendait Épicure, résulte de la pratique de toutes les vertus et de l'équilibre parfait du corps et de l'âme. Le grand philosophe fonde le bonheur sur la sécurité, et cette sécurité elle-même a pour fondement l'élimination des problèmes métaphysiques, de la terreur qu'inspirent les hypothèses non vérifiées des religions sur l'intervention des dieux dans les affaires de ce monde, sur les supplices éternels de l'enfer, sur cette terreur permanente qui est la véritable origine de tous les cultes. *Primus in orbe Deos fecit timor*, comme disent Pétrone et Stace. Malgré ses habiles précautions de langage, précautions qui s'expliquent, dans une certaine mesure, par l'époque où il a écrit son livre, M. Martha ne farde pas la vérité, et il avoue nettement que le vers fameux qui termine le beau développement de Lucrèce sur les superstitions religieuses est vraiment « la clef de voûte de tout l'épicurisme ».

Tantum relligio potuit suadere malorum.

Il ne conteste pas que « le système de Lucrèce, dans ses principes généraux, enveloppe tous les cultes dans une égale réprobation ». On ne voit guère l'intérêt d'ajouter qu'il ne s'en prend dans son poème qu'à la mythologie et au paganisme; qu'il n'a pas attaqué les doctrines spiritualistes et le principe de l'immortalité de l'âme. Comme M. Martha le fait lui-même remarquer, avec une ironie voilée, Épicure demeure bien au-dessous de ces doctrines. Il ignore absolument la Providence et le Dieu créateur, et, quant à l'âme, toutes les sectes philosophiques, sauf celles de Platon et de Pythagore, qui avaient peu de crédit, reconnaissaient que l'âme était corporelle : saint Basile, saint Jérôme, saint Athanase et même saint Augustin étaient du même avis; Tertullien va jusqu'à dire que l'âme n'est rien sans le corps : *animam nihil esse si corpus non sit*. Lucrèce n'a donc fait que se conformer aux opinions de l'antiquité tout entière, qui ne croyait pas non plus à la vie future; nous renvoyons sur ce point aux nombreuses citations que M. Martha emprunte à Cicéron, à César, à

Marc-Aurèle, à Perse, Juvénal, Sénèque le Tragique, Ovide, etc. Horace a tout résumé en deux mots : *Fabula manes*! Donc, aux yeux des contemporains, Lucrèce, à la suite d'Épicure, enfonçait, si j'ose ainsi dire, une porte ouverte, quand il prémunissait ses lecteurs contre la crainte de l'enfer, et récitait ce que Cicéron appelle une guitare épicurienne, *epicuream cantinelam*.

Enfin, pour consoler les bonnes âmes qui sont navrées de voir Lucrèce combattre avec tant d'énergie la croyance aux dieux, on peut répondre qu'il était fort aimable avec les déesses. Sa magnifique invocation à Vénus,

> Æneadum genitrix, hominum, divumque voluptas.
> Alma Venus...

constitue un acte de déférence caractérisé à l'égard de la plus sympathique des divinités. Mais il ne faut évidemment considérer cet hymne admirable que comme un symbolique hommage à la grande loi de la génération qui renouvelle et conserve la vie du monde. Cette conception, pour n'être pas immaculée, n'a rien qui puisse choquer personne, et la loi de génération n'est même pas contestée par Malthus, qui se borne à en trouver les effets regrettables, à raison de la qualité médiocre des produits.

II[1]

Laissons donc là les doctrines d'Épicure et de Lucrèce : ce sont les idées personnelles de M. Martha

1. L'*Estafette* du 10 mars 1896.

que nous voudrions dégager des nuances infinies qui les enveloppent. Et pourtant !... ces réserves, ces atténuations, ces délicatesses de forme qui flottent autour des réflexions du savant maître comme des nuages impalpables, présentent un tel charme que la main du profane n'a presque pas le droit de les dissiper. La piété d'un fils a, d'ailleurs, suffisamment précisé cet éclectisme supérieur qui unit dans son culte les nobles pensées des philosophes païens et des écrivains sacrés, parce que « la sagesse, d'où qu'elle vienne est bonne à prendre ». Dans la préface de ses *Moralistes sous l'empire Romain*, où l'on trouve la quintessence de Sénèque et de Marc-Aurèle, M. Martha a lui-même dévoilé le fond de sa nature morale, éloignée de tout esprit de secte et de tout fanatisme : « Dans ce temps de controverse ardente où chacun se fait gloire de blesser l'opinion de son voisin, on nous a su gré sans doute de notre équité et de la modération de nos jugements. Il est vrai que cette modération nous a exposé à deux reproches contraires. De très libres esprits se sont étonnés de ce qu'ils appellent notre complaisance pour le christianisme; d'autre part, des chrétiens trop fervents se sont inquiétés de notre vive admiration pour les grands représentants de la morale païenne. Nous pourrions renvoyer nos critiques les uns aux autres en les engageant à se mettre d'accord, mais nous préférons leur rappeler ces mots de Saint Paul, dont ni les uns ni les autres ne contesteront ici l'autorité, ceux-ci parce que rien n'est plus large que son précepte, ceux-là parce que c'est un texte sacré : « Que tout ce qui est véritable, tout ce qui est honnête, tout ce qui est juste, tout ce qui est sain, tout ce qui est aimable soit l'entretien de vos pensées. (Epître aux Philip , IV, 8.) Dieu ne fait point acception de personnes ». Et l'auteur termine par cette profession de foi qui nous apparaît comme l'histoire de sa vie et le résumé de ses œuvres : « Voilà l'esprit de notre livre qui respecte tout ce qui est pur, sans distinguer le profane du sacré, ni le sacré du profane. Que d'autres s'arment en guerre et se signalent dans l'attaque ou la défense de telle ou telle doctrine : j'applaudis à leur vaillance parce que toute opinion sincère, librement exprimée, est un service rendu à la vérité, mais c'est la servir aussi que de rapprocher quelquefois les hommes dans l'étude paisible *des idées morales universellement acceptées* ».

Ou le français n'a plus de sens ou l'auteur de ces lignes se distinguait d'un de ses illustres collègues qui avait exposé à la Sorbonne la théorie des deux morales, et qui s'attira cette verte réplique de M. Victor Leclerc : « Monsieur, il n'y a qu'une morale ». Il se rapprochait, au contraire, du grand homme d'État qui, dans la séance du Sénat du 2 juillet 1881, mettait en relief « la merveilleuse unité de toutes les morales » et vantait « cette morale éternelle qu'on représente comme l'apanage exclusif de la civilisation moderne, comme l'apanage exclusif du christianisme lui-même », alors que cette vieille morale « est au fond de l'humanité, de la conscience humaine, et que son unité est la constatation même de l'unité de la conscience ».

En présence du conflit des doctrines philosophiques, M. Martha n'est pas moins calme qu'en présence de l'antagonisme de la philosophie avec le mysticisme. Il considère « l'histoire de la philosophie comme un simple spectacle, une espèce de drame dont les divers systèmes forment les actes », où l'esprit humain offre

« au spectateur les diverses attitudes de la confiance paisible, de l'espérance satisfaite, de la résignation sombre, de l'indifférence découragée ». Et cette âme, si bienveillante et si modérée, est vraiment celle d'un spectateur qui a traversé la vie sans blesser personne, sans se faire un ennemi, sans avoir peut-être éprouvé d'autre passion violente que celle de l'Honnête et du Beau. Comme ses contemporains ne lui offraient que rarement un beau spectacle, M. Martha avait pris l'habitude de les côtoyer sans les voir : il regardait surtout en lui-même, et le vrai souverain de sa République, c'était, je crois bien, Marc-Aurèle, sur lequel il a écrit un admirable chapitre, comme il eût fait de la vie d'un saint.

« Quel espoir resterait-il aux vulgaires humains, dit-il dans cette étude, si Marc-Aurèle n'avait pas trouvé grâce et si vous n'aviez pas été recueillie avec amour par le juge suprême de *nos incertaines doctrines*, ô vous, de toutes les âmes virilement actives, la plus douce, la plus détachée de la terre et la plus pleine de Dieu ? »

L'intolérance des catholiques modernes pour les incarnations vénérables de la sagesse antique révoltait, à coup sûr, l'éclectisme charmant de M. Martha. Il revient souvent sur ce point. Ici, il démontre que « la moyenne sagesse » se forme de la contrariété des doctrines religieuses et philosophiques [1]. Là, il oppose l'équité des Pères de l'Église, qui donnaient le nom de *chrétien* à Socrate, aux actuels défenseurs de la foi qui s'imaginent, on ne sait pourquoi, que le discrédit de la sagesse ancienne importe à la religion, et se font

1. *Lucrèce*, p. 216.

un pieux devoir de rabaisser les sages de l'antiquité païenne, de choisir surtout les plus nobles pour les immoler sur l'autel, comme s'ils avaient la pensée que plus la victime est belle, plus l'holocauste est agréable à Dieu [1].

Dans une étude sur l'empereur Julien [2], il relève avec une fine ironie les attaques de M. Albert de Broglie contre ce chrétien devenu païen. Rarement, la critique a été plus courtoise, mais, au fond, plus mordante. Après avoir admiré l'audace du noble écrivain qui, « avec la confiance de la jeunesse », a osé entreprendre la longue et difficile histoire de l'*Église et de l'Empire romain au IVe siècle*, M. Martha ajoute « qu'on n'a pas à craindre qu'un si grave esprit apporte, comme tant d'autres historiens, dans cette peinture de la lutte entre le paganisme et le christianisme, de mesquines passions, une ignorance volontaire et une pieuse partialité. Ici, tout est sincère et les erreurs même ont du poids. Sans doute, lorsque M. de Broglie parle de la société païenne, nous le trouvons, en général, trop peu sensible à ses mérites et à ses grandeurs, comme il peut arriver à un historien que la nature même de son sujet sollicite sans cesse à se faire plutôt l'accusateur que l'avocat de l'antiquité; mais sa critique clairvoyante, bien que dure parfois, est de celles avec lesquelles il faut compter ». Si nous citons ce passage, c'est qu'il donne une idée exacte de l'ironie du plus bienveillant des hommes. Elle était si voilée que le gros public et les Béotiens ne la comprenaient même pas, mais

1. *Les moralistes sous l'Empire romain*, p. 211.
2. *Études morales sur l'antiquité*, p. 235 et suiv.

quel régal pour les lettrés ! Nous conseillons, à qui voudrait en juger, de revoir le portrait de Julien par M. Martha, en face de la caricature du même par M. de Broglie. Le prince qui a écrit :

« Je ne veux pas, par tous les dieux, que l'on frappe les chrétiens sans droit ni justice. Leur erreur est de croire, avec une insolence barbare, que le Dieu véritable est inconnu à tout autre qu'eux », ce prince personnifie le principe de la tolérance, qui est tout à fait incompatible avec le *Syllabus* et ses anathèmes implacables. Et, de fait, Julien a fait preuve d'un esprit profond en accordant toute liberté aux chrétiens, sachant bien qu'une fois libres, ils se déchireraient entre eux *comme des bêtes féroces*, selon le mot de saint Athanase. Voilà peut-être ce dont M. de Broglie lui gardait rancune.

Rien n'est joli comme l'énumération des travestissements donnés par l'édifiant écrivain aux actes les plus louables de l'empereur Julien, énumération qui se termine par cette phrase : « le noble esprit de l'historien, tout en arrivant à des conclusions sévères, ne cache jamais la vérité, même quand il lui coûte de la reconnaître ». Et aux cris d'indignation de M. de Broglie qui reproche à Julien d'avoir défendu aux chrétiens d'enseigner les lettres profanes, sous prétexte que « celui qui enseigne une chose à ses disciples pendant qu'il en pense une autre, est aussi éloigné de faire un bon maître qu'un honnête homme », M. Martha répond que les chrétiens rigides approuvèrent l'édit, parce qu'à leurs yeux, c'était un acte de sagesse souveraine que de ramener le christianisme à la pureté de l'enseignement apostolique. Et l'apologiste de Julien conclut par ces réflexions accablantes :

« Avons-nous d'ailleurs le droit de nous montrer sévères, et n'avons-nous pas entendu autour de nous, il n'y a pas bien longtemps, une bruyante agitation et comme une émeute de pieuses âmes qui demandait aux pouvoirs publics précisément ce que Julien avait ordonné, à savoir que, dans nos écoles, il fût interdit d'étudier les auteurs profanes de l'antiquité? Ils ignoraient, ces chrétiens trop zélés, et ils auraient frémi d'apprendre qu'ils étaient les imitateurs de *l'Apostat*, et des imitateurs bien plus iniques, puisque Julien interdisait les lettres antiques à ceux qui souvent les trouvaient méprisables, tandis que les nouveaux persécuteurs prétendaient les interdire à ceux qui les jugeaient de tout point excellentes. Aussi faut-il *détester* l'intolérance philosophique ou religieuse, partout où on la rencontre, non seulement à cause du mal qu'elle produit pour le moment, mais parce que ses armes sont de celles qui changent le plus facilement de main ».

Ainsi M. Martha se révélait indigné quand on touchait à la gloire des grandes âmes de l'antiquité dont il avait fait sa société préférée. Ce n'est pas qu'il eût la moindre haine contre notre démocratie débordante. Il aimait au contraire se mêler aux plus humbles et se faire plus humble qu'eux pour étudier la nature humaine sous tous ses aspects. Ce causeur infatigable se plaisait, comme le raconte son fils, à poursuivre de longs dialogues avec les paysans sur les choses rustiques.

Pendant le siège de Paris, quand il portait le fusil du soldat-citoyen, il parlait de souliers aux cordonniers, à un tailleur, d'habits, et un vitrier lui demanda s'il était dans la vitrerie.... Pourtant les injustices et les remous violents des sociétés démocratiques l'ont parfois profondément blessé. Dans son étude sur *l'Éloge funèbre chez les Romains*[1], après avoir rappelé quelle était à Rome la plus haute portée du culte des ancêtres, avec quel patriotisme religieux on honorait les grands hommes, il fait cette réflexion, attristée : « Peut-être aujourd'hui sommes-nous tombés dans un excès contraire. Sous prétexte de stricte vérité, nous avons trouvé un savant plaisir à diminuer nos gloires, allant, nous aussi, jusqu'à l'hyperbole, mais en sens inverse, à l'hyperbole du mépris ; en vers, en prose, dans les livres, sur le théâtre, nous avons déchiré nos grands hommes et usé de notre culture littéraire pour ravager consciencieusement le plus beau patrimoine de la patrie ».

Qu'aurait dit cet Alsacien patriote s'il eût daigné lire les invectives d'une certaine presse contre les hommes qui ont été les chefs et la parure de notre République, peu athénienne ? Mais il ne lisait que *le Temps*, journal modéré.

III [2]

Le dernier ouvrage de M. Martha, c'est la *Délicatesse dans l'art*. Il a paru en 1884 et l'auteur avait alors soixante-quatre ans. Jamais son style n'a été plus ferme, ni son talent plus souple et plus attique. « Ce volume, dit l'avant-propos, n'est pas un traité d'esthétique ; il ne prétend pas embrasser la science

1. *Études morales sur l'antiquité*, p. 57.
2. *Estafette* du 20 mars 1896.

du beau, en rechercher les principes, en dérouler méthodiquement les lois; ce n'est qu'un livre de sincère et familière psychologie où l'auteur analyse certains plaisirs de l'art et rend compte de ses sentiments avec l'espérance que le lecteur pourra y reconnaître ses propres impressions. »

En résumé, M. Martha applique au culte de l'art la maxime fondamentale de l'épicurisme, dans le sens le plus élevé du mot : il fonde l'art sur le plaisir. « Se délecter de ce qui est beau, aimable, délicat, moral; montrer que les merveilles du génie recèlent du bonheur, c'est sans doute prêcher une sorte d'épicurisme, mais c'est un épicurisme qu'il est honorable de pratiquer et qu'il n'est pas malséant de répandre. » Puisque l'éminent moraliste n'a pas entendu dogmatiser en cette matière, ni poser des principes, il ne reste qu'à glaner dans son œuvre des observations personnelles qui sont infiniment précieuses. L'embarras naît toutefois de l'abondance et de la variété de ces fines remarques qui s'appliquent à l'art d'écrire comme aux arts plastiques.

Je crains bien, par exemple, que M. Martha ne juge du mérite de nos statuaires et de nos peintres d'après des vues un peu exclusives. Il leur demande trop de *pensée*, trop de précision, trop de justesse dans la composition, et ne s'occupe que de ce qui parle à l'esprit. Il reproduit comme une maxime sans réplique ce jugement de Lucien : « Il est des beautés qui peuvent m'échapper en partie. La correction exquise du dessin, certaines combinaisons de couleurs, je les laisse à louer aux peintres qui ont mission de les comprendre ».

Mais si l'on fait abstraction de la *couleur* et du

dessin, il nous semble qu'on pourrait remplacer les Salons par des notices, agréablement rédigées, où l'on indiquerait au public des sujets de tableaux philosophiques et historiques, dans le genre de ce qui se fait à l'École des Beaux-Arts pour les coucours de prix de Rome. Un tableau qui fait penser et dont le sujet est même très heureusement choisi, peut être exécrable, s'il est dépourvu de mérite technique, c'est-à-dire s'il pèche par la couleur et par le dessin. Un portrait de Rembrandt, un bœuf dépecé, par le même, n'offrent aucune profondeur philosophique, et cependant ce sont des chefs-d'œuvre de peinture, tandis que les chromos de Bouasse-Lebel et les chemins de croix de la rue Saint-Sulpice, tout en exprimant avec une parfaite précision les légendes théologiques, ne méritent nullement la qualification *d'œuvres d'art*! Et encore, les traits de la Vénus de Milo choquent un peu la théorie de la précision, développée si supérieurement par M. Martha, puisque nous ne savons pas avec certitude, malgré les travaux de M. Ravaisson, ce que l'artiste antique a voulu représenter. L'hypothèse du Français, né malin, c'est que nous admirons, sous cette forme merveilleuse qui nous casse aussi les bras, la Déesse de l'agriculture, mais les paris restent ouverts.

La thèse de M. Martha paraît bien plus irréfutable si on la cantonne sur le terrain des lettres, le vrai domaine du maître. La *précision*, ou, si l'on veut, la justesse, peut consister alors à donner une forme et une expression aux plus vagues rumeurs de l'âme et à saisir l'insaisissable. Lamartine et Chateaubriand, Victor Hugo lui-même, que M. Martha ne plaçait pas au nombre de ses poètes préférés, nous fournissent mille exemples de cette lucidité relative. Il y a plus, et c'est là où nous voulions en venir : l'apologiste de la précision fait mieux que personne l'application de sa doctrine (qu'il ne faut pas confondre avec l'éloge de la sécheresse) dans une page admirable qui se place, croyons-nous, au niveau des plus rares chefs-d'œuvre des grands prosateurs français. La voici :

« La nature physique et morale de l'homme n'est pas encore connue, malgré toutes les apparences contraires; elle est si diverse et si fine qu'elle se dérobe sans cesse aux plus pénétrants regards.

« Elle offre bien des nuances qui ont échappé, des attitudes, des gestes, des expressions, par exemple, des étonnements d'enfant, des candeurs de jeune fille, des sérénités, des tristesses que ni peintre, ni poète, ni acteur n'a encore aperçus ou n'a su saisir. Il y a dans l'humanité des choses ravissantes que le hasard nous fait quelquefois remarquer et qui n'ont été reproduites par aucun art. Il est de divins sourires qui, depuis des siècles, errent sur des lèvres humaines qui n'ont jamais été surpris au passage par un artiste et qui se sont évanouis; mais soyez sûr qu'un jour quelqu'un les remarquera et les fixera sur la toile ou dans la poésie. Voilà pourquoi l'art est immortel et peut se renouveler sans cesse ».

Certes, celui qui a écrit ces lignes avait l'âme d'un poète et il possédait à fond cet art d'écrire qui, suivant sa propre définition « n'est le plus souvent que l'art de suggérer plus d'idées et de sentiments qu'on n'en exprime ». Seulement, il ne faut pas demander aux artistes de la main, ce qu'on est en droit d'exiger des artistes de la pensée; il ne faut pas non plus exiger du romancier qu'il soit toujours un moraliste, ni que le dramaturge soit condamné à encourir le reproche d'immoralité parce qu'il écrit en prose. Est-il aussi très exact d'affirmer, par contre, que « le public se montre de plus en plus indifférent à la poésie... que les jeunes gens ne tiennent pas à connaître les vers du jour... qu'enfin, le langage incommode du vers soit tombé en discrédit ou en désuétude ». Mais il nous semble que ce prétendu malheur, que M. Martha déplore est heureusement chimérique; que jamais les poètes, à en juger par les élections académiques, n'ont été plus choyés que de nos jours; qu'on a vû récemment — chose inconnue autrefois — des éditeurs faire fortune en éditant des poésies telles que les vers des Coppée, des Sully Prudhomme, des Leconte de l'Isle, des Richepin et de bien d'autres; qu'enfin, des jeunes gens sont arrivés, grâce à une savante réclame, à obtenir une sorte de notoriété mystérieuse avec un ou deux petits volumes où les initiés ont cru découvrir des germes de talent. Certes, M. Martha, malgré sa distraction, n'ignorait pas absolument l'existence de la nouvelle école poétique, et il la raille même très spirituellement de ses outrances, dans une belle étude sur la poésie rustique :

Autrefois, l'eau murmurait, aujourd'hui elle sanglote. Nous faisons trop uniformément pleurer et gémir tous les objets de la nature, les ruisseaux, les arbres, les fleurs. Les animaux, de même, tournent à la mélancolie et paraissent avoir flairé Werther et René. Depuis peu d'années, une nouvelle école, qu'on appelle, je ne sais pourquoi, *réaliste*, a prétendu corriger cet abus qui avait du moins quelque grandeur.

L'eau ne murmure plus, sanglote encore moins; elle jacasse avec les cailloux, le ciel ricane, les arbres chantent ou dansent, les animaux sont facétieux, et l'insecte fait du scandale parmi les fleurs. La nature, l'innocente nature a pris des airs de mauvais sujet. Conclusion : imiter les anciens, revenir à Virgile et à Lucrèce et chanter l'immortelle nature.

Il passait déjà sur la tête d'Homère et de Virgile, ce soleil qui nous éclaire; les flots de la mer qu'ils ont décrits avec une si simple grandeur sont les mêmes qui battent nos rivages et qui, durant tant de siècles, se retiraient sans qu'un beau vers eût salué leur passage.

Et M. Martha appelle de ses vœux un poète français qui trouverait autre chose que des gentillesses de salon et des paroles de bel esprit « devant la créature humaine, courbée depuis des siècles sur sa charrue, devant ces mains actives ennoblies par le travail, devant la patience mystérieuse des animaux mêmes qui suivent, eux aussi, avec un courage si placide, leur obscure destinée... ». Il voudrait un pendant au large salut de Virgile à sa chère Italie :

Salve magna parens frugum, Saturnia tellus!

Ainsi, ce revenant d'Athènes et de Rome, égaré parmi nous, cet intime ami d'Épicure et de Marc-Aurèle, se trouve mal à l'aise au milieu des fadeurs ou des brutalités contemporaines; arrivé au terme de ses jours, il bénit, comme une olive mûre, la terre sa nourrice, et rend grâce à cet arbre qui l'a porté, ce vieil arbre de l'antiquité païenne dont il a, pour ainsi dire, absorbé la sève et condensé la substance. Il en a tiré des fruits délicieux; il y a puisé les éléments, des pensées les plus nobles et les plus délicates, et l'exquise douceur d'un style aussi pur que le miel de l'Hymette.

DEUX DISCOURS
AUX GENS DE LETTRES

DEUX DISCOURS

AUX GENS DE LETTRES

Je n'oublie pas que le moi est *haïssable*, et j'ai hésité à comprendre dans cette publication des allocutions où d'éminents confrères m'ont couvert de fleurs, avec une bienveillance assurément excessive, mais je n'ai pu résister au plaisir de préparer les éléments de ma future notice nécrologique pour la *Société des Gens de Lettres* tout au moins : je la regarde comme ma seconde famille, et je prie instamment les lecteurs qui n'en font pas partie de considérer les discours de Marcel Prévost et de Camille Le Senne comme ne s'adressant qu'aux initiés de notre petite chapelle, laïque et littéraire.

Je leur fais grâce d'autres discours que j'ai eu l'occasion de prononcer dans les banquets, en qualité de Président de plusieurs sociétés, notamment de l'*Association des anciens élèves du Lycée Henri IV*. Mais les banquets des Gens de Lettres ont un caractère moins banal; et je veux conserver le souvenir des heures aimables où un maître a rappelé avec tant d'indulgence la diversité de mes modestes travaux et les étapes d'une vie littéraire déjà longue :

Dîner des Gens de Lettres de novembre 1900.

Présidence de M. Paul Hervieu.

Allocution de M. Paul Robiquet, vice-président de la Société.

Mes chers confrères,

C'est aujourd'hui notre rentrée des Chambres [1] si j'ose établir un parallèle entre les Lettres et l'affreuse Politique.

C'est aussi pour nous un jour de fête car nous avons à fêter le plus aimable et le plus exquis des Présidents.

J'avais demandé — et très sincèrement — qu'une voix plus haute et plus autorisée que la mienne exprimât nos sentiments unanimes; j'aurais voulu qu'un de nos anciens, un autre *Immortel*, donnât la réplique au nouvel Immortel. La vice-présidence (que je partage d'ailleurs, en toute modestie, avec l'ami Chincholle, le très actif héraut d'armes de notre Société) ne donne pas, je l'avoue un poids suffisant à ma parole, bien que j'aie pris la précaution, en apparence contraire aux habitudes du Palais, d'éviter les hasards d'une improvisation trop fantaisiste. Quand on balance des couronnes de roses au-dessus des fronts qu'illuminent les rayons naissants de la gloire, il convient de mesurer ses gestes, et je ne me pardonnerais pas de me livrer aux écarts d'une imagination déréglée (ce qui est parfois excusable chez Marguery-Lucullus) à l'heure même où j'ai devant moi l'un des

1. *Société des gens de Lettres* (Chronique de décembre 1900).

écrivains les plus fins de notre siècle, un romancier psychologue et un auteur dramatique dont chaque mot porte, et risque... d'emporter mon petit morceau.

Aussi ne ferai-je pas de *morceau*, pas d'esprit — j'en ai peu — pas de style... A quoi bon? La plus belle phrase vaut-elle un sourire de femme, et les aimables confrères qui sont ici vous sourient depuis longtemps, mon cher Président, comme elles ont souri à un autre Paul, première édition.

Faut-il analyser les œuvres ou même les rappeler? Tout le monde les connaît et les admire. Je n'en dirai qu'un mot. J'ai prêté votre théâtre à une très charmante liseuse, et elle a négligé de me le rendre. M. Brunetière, lui-même, n'en pourrait faire un plus bel éloge.

Vous avez été porté à la Présidence de notre Société puis au fauteuil académique par l'irrésistible courant de sympathie qui entraîne des électeurs de choix vers le talent et vers le succès. Dirai-je qu'à l'exemple de votre prédécesseur, vous avez enchanté le Comité par votre bonne grâce, votre tact impeccable, et par cette courtoisie acérée qui sait manier les hommes sans effort et les plier à la loi du juste, en tenant chacun et chaque chose en sa place? On a grandement méconnu ce petit cénacle hebdomadaire de la Cité Rougemont, en le présentant parfois comme une réunion d'hommes grossiers qui échangent de vilaines paroles en crachant par terre; comme une salle d'estaminet où les dames n'entreront qu'en prenant l'engagement de fumer la pipe!

Mais depuis que Henry Houssaye, Marcel Prévost et Paul Hervieu, arbitres des élégances, y règnent, Mme X... ou Mme Y... pourraient y amener leurs filles.

C'est la *Cité Antique* que cette *Cité Rougemont*, et ce sera peut-être, l'année prochaine, le *Paradis* ou le *Bonheur des Dames*. Le maître Zola lui-même dira, j'en suis convaincu, avec nous tous, que cette petite révolution contribuera au bonheur des hommes.

Établissement d'utilité publique — alcades, saluez! — nous voici quelque chose comme un pouvoir de l'État. On décore nos Présidents et nos confrères, trop oubliés jusqu'ici. Quand ils ont le ruban, on leur envoie la Fée *Macaron*. Je puis bien vous révéler ce grand secret : c'est Paul Hervieu qui a proposé Marcel Prévost pour la rosette. Il n'avait oublié qu'un candidat : c'était lui-même; mais, avec le coup d'œil de l'aigle, l'honorable ministre qui préside aux destinées de l'Instruction publique, remarqua cet oubli; et c'est ainsi que notre Président fut proposé au choix du ministre par le ministre en personne.

De sorte que nous sommes tous contents, le cœur à l'aise! Nous revenons de la revue, et nous y reviendrons, car nous sommes chauvins, et même un peu chauves. Dans une poussière dorée d'apothéose, nous verrons défiler la glorieuse phalange des Lettres qui écrira sur ses drapeaux des noms de victoires. Ces victoires pacifiques feront peut-être verser des larmes, mais ce seront des larmes d'admiration et d'orgueil. Nos chefs tireront leurs épées, mais ces épées flamboyantes seront des épées d'académiciens, et quand, fatigués de leur course, ils rentreront vers le soir, au milieu des acclamations du peuple, ce n'est pas sous une *coupole* du Creusot qu'ils iront déposer leurs palmes!

Je bois, mes chers confrères, à notre Président, à l'*Officier* d'*Académie... française* Paul Hervieu!

Dîner des gens de lettres du 8 février 1904

Discours de Marcel Prévost.

Mes chers confrères,

J'ai tenu à venir saluer moi-même le Président du dîner de ce soir, d'abord parce que j'ai pour lui une vive amitié, puis parce que, dans notre compagnie, Paul Robiquet occupe et mérite une place éminente, et par l'honneur qui rejaillit sur nous de son œuvre, et par les services qu'il nous a rendus.

Le Comité est un faisceau de bonnes volontés et d'aptitudes diverses : chacun y exerce sa spécialité ; la spécialité de quelques-uns — pas dans le Comité actuel, naturellement, le Comité actuel est parfait — la spécialité de quelques membres dans les Comités d'autrefois, était même de ne jamais assister aux séances! Paul Robiquet est très assidu : et il a bien raison, car s'il nous manquait, je dépêcherais un employé robuste de l'administration pour l'amener par la force. Il nous est vraiment indispensable. Il représente parmi nous la loi, la jurisprudence, l'équité. Nos affaires contentieuses deviennent de plus en plus importantes à mesure que notre Société se développe : elles sont plus importantes que jamais en cette année, qui marquera, sachez-le, pour la Société des Gens de Lettres, une prospérité qu'elle n'a jamais, *jamais* connue. Sans doute nous possédons un conseil judiciaire actif, dévoué, intelligent : mais combien ce conseil judiciaire, auquel je rends ici un

1. Voir *Chronique de la Société des Gens de lettres*, de mars 1904.

affectueux hommage, est heureux d'utiliser les avis officieux de Paul Robiquet, à la fois avocat et homme de lettres! C'est que Paul Robiquet est un des nôtres; il sent comme nous; ses vœux sont les nôtres; seulement, il a la science que nous n'avons pas. Notre conseil judiciaire se joindra à moi, j'en suis sûr, pour le remercier et l'applaudir.

Mes chers confrères, ce serait faire tort à Paul Robiquet que de considérer en lui seulement le membre actif du Comité. Paul Robiquet, homme de lettres, est digne de notre admiration. Son œuvre ne ressemble pas à ces constructions hâtives et tapageuses d'Exposition universelle, qui dissimulent sous de brillants ornements de staff, sous des poteries émaillées, une frêle armature de treillage et d'étoupe. Sans parler de cette édition des *Discours de Jules Ferry*, commentée si abondamment qu'elle équivaut à une chronique de la fin du dernier siècle, — Paul Robiquet s'est bâti son monument en solides pierres de taille, entre Notre-Dame et le Palais de Justice, sur le roc séculaire de la Cité. Vous n'ignorez pas qu'il s'est fait l'historien de la vie municipale de Paris. Nautonnier infatigable, il est monté à bord de cette nef rouge et bleue que les flots secouent sans la chavirer — *fluctuat nec mergitur* ! Il a tenu le journal du bord. Au bout du voyage, il n'eut qu'à franchir cet étroit bras de fleuve qui sépare là deux quais de la Seine pour aller cueillir à l'Institut le prix Thérouanne, en attendant d'autres honneurs.

Je ne veux ni analyser ni apprécier ici cette œuvre considérable, mes chers Confrères : notre ami Camille Le Senne le fera tout à l'heure avec son éloquence et sa compétence habituelles. Je songe, cependant, avec respect et reconnaissance, que si les temps prédits par Macaulay s'accomplissent jamais — ce qu'à Dieu ne plaise — si jamais les peuplades de l'autre hémisphère, devenues le centre politique du monde, viennent explorer les parages où se dresseront les ruines de notre ville, l'histoire municipale écrite par ce bon citoyen conservera dans l'immortalité du livre quelque chose de la vie, de l'âme de Paris.

Enfin, je me reprocherais de négliger ici une partie de l'œuvre de Paul Robiquet que sa modestie semble vouloir dissimuler, mais qui suffirait à nous le faire revendiquer pour l'un des nôtres. Paul Robiquet a écrit des poèmes charmants, qui ont le seul et grave défaut d'être introuvables, le volume de *Guitares et Clairons* étant épuisé. Massenet a fait la musique de l'un d'eux : *Poème d'amour*. Ouvrez, d'autre part, les volumes dus à la collaboration du Comité : vous y rencontrerez quelques récits de premier ordre, qui par la manière, rappellent les courtes nouvelles éparses dans l'œuvre de Balzac. *L'Ame vassale*, entre autres est une petite merveille de psychologie, et il faudrait avoir bien peu de sensibilité pour ne pas s'émouvoir de l'aventure de *Deborah Samuel*.

Ainsi, il est artiste aussi, cet historien couronné par l'Académie française, cet avocat érudit, éloquent. Je suis heureux de porter la santé de sa triple et toujours jeune activité; je lui confirme le témoignage de mon amitié fidèle, et je vous convie, chers confrères, à fêter en lui un honnête homme, de haute et rare culture, et l'un des serviteurs les plus considérables de la Société des Gens de Lettres.

Discours de Camille Le Senne.

Mon cher Robiquet,

Le sentiment dont je suis l'interprète en vous souhaitant la bienvenue, n'est pas de ceux qui comportent de grands développements oratoires. Une confraternité déjà longue nous a permis à tous, de vous apprécier. Nous vous estimons très haut. Nous vous aimons beaucoup. Nous sommes heureux de vous voir présider ce banquet amical. Voilà qui est agréable à penser, facile à dire, — voilà qui est simple. Et je vous connais trop pour n'être pas certain que je répondrais à votre vœu intime, en arrêtant là le toast qui précède toujours le champagne, et parfois le remplace.

Vous n'en serez pas quitte à si bon compte et je dois faire violence à votre modestie. C'est qu'après avoir satisfait notre affectueuse sympathie, notre bonne camaraderie, sentiment très simple, tout uni, comme je viens de le dire, il nous faut encore tenir compte du prestige de la Société des Gens de Lettres, qui se compose des mérites individuels de chaque confrère; et l'intérêt supérieur de cette légitime fierté ne me permet pas de laisser dans l'ombre les aspects multiples d'un talent qui a marqué sa trace profonde dans la jurisprudence, l'histoire, l'économie politique, le journalisme. Résignez-vous à être loué, mon cher Robiquet; vous en souffrirez un peu, mais nous vous saurons gré de ce nouveau sacrifice.

C'est par le juriste que je commencerai, et aussi bien, est-ce lui que nous avons accueilli le premier dans la vieille maison de la Chaussée d'Antin. Avocat à la Cour d'appel en 1872, avocat au Conseil d'État et à la Cour de Cassation depuis 1880, ancien membre du Conseil de l'Ordre, délégué du bureau de la Cour de Cassation aux Congrès pénitentiaires internationaux, conseil judiciaire de notre grande Association des Journalistes Parisiens, voilà bien des titres de premier ordre. Mais vous ne vous êtes pas contenté, comme tant d'autres, d'une façade imposante.

Vous avez élevé derrière un véritable monument juridique dont je rappellerai les principales assises : études sur la protection législative de l'enfance ouvrière, sur la législation des mœurs et les délicates questions qui s'y rattachent, notices et commentaires épars dans les journaux spéciaux et les revues. Vous avez même accompli un véritable miracle dans un domaine où tout est, depuis longtemps, classé, catalogué ; votre premier livre, le *Commentaire de la Constitution française de 1875*, a ouvert une nouvelle et vaste rubrique. L'œuvre n'est pas seulement forte, substantielle et définitive ; elle a été le point de départ de la création de chaires de droit constitutionnel comparé dans les Facultés de l'État.

Sur ce terrain-là, mon cher Robiquet, vous êtes protégé contre le détail de la louange par notre *a priori* d'incompétence. Tout de même, le confrère qui vous parle n'est pas si étranger aux choses du droit qu'il ne connaisse ce remarquable traité de droit constitutionnel, et qu'il croie devoir se refuser le plaisir d'en indiquer sinon les mérites intimes, du moins la pensée initiale. A l'époque où vous le publiâtes — il y a presque trente ans ! — vous étiez déjà un esprit à la fois encyclopédique et méthodique. Tout en protestant de votre profond respect pour la philosophie du droit, vous préconisiez l'emploi des procédés d'investigation, aussi indispensables dans l'ordre des sciences morales et politiques que dans les autres branches des connaissances humaines. Vous demandiez à serrer de près la réalité vivante, sans vous attarder à de vaines dissertations.

La méthode expérimentale, dont ce premier essai vous avait déjà mis en pleine possession, vous ne tardiez pas à l'appliquer au travail des fondations du monument historique auquel vous deviez consacrer bientôt une grande part de votre infatigable activité. Entre les deux écoles que vous avez si curieusement et si exactement définies, l'école rhétoricienne, déclamatoire et creuse, et l'école documentaire, vous n'aviez même pas à choisir. Vous auriez inventé la seconde si elle n'avait existé déjà, tant votre esprit répugne à l'incertain et à l'à peu près.

C'était partir en guerre bien armé. Aussi, ne trouverait-on dans la production historique contemporaine rien de supérieur par la sobriété, la simplicité, la force du relief et l'abondance de l'inédit à cette *Histoire municipale de Paris* dont les deux premiers tomes vont de la Confrérie des Nautes aux dernières convulsions de la Ligue, en attendant la troisième et capitale partie, où vous nous donnerez le saisissant tableau du règne de Henri IV.

La grande histoire municipale de Paris, à laquelle l'Académie française a décerné une de ses récompenses les plus flatteuses, le prix Thérouanne, la réduction en récits populaires que le ministère de l'Instruction publique a eu l'heureuse inspiration de faire figurer sur la liste des livres distribués gratuitement dans les écoles, ces volumes-là, mon cher Robiquet, j'avais le droit de les lire, car ils sont de la littérature, et même d'excellente littérature, des modèles de narration historique tout à fait conformes à la définition de M. Thiers, que vous avez rééditée avec tant d'à-propos : « une glace qui reproduit les objets avec une telle fidélité qu'on ne distingue plus le reflet d'avec l'objet lui-même ». Je ne me suis pas fait faute d'y prendre un plaisir d'autant plus vif que leur lecture flattait mon amour-propre civique. Les indigènes, les autochtones, les purs Séquanais qui vous doivent une reconnaissance, en quelque sorte, personnelle, pour avoir si bien raconté la vie municipale de notre grande cité, pour avoir évoqué avec tant de puissance et de sympathie nos heures généreuses ou tragiques, les vrais Parisiens de Paris sont rares parmi tant de Parisiens parisiennants, venus des quatre coins de la France. Il en reste pourtant; je suis du nombre et je vous adresse nos remerciements collectifs.

Il ne vous a pas suffi, mon cher Robiquet, de faire revivre les grandes figures du temps passé, et aussi quelques personnages curieusement épisodiques, Barras, Babeuf et cet extraordinaire aventurier de lettres, Théveneau de Morande, Figaro vivant et réel, si retors qu'il exploita Beaumarchais lui-même. Vous avez fait encore une incursion profonde dans la modernité par ces commentaires détaillés des sept volumes des *Discours et opinions de Jules Ferry* qui sont une véritable histoire contemporaine. La critique historique dont je puis porter le témoignage confraternel qu'elle est, grâce à vous, une des plus sérieuses attractions périodiques du rez-de-chaussée de notre vieux *Siècle*, l'économie politique, la polémique elle-même devaient vous attirer.

C'est l'honneur de notre démocratie de former des hommes tels que vous, aux tendances et aux aptitudes universelles, et c'est en même temps son prudent calcul, car elle se constitue ainsi une réserve toujours disponible. Votre situation n'a cessé de grandir, et, à parler franc, vos collègues du Comité n'envisagent pas sans quelque appréhension égoïste, les suites logiques du développement de votre carrière. Après avoir été longtemps parmi nous le plus sûr et le plus précieux des conseillers, après avoir joué un rôle capital dans toutes nos grandes commissions, l'ancien Vice-président de notre Comité aura d'autres devoirs à remplir dans une autre compagnie littéraire.

L'échéance est fatale! mais, sans me dissimuler qu'une des plus graves sections de l'Institut pourrait bientôt concurrencer la Société des Gens de Lettres, je bois avec confiance à la pérennité confraternelle de Paul Robiquet. Nous le tenons par le lien le plus solide, celui des obligations que nous avons tous à sa longue expérience, à son absolu dévouement; il tient à la Société par les services qu'il nous rendra encore comme par ceux qu'il nous a déjà rendus.

Enfin et surtout, je suis certain qu'il nous restera indéfiniment attaché par cette réciprocité de sympathie affectueuse dont je parlais tout à l'heure et dont les années ont fait une chaîne indestructible.

Discours de Paul Robiquet.

Mesdames, mes chers confrères.

En me levant pour répondre à tant d'amicales paroles, j'aurais certes mauvaise grâce à chercher d'ingénieux détours et à ne pas dire, en toute franchise et en toute simplicité, ce que j'ai dans le cœur.

Vieille barbe du Comité et l'un des pères de votre Constitution, j'éprouvais, je l'avoue, une prédilection marquée, pour le rôle de convive muet dans ces petites fêtes confraternelles et gastronomiques. Assis à côté de vos gloires, j'étais heureux d'applaudir à leur apothéose et, en ce moment même, j'évoquerais avec mélancolie des souvenirs bien chers, si je ne craignais de vous attrister en laissant tomber dans nos coupes une branche de cyprès, alors qu'il convient de n'y laisser tomber que des roses. Si la vie est faite de larmes, elle s'illumine aussi de sourires, et comment ne pas sourire, Mesdames, quand on a l'honneur de parler devant vous?

Comment ne pas être touché, reconnaissant et même un peu fier, quand on vient d'être reçu et fêté par notre cher et brillant président, et par son aimable lieutenant Le Senne, avec lequel je rame sur la galère du *Siècle*.

Ils m'ont découvert des mérites que je ne soupçonnais pas; ils ont loué leur modeste confrère comme s'il avait terminé son éphémère existence, et cela m'a donné l'envie de m'écrier, à l'instar de la *Jeune Captive* : *je ne veux pas mourir encore!*

Seuls, les vivants ont le privilège de ne retenir des louanges que l'affection qui les inspire.

. . . .

Vous m'avez dit, mon cher Le Senne que vous et vos collègues du Comité *vous m'aimiez beaucoup*, et vous avez pressenti que, si l'on s'était conformé à mon désir, le toast réglementaire s'arrêterait là.

Oui, c'est bien là ce que je pensé.... Les hommes, quoi qu'ils fassent, ne réalisent jamais leur idéal. Ils ressemblent à des lampes électriques qui s'éteignent brusquement quand la Parque impitoyable s'avise de couper le fil et les régale d'un court-circuit.

Mais ces petites lampes ont recélé un jour le feu divin qui circule à travers le monde.

Un grand philosophe nous a appelés des « roseaux pensants ». Penser, c'est bien ; aimer, c'est mieux.

Ah! celui-là vit mal, qui ne vit que pour lui! a dit Musset. Permettez-moi de confesser que ce sont les autres qui m'intéressent.

Donc, laissons-là les gloses, les commentaires, les pesants volumes, les brochures et les articles que le vent emporte comme des feuilles d'automne.

Vous m'aimez un peu, me voilà content, et vous avez raison, car je vous aime beaucoup. Si j'allais expliquer pourquoi j'admire votre président, qui a la bienveillance de tous les maîtres ; si j'allais, moi aussi, rendre un hommage détaillé à la belle carrière de votre vice-président Le Senne, qui honore le journalisme et la critique dramatique, vous me diriez : Nous savons tout cela !

Mes indulgents amis ont, par courtoisie, oublié que je ne suis qu'un chétif *historien*, un de ces boulets, inutiles et sans valeur marchande, que la Société des Gens de Lettres, en dédaigneuse princesse, traîne à son pied comme une charge ou comme une pénitence.

Pour ma part, je ne l'oublie pas et, ainsi que Lucien Pâté le faisait naguère à cette place, je vous remercie d'avoir l'esprit assez haut et le cœur assez généreux pour ouvrir indistinctement votre porte à tous les producteurs, y compris les *non-productifs*.

Oh certes! les poètes, les petites cigales, les philosophes qui rêvent dans leur tour d'ivoire, les annalistes penchés sur les manuscrits où dort le secret des générations disparues, les critiques d'art et de théâtre, les polémistes politiques, dont la parole ardente soutient ou abat les gouvernants d'un jour, tous ces hommes, d'esprit si différent, de talents si divers, ne font pas couler le Pactole dans le coffre-fort monumental de la cité Rougement, et je crains bien que votre caissier ne les entoure que d'une considération mitigée.

Que voulez-vous? Les Sociétés ne vivent pas de l'air du temps. Elles ont à payer leur personnel, à solder des pensions, et les fumistes nous ont dit, ces jours-ci, que notre calorifère était doué d'un appétit dévorant, si bien qu'on songe sérieusement à remplacer le charbon par de la tourbe. Nous faisons des économies, mes frères!

Eh bien, l'on aurait tort de railler! Les membres du Comité sont, avant tout, des administrateurs responsables et je suis, pour ma part, profondément touché de voir de notables écrivains, comme Estaunié, Reibrach et Le Senne, prodiguer leur dévouement et leur peine pour simplifier votre budget, et pour mettre la Société en mesure de supporter sans faiblir les lourdes charges qui pèsent sur elle.

Tout devient facile quand une main souple et ferme tient le gouvernail.

Nous avons été gâtés dans ces derniers temps. Regardez bien, mes chers confrères, des présidents comme Paul Hervieu et comme Marcel Prévost : ou je me trompe fort, ou vous n'en retrouverez plus d'aussi merveilleusement doués pour les délicates fonctions dont les investit votre confiance.

Grâce à eux, la Société des Gens de Lettres est devenue une grande dame avec laquelle tout le monde doit compter. Par le théâtre, par le journal, par le livre, ne dirige-t-elle pas l'opinion publique, et quelle personnalité pourrait se croire au-dessus de l'opinion publique?

A quiconque sait lire, à quiconque est capable de raisonner et de réfléchir, à chaque catégorie sociale nos confrères parlent le langage qui convient. Ils consacrent les réputations, affermissent ou démolissent les pouvoirs, charment les raffinés ou, comme les grands romanciers populaires : les Jules Mary, les Pierre Sales, les Decourcelle, les Demesse, font battre les cœurs des humbles et jettent à pleines mains la semence du patriotisme et des sentiments généreux.

Notre République me semble la République idéale, car elle s'ouvre à tous les mérites et ne proscrit personne. Si elle perfectionne ses rouages, en résistant à la maladie du changement pour le changement; si elle maintient au-dessus de toute atteinte des Statuts qui ont fait leurs preuves de sagesse et de vitalité, sa force, son influence légitime ne peuvent que s'accroître.

Et, du même coup, nous voyant si unis, si disciplinés, si conscients de nos devoirs et de nos droits, les pouvoirs publics viendront d'eux-mêmes nous offrir les satisfactions morales et les ressources matérielles que les *travailleurs de la pensée* attendent de la justice de l'État.

Ces jours heureux, vous les connaîtrez peut-être, car Marcel Prévost est un grand diplomate, et, quand les bons bourgeois constateront que l'homme de lettres, assuré du lendemain, peut se consacrer tout entier à la joie de produire, et remplacer un lit d'hôpital par le vin des Hospices, les pères diront à leurs fils, en leur montrant notre enseigne : « Entrez là : on est nourri ! »

Je vous convie, Mesdames, et vous, mes chers Confrères, à porter avec moi un toast chaleureux à la Société des Gens de lettres, à sa prospérité et à sa gloire !

UNE NOUVELLE FORME

DE

LA PROPRIÉTÉ LITTÉRAIRE

LE DROIT D'AUTEUR

ET LE DOMAINE PUBLIC PAYANT[1]

Personne n'ignore que notre législation française s'est, depuis longtemps, écartée des principes en vigueur sous l'ancien régime, et de la jurisprudence du Parlement, qui déclarait *perpétuelle* la propriété des auteurs, tant qu'ils ne l'avaient pas cédée, et réduisait à la vie de l'auteur le privilège des libraires, lorsque l'auteur cédait ses droits. Les lois de 1791 et de 1793 ont affirmé (d'une manière, du reste, trop restrictive) les droits de la Société ou du *public* sur l'œuvre de l'écrivain, du musicien ou de l'artiste, en limitant à cinq ou dix ans, la durée de la propriété des ayants cause des auteurs. Ce brusque revirement de législation procède, à n'en pas douter, de l'idée très spéciale que se faisaient les hommes de la Révolution (et que se font encore beaucoup de leurs petits-fils) du caractère immatériel des œuvres artistiques et littéraires, comme aussi de leur nature très personnelle. Tandis que l'héritier d'un propriétaire foncier ou agricole est obligé, par la force des choses,

1. *Économiste français* du 30 octobre 1903.

de travailler lui-même pour administrer et réparer sa maison, pour obtenir de sa terre un rendement quelconque, qui est proportionnel aux impenses et à l'intensité de la culture, il semble choquant et inadmissible que l'ayant cause obscur de Voltaire ou de Corneille puisse mettre indéfiniment leurs œuvres sous le boisseau, les mutiler ou en refuser la jouissance à la nation, pour laquelle l'homme de génie a prétendu écrire, ses créations n'étant, au surplus, que le produit des influences du milieu social, et la répercussion mystérieuse sur un cerveau humain des idées de son temps. Il y a eu, cependant, et notamment dans le camp des théoriciens juridiques, de très vives résistances à cette négation, plus ou moins mitigée, de la perpétuité du droit d'auteur. Ces résistances ne se sont pas seulement manifestées dans notre pays, puisque certaines législations, par exemple celles du Mexique, du Guatémala et du Vénézuéla, proclament la *perpétuité* du droit de l'auteur et de ses représentants, héritiers ou cessionnaires ; puisque, même dans des pays qui n'ont rien d'exotique, ainsi en Allemagne, cette perpétuité a été demandée au Parlement, sur la proposition de M. Osterrieth, par un Congrès d'écrivains et de journalistes, réuni à Munich, en 1893 ! En France même, les partisans du droit perpétuel sont assez nombreux, et ils ont développé leurs théories simplistes et absolues dans de nombreux Congrès.

Certaines nations vont à l'extrémité opposée. La Suisse fait commencer le domaine public, mais un domaine public payant, pour la représentation des œuvres dramatiques et musicales, *dès que l'œuvre est publiée*; elle subordonne ainsi à l'intérêt général du public le droit privatif de l'auteur ou de ses héritiers.

Il est même à remarquer, sur ce point, que la législation helvétique présente un contraste curieux avec celle de la législation d'une nation voisine, l'Italie, car cette dernière n'inaugure le régime du domaine public, pour l'exécution ou la représentation des œuvres dramatiques et musicales, que *quatre-vingts ans* après l'apparition de l'œuvre, avec cette particularité que la simple publication de ces œuvres comme des autres, tombe, au bout de *quarante* années seulement, dans le domaine public *payant*. Ce régime du *domaine public payant*, qu'a inauguré la loi italienne du 25 juin 1865, mérite, d'ailleurs, de fixer l'attention, car on peut dire qu'il réalise la conciliation très heureuse du principe théorique de la perpétuité du droit d'auteur avec le droit de jouissance que beaucoup d'excellents esprits réclament pour l'universalité du public, au bout d'un certain temps depuis la mort de l'auteur. Donc, ce système du *domaine public payant*, dû à l'initiative ingénieuse des législateurs italiens, consiste à laisser au public et au commerce des éditeurs toute liberté de jouir de l'œuvre et de la reproduire, à dater d'un certain moment, moyennant une redevance payée aux représentants de l'auteur. Malgré quelques opinions dissidentes, notamment celle de M. Ferrari, l'Italie ne paraît pas regretter cette innovation originale qui favorise la diffusion des ouvrages par le jeu de la concurrence des éditeurs, et l'un des plus considérables d'entre eux, M. Ricordi, a déclaré, au Congrès de Naples, que l'État pourrait se servir du domaine public payant pour organiser des spectacles gratuits.

La France n'aurait-elle pas avantage à entrer dans la voie que lui a tracée sa sœur latine par l'institution d'un domaine public *payant*, un certain nombre d'années après la mort de l'auteur? C'est ce qu'il s'agit d'examiner, en donnant une idée sommaire des propositions diverses qui ont été faites, depuis quelque temps, pour aboutir à cette réforme.

Un honorable avocat de la Cour d'appel de Paris, M. Edouard Mack, dans une brochure publiée en 1893 (avec préface de Me Pouillet, l'ancien bâtonnier, président de l'Association littéraire et artistique internationale), a développé un système dit : *de la perpétuité du droit d'auteur, avec redevance*, ou du *domaine public payant*. Ce système a été exposé par son auteur aux Congrès de Berne, de Turin, de Paris et, en dernier lieu, à celui de Naples, tenu par l'Association internationale précitée, du 23 au 29 septembre 1902. Il se résume, d'après les comptes rendus que nous avons sous les yeux, dans l'établissement, pour l'exercice du droit d'auteur, de trois périodes successives : comprenant, la première la vie de l'auteur, la seconde un certain temps, mais assez court, après sa mort, au profit des héritiers; la troisième un délai quelconque, se superposant aux deux autres, et pendant lequel les droits seraient perçus, partiellement tout au moins, au profit des Sociétés d'auteurs et des œuvres de bienfaisance et de solidarité qu'elles soutiennent (caisses de secours, pensions de retraites, etc.).

A vrai dire, il ne s'agissait pas d'idées absolument nouvelles car, lors de l'élaboration de la loi française du 14 juillet 1866 (qui a porté de trente à cinquante ans, après la mort des auteurs, le droit exclusif de leurs héritiers ou ayants cause) plusieurs membres de la Commission de la Chambre s'étaient prononcés pour la perpétuité *avec redevance*; et, dès

1841, Lamartine, rapporteur du projet de loi avorté qui demandait la prorogation à trente ans de la durée du droit (fixée à vingt ans après la mort de l'auteur ou de sa veuve par le décret du 5 février 1810), Lamartine, disons-nous, avait déjà posé la question du domaine public en ces termes : « Quel intérêt a la *société* à ce que le bénéfice fait sur un livre appartienne *tout entier* aux éditeurs, au lieu d'être partagé entre les éditeurs et les héritiers de l'écrivain? » Mais le grand poète, qui admettait provisoirement une borne dans le temps pour la durée du droit d'auteur, le considérait en principe, comme perpétuel, et il ajoutait : « Le jour où le législateur, éclairé par l'épreuve qu'elle va faire d'elle-même, jugera que la propriété littéraire peut entrer dans un exercice plus étendu de ses droits *naturels*, il n'aura qu'à ôter cette borne : il n'aura qu'à dire *toujours* où notre loi a dit *cinquante ans*, et l'intelligence sera émancipée ». Ce n'est, du reste, que la loi du 14 juillet 1866 qui a porté de trente à cinquante ans après la mort des auteurs, le droit exclusif de leurs héritiers ou ayants cause, et encore, à cette époque, c'était seulement une très faible minorité de la Commission législative — deux voix — qui s'était prononcée pour la perpétuité absolue et sans réserves.

Nous n'hésitons pas, en ce qui nous concerne, à trouver la loi de 1866 incompatible avec l'intérêt public et beaucoup trop favorable pour les héritiers de l'auteur qui ne se sont donné que la peine de naître, ou pour sa veuve qui a reçu de ladite loi la jouissance cinquantenaire des droits de son conjoint. Il est même à remarquer, comme l'a dit très justement M. Mack dans son rapport au Congrès de Berne

(1896), que les héritiers directs peuvent être les victimes de la législation en vigueur, dans le cas où la veuve est jeune et survit cinquante ans à l'auteur. Le domaine public s'ouvrira alors sans que les héritiers non réservataires aient pu toucher un centime des droits éventuels qui leur appartenaient en principe. Sainte-Beuve, dans son rapport au Sénat sur la loi de 1866, s'attendrit fort sur la pensée impériale, nouveau style, qui admet la veuve à la jouissance des droits d'auteur pendant un demi-siècle, et qui supprime « la distinction entre veuve et veuve ». Mais le nouveau sénateur avait beau se rencontrer avec son président Troplong, qui voulait récompenser la femme de l'écrivain de « s'être dévouée aux soins du ménage », il est permis de taxer de sentimentale la loi de 1866! Ne nous attendrissons pas trop sur les ayants cause, car, au bout d'un certain délai, lorsque l'œuvre a donné ses produits légitimes, elle a pu enrichir suffisamment l'auteur, sa veuve ou ses descendants directs. La société pourrait alors rentrer en possession de ce qui fait partie du patrimoine intellectuel du pays, et affecter tout ou partie des droits d'auteur aux groupements et Sociétés qui représentent la catégorie à laquelle appartenait le producteur : écrivains, artistes, musiciens, etc.

Si donc on prenait pour point de départ la législation italienne de 1865, il suffirait d'y apporter quelques modifications à débattre pour l'approprier à l'organisation des grandes Sociétés françaises qui représentent les arts et les lettres. Il y a quelque temps, nous avions saisi le comité d'administration d'une de ces Sociétés d'un projet qui ne touchait en rien à la première période de cinquante ans, consécutive à la mort des auteurs, période pendant laquelle leurs héritiers ou ayants cause continueraient à jouir de leur droit exclusif; mais nous proposions d'ouvrir une seconde période de cinquante ans et, dans ce laps de temps, quiconque entreprendrait une reproduction de l'œuvre tombée dans le domaine public devrait verser une redevance, non plus cette fois entre les mains des héritiers ou ayants cause de l'auteur, mais dans la caisse des Sociétés reconnues d'utilité publique et désignées par décret réglementaire, rendu en Conseil d'État pour représenter le *domaine public payant*, dans les différents ordres de propriété littéraire, musicale ou artistique. Avec les ressources à provenir des redevances dont il s'agit, il serait facile d'alimenter les différentes œuvres de solidarité que soutiennent les Sociétés bénéficiaires. Or chacun sait qu'actuellement, par suite du grand nombre de leurs membres et de la baisse progressive du taux de l'intérêt, ces Sociétés, si intéressantes, puisqu'elles comprennent à peu près tous les *ouvriers de la pensée*, voient se rapprocher le moment critique où elles ne seront plus en mesure de servir l'intégralité des pensions de retraites dont leurs statuts les constituent débitrices. Nous demandions, toutefois, qu'une portion des redevances pût être exceptionnellement attribuée, par délibérations spéciales des comités, et après sérieuse enquête, aux héritiers malheureux des auteurs; mais, à vrai dire, et après cinquante ans, ces héritiers, rares et problématiques, ne nous semblent pas plus intéressants que tel ou tel autre homme de lettres ou artiste nécessiteux!

Ce projet a été adopté en principe et attendra peut-être quelque temps sous l'orme du mail; mais l'idée est en marche, et cela est si vrai qu'au récent Congrès de Naples, M. Mack et M. Jules Clère, mon excellent confrère du Comité des Gens de lettres, ont fait voter, après un vif débat et à une voix de majorité, le principe de l'établissement d'un domaine public payant, comme l'avait déjà fait le Congrès de Turin en 1899.

Le vœu a été renvoyé à des commissions qui, dans les différents pays, examineront les moyens pratiques de l'adapter aux législations positives. Si l'expérience réussissait et en supposant que, chez nous, la loi de 1866 fût remaniée et complétée par la création d'un domaine public payant, de cinquante ans par exemple, il deviendrait extrêmement simple, comme le veulent déjà MM. Mack et Jules Clère, de rendre perpétuel ce domaine public payant. Et aussi bien, n'est-ce pas ce que fait déjà la Société des auteurs dramatiques qui, sans bruit et sans texte législatif, se fait verser par les directeurs de théâtres avec lesquels cette Société passe des traités, des droits d'auteurs sur toutes les œuvres, *tombées ou non dans le domaine public*. Les héritiers de Molière et de Racine, s'il en reste, ne touchent pas une obole, et le public ne s'en plaint pas. Il en serait de même, assurément, dans l'hypothèse où la loi permettrait à la Société des Gens de lettres ou aux autres grandes Sociétés littéraires et artistiques d'enrichir, par le même procédé, leurs caisses de retraites et de secours.

Des innovations de cette nature seraient assurément moins audacieuses que le projet de rentes viagères pour les vieux travailleurs manuels, car elles n'imposeraient aucune charge aux contribuables, tout en assurant du pain aux travailleurs de la pensée, non moins intéressants que les autres. Et, pour conclure à toutes fins, si l'on craignait de dépouiller de leur bien de rares héritiers, survivant à leur auteur, au bout de la première période de cinquante ans, des transactions très admissibles pourraient obliger les Sociétés à remettre, à ces rejetons, une certaine part des redevances pendant la durée du domaine public payant. Nous ne doutons pas du bon accueil que ferait le Parlement à cette réforme si, un jour ou l'autre, elle lui était soumise par une ou plusieurs Sociétés, ce qui ne nous surprendrait pas outre mesure.

ÉLOGE FUNÈBRE

DE M. FERDINAND DE LESSEPS

Le 15 décembre 1894.

ÉLOGE FUNÈBRE

DE M. FERDINAND DE LESSEPS

Le 15 décembre 1894.

En décembre 1894, alors que j'étais président de l'Association des anciens élèves du Lycée Henri IV, la question se posa de savoir si le Comité enverrait une délégation. Cette question fut résolue affirmativement, mais sans aucun enthousiasme, par « les chers camarades ». On vota néanmoins l'envoi d'une couronne et, le 13 décembre, quelques chaises drapées de noir furent réservées à la députation du Comité dont Ferdinand de Lesseps avait été deux fois le Président.... J'étais *seul* pour les occuper, ce qui prouve que le courage civique est rare, ainsi que j'ai pu m'en convaincre lors de l'affaire Dreyfus. Au cimetière j'eus la parole après MM. Gréard, Joseph Bertrand, Jules Guichard, Théodore Cahu et Himly. Je m'exprimai dans les termes suivants :

Messieurs,

Il me semble impossible que la pierre du tombeau se referme sur un des hommes qui ont porté le plus

1. Voir le *Bulletin décadaire du Canal de Suez*, n° du 22 décembre 1894.

haut la gloire du nom français, sans que l'Association des anciens élèves du Lycée Henri IV vienne dire un dernier adieu et apporter un dernier hommage à celui qui a été deux fois son président.

« Né à l'aurore du siècle, presque à la veille d'Austerlitz, Ferdinand de Lesseps semblait avoir emprunté à cette époque de géants la passion des grandes entreprises et la volonté de fer du plus illustre des conquérants. Mais l'épopée qu'il avait rêvée n'était pas une œuvre de sang et de carnage : c'était une œuvre de paix et de civilisation.

« Son armée, c'était une armée d'ingénieurs et d'ouvriers et, dans la grande bataille qu'il a livrée toute sa vie, il n'avait d'autre ennemi que la Nature. Comme Bonaparte, il a foulé du sabot de son cheval la vieille terre des Pharaons, dont il avait repris, après tant de siècles, les conceptions gigantesques, et, plus heureux que les souverains énigmatiques qui dorment sous les Pyramides, il a réalisé ce miracle de mêler les flots de deux mers et d'ouvrir au commerce international une route éternelle et magnifique.

« Tout cela vous le savez, Messieurs, mais ce que nous savons, nous, *ses jeunes camarades*, ce que nous savons mieux que personne, c'est qu'au milieu de son immense labeur, du fond de l'Orient ou du Nouveau-Monde, de Lesseps se rappelait toujours le collège qui avait été le berceau de son enfance, et que, d'Alexandrie ou du Caire, il revoyait dans un lointain mirage la vieille tour de Clovis, si chère aux poètes du Lycée Henri IV, depuis Casimir Delavigne et Musset jusqu'à Jules Barbier.

« De Lesseps revenait avec joie à nos banquets fraternels et, avec une verve infatigable, nous mettait dans la confidence de ses succès et de sa gloire. Que de fois il a serré la main de cette jeunesse enthousiaste qui se pressait autour de lui comme autour d'un grand aïeul! Que de fois il a communiqué aux générations nouvelles le feu de son âme et la bonté exquise de son cœur!

« Quels que soient les revirements de notre démocratie ondoyante, qui a tour à tour encensé et brisé tous ses dieux, il ne sera pas dit que, dans son dernier voyage au pays de l'éternel repos, celui qui ne s'est jamais reposé n'aura pas vu à ses côtés les représentants de son cher Lycée que, par le privilège de l'âge, il avait le droit d'appeler tous « ses jeunes camarades ».

JULES FERRY

JULES FERRY

Lorsque le *Comité d'organisation du monument Waldeck-Rousseau* et la *Commission exécutive de* l'*Alliance républicaine démocratique* allèrent trouver le Ministre de l'Instruction publique (qui était alors M. Chaumié), pour réclamer un emplacement dans le jardin des Tuileries, M. Adolphe Carnot eut l'heureuse idée de faire remarquer au Ministre qu'il semblait juste d'ériger une statue à Jules Ferry, pour faire vis-à-vis à celle de l'homme d'état qui avait été son continuateur et son ami.

L'honorable M. Chaumié s'empressa d'accueillir ce vœu et l'*Alliance démocratique* en prit acte. Plus tard la *Ligue française de l'enseignement*, à l'occasion du 25e anniversaire des lois scolaires, résolut d'ouvrir une souscription nationale pour élever un monument à Jules Ferry, et, sur sa demande, le Gouvernement décida que ce monument se dresserait à côté de ceux de Gambetta et de Waldeck-Rousseau, pour symboliser l'œuvre politique, sociale et éducative de la troisième République par le rapprochement de ces trois grandes figures.

C'est à cette occasion que M. Léon Robelin, Secrétaire général de la Ligue, « me demanda, au nom du Conseil général de la Ligue de rédiger une notice qui pourrait être lue et commentée partout ».

Répondant à cet appel, j'écrivis la *notice-conférence* qui suit :

Le 14 mai 1610, Henry IV qui devait tomber le même jour sous le poignard de Ravaillac, disait au duc de Guise : « Quand on m'aura perdu, on connaîtra alors ce que je valais ».

C'est parce que la France républicaine sait aujourd'hui ce que valait Jules Ferry qu'elle veut lui dresser un monument à Paris, à côté de ceux de Gambetta et Waldeck-Rousseau, ses nobles compagnons de lutte contre la pire des réactions, la réaction cléricale.

La vie trop courte de l'éminent homme d'État n'a été qu'un perpétuel combat pour la République et la Liberté.

Né à Saint-Dié (Vosges), le 5 avril 1832, il avait pour ancêtres des paysans d'un petit village appelé Anould, sur la route de Fraize et de Gérardmer. Son oncle était un officier de Waterloo qui refusa de servir les Bourbons. Son père, avocat distingué du barreau de Saint-Dié, membre du Conseil général des Vosges, combattit ardemment la politique du ministère Guizot. Il envoya ses deux fils au collège de Strasbourg. Après y avoir fait de fortes études, Jules Ferry vint à Paris et suivit les cours de la Faculté de droit, notamment celui du professeur Valette, dont l'Histoire a retenu la belle réponse aux gens de police du 2 décembre : « J'ai deux titres à être arrêté aujourd'hui : je suis représentant du peuple et professeur de droit ». Quand le jeune étudiant avait des loisirs, il allait au Palais-Bourbon entendre Michel de Bourges ou Berryer. Il suivit, à la même époque, des cours de peinture et songea un moment à embrasser la carrière artistique. Les chefs-d'œuvre de l'Italie exerçaient sur lui un attrait irrésistible, et, plus tard, il leur demanda de le consoler des injustices humaines.

Reçu avocat le 20 décembre 1851, le jour même du

scrutin plébiscitaire, il marqua brillamment sa place dans le jeune barreau. A vingt-deux ans, sous le bâtonnat de Bethmont, il était secrétaire de la Conférence, le plus jeune de sa promotion, et, en 1854, il fut choisi par Berryer pour prononcer le discours de rentrée. Ce discours, qui avait pour titre : *De l'influence des idées philosophiques sur le barreau au XVIIIe siècle*, résume tout le grand mouvement de révolte contre l'absolutisme monarchique et la tyrannie cléricale qui devait aboutir à la Révolution de 89 et trouver sa formule dans la Déclaration des droits!

La hardiesse du jeune orateur fit scandale : on lui prédit qu'il ne deviendrait jamais substitut impérial. Jules Ferry ne songeait guère à tant d'honneur. Il préféra travailler à l'école d'un excellent maître, M. Thureau, résuma pour la *Gazette des Tribunaux* les grands débats judiciaires, et, en même temps, devint le centre d'un petit cercle de jeunes gens, parmi lesquels Ernest Picard, Philis, Hérisson, Herold, Clamageran, Floquet, et qu'on désignait sous le nom d'*auditeurs* au *Corps législatif*. Jules Ferry parlait à la Conférence Molé et bataillait, à la *Presse* et au *Courrier de Paris*, tantôt contre la politique de conquêtes, tantôt contre le système des emprunts à jet continu.

Depuis les élections du 21 juin 1857, le groupe des *Cinq* servait de point de ralliement à l'opposition démocratique. A la veille des élections de 1863, Jules Ferry se fait remarquer au premier rang des jurisconsultes qui rédigèrent le *Manuel électoral*. Il publia sous le titre : *La lutte électorale en* 1863, un manifeste virulent qu'il dédia « aux cinq députés démocrates et libéraux qui ont reconstitué en France l'opposition légale ». On peut y apprendre ce que l'Empire avait fait du suffrage universel, et comment fonctionnait le système des candidatures officielles. Le bruit que fit cette publication valut à Jules Ferry l'honneur de figurer dans le procès des Treize qui s'ouvrit le 5 août 1864 devant la sixième Chambre du Tribunal de la Seine, et se termina le 7 décembre 1864 devant la Cour de Paris. Il va sans dire que les inculpés furent condamnés, mais le véritable condamné devant le tribunal de l'opinion publique ce fut le Gouvernement du 2 décembre. L'illustre Berryer, dans son plaidoyer pour Ferry, mit en relief toute la valeur du service rendu à la démocratie par le jeune avocat qui avait publié le dossier scandaleux de la candidature officielle.

Jules Ferry n'avait pas estimé que l'heure fût venue pour lui de prendre place au Corps législatif : il s'était désisté en faveur de Garnier-Pagès. En 1864, il entra au *Temps* et se révéla bientôt comme l'un des plus brillants polémistes de l'opposition. Il défendit avec éloquence l'œuvre d'Edgar Quinet, la *Révolution*, contre les apologistes du terrorisme et de la dictature, considérés comme un système permanent de Gouvernement. Il établit le lien intime qui existe entre le coup d'État du 31 mai et le coup d'État du 18 brumaire. « La dictature, dit-il, est comme l'égoïsme : on ne lui fait pas sa part. »

Après avoir ainsi rassuré les hommes d'ordre, auxquels on faisait croire, en ce temps-là, que le mot de République était synonyme de violence et d'anarchie, Jules Ferry reprit sa campagne contre l'Empire, déjà bien affaibli par l'aventure du Mexique et par l'imprévoyance de sa politique extérieure qui avait laissé la Prusse écraser l'Autriche à Sadowa. Tandis que Tenot dressait un formidable réquisitoire contre le crime du 2 décembre, il s'en prit au baron Haussmann qui dépeçait le Vieux Paris par ses gigantesques travaux, et donnait à la grande ville « l'aspect déplaisant d'un casse-tête chinois ». Dans ses *Comptes fantastiques d'Haussmann*, il accusa le préfet « d'avoir immolé l'avenir tout entier à ses caprices et à sa vaine gloire; d'avoir englouti dans des œuvres d'une utilité douteuse ou passagère le patrimoine des générations futures; de nous mener au triple galop sur la pente des catastrophes ».

Ce tableau pessimiste de l'administration parisienne eut un succès retentissant. Jules Ferry, en le traçant d'un pinceau impitoyable, avait posé sa candidature à l'un des sièges de représentant de la capitale. Son article les *Grandes Manœuvres électorales*, inséré dans le premier numéro de l'*Électeur libre* (25 juin 1868), lui valut immédiatement de nouvelles poursuites et une condamnation à 500 francs d'amende. Mais le vaillant journaliste redoubla ses coups. L'*Électeur* dut payer 12 000 francs d'amende, ce qui ne l'empêcha pas de tresser des couronnes, par la main de Jules Ferry, à l'éclatante plaidoirie de Gambetta pour les organisateurs de la souscription du monument Baudin : « La liberté salue à cette heure dans M. Gambetta une de ses superbes espérances. La démocratie compte un tribun de plus, et tous ceux qu'intéresse, à un titre quelconque, le mouvement de l'esprit français s'arrêteront devant cette belle harangue, fière et vibrante comme l'âme d'un peuple ».

Cependant l'Empire courait à l'abîme. Comme

l'écrivait Jules Ferry, « il n'y avait qu'à le laisser faire.... Est-ce nous qui avons fait la guerre du Mexique? Est-ce nous qui avons laisser retourner la trame de l'histoire à Sadowa? ». Et, avec une inconscience profonde, Napoléon III, dans son discours d'ouverture des Chambres, disait, le 18 janvier 1869 : « Le but constant de nos efforts a été atteint : les ressources militaires de la France sont désormais à la hauteur de ses destinées dans le monde! »

Aux élections de mai 1869, Jules Ferry se présenta dans le VIe arrondissement de Paris. Les membres de son comité s'appelaient Michelet, Littré, Robinet, Bixio, Vacherot, Gambetta, Dujardin-Beaumetz. Ulysse Trélat, Lauth, Gaston Paris, G. Pallain, H. Liouville, etc. Jules Ferry fut élu par 15 725 voix contre M. Cochin, et, posant la plume de journaliste, entra dans la mêlée parlementaire. Dès le début, il souleva des orages au Corps législatif en attaquant le système des candidatures officielles ou le budget de la Ville de Paris; en défendant les militaires qui avaient subi des peines disciplinaires, pour avoir voté *non* au plébiscite du 8 mai 1870; en s'associant à M. Thiers pour stigmatiser l'ineptie de la politique impériale qui n'avait pas su s'opposer aux envahissements et aux violences de la Prusse.

Jules Ferry tint l'une des premières places parmi les députés de Paris qui, après l'effondrement de l'Empire dans la journée du 4 Septembre, assumèrent la charge écrasante de la Défense Nationale. Le général Trochu, président du Gouvernement, a rendu un hommage solennel, devant la commission d'enquête de l'Assemblée Nationale, au courage admirable de son collègue, notamment dans la journée du

31 octobre. C'est grâce à lui et aux sages mesures de rationnement que Paris a pu se défendre quatre mois et demi, alors qu'en septembre 1870, le ministère du Commerce avait annoncé comme une bonne nouvelle que la capitale avait *pour deux mois* de vivres. Et l'on a cependant remercié le délégué à la Préfecture de la Seine en l'appelant *Ferry-famine*!

Dans la journée du 18 mars, Jules Ferry sortit le dernier de l'Hôtel de Ville et n'échappa à la mort que par miracle quand la foule cerna la mairie du 1er arrondissement. Après la chute de la Commune, Jules Ferry voulut reprendre possession de l'Hôtel de Ville, mais il ne trouva sur la place de Grève « qu'une façade éventrée, découronnée, déchirée, découpant sur la fumée noire et la flamme pétrolée le reste de ses pignons et le peu qui survivait de ses statues ». M. Thiers, par décret du 26 mai 1871, lui avait rendu le titre de Préfet de la Seine, et il essaya courageusement de refaire une administration. La majorité réactionnaire de l'Assemblée Nationale lui prodigua de si vives attaques qu'il dut résigner ses fonctions le 5 juin 1871, et céder la place à M. Léon Say. Élu député à l'Assemblée par le département des Vosges, il fut nommé, par décret du 12 mai 1872, ministre plénipotentiaire près le roi des Hellènes, et, en cette qualité, assura par son habileté diplomatique le dénouement de la grosse question des mines du Laurium qui était pendante depuis huit ans. M. de Rémusat, ministre des Affaires étrangères, lui adressa les félicitations les plus flatteuses.

Dès qu'il apprit le renversement de M. Thiers, dans la journée du 24 mai 1873, M. Jules Ferry donna sa démission et revint occuper son siège de député. Il s'associa énergiquement à toutes les protestations de ses collègues de la gauche contre les provocations et les maladresses du nouveau gouvernement. Entre temps, au mois d'octobre 1874, Jules Ferry exprima dans un magnifique langage, à propos de l'inauguration du monument élevé à Raon-l'Étape aux soldats morts pendant la guerre, ses sentiments patriotiques. Il justifia le Gouvernement de la Défense Nationale d'avoir lutté pour l'honneur après Sedan, après Strasbourg, après Metz : « C'était le combat sans espoir, dit-on!... Messieurs, si jamais, en France, on cessait de comprendre la grandeur de la lutte sans espoir, de la lutte pour l'honneur, la France aurait franchi les derniers degrés qui la séparent de la décadence.... On a pu taxer tout cela de folie. Folie sublime, Messieurs; malheur à qui ne la comprend pas!... N'est-ce donc rien que ce spectacle extraordinaire d'une nation abattue qui se raidit et se soulève, et qui, à la voix d'un grand patriote, d'un homme en qui semblait avoir passé, pendant ces quatre mois, l'âme même de la patrie, a pu jeter sur les champs de bataille 600 000 hommes équipés, encadrés, et 1 400 pièces d'artillerie? N'est-ce rien enfin que d'avoir montré que la Force n'est pas tout en ce monde; qu'à côté de la force, il y a le Droit qui ne se prescrit pas, et qu'il existe dans les choses humaines une autre loi, un autre dieu que le succès? » Et, en terminant cette harangue dont Gambetta lui-même n'a pas surpassé la hautaine fierté, l'orateur faisait un appel vibrant à l'union de tous les Français : « Avant de refaire une France grande, faisons une France une, refaisons l'union de tous les Français. Reconstituons le *grand parti national* sous les plis d'un drapeau qui puisse l'abriter, parce qu'il est le seul sur lequel, aujourd'hui comme au temps de l'invasion, tous les Français puissent servir avec honneur. *La République, il y a quatre ans, a sauvé l'honneur; c'est elle qui refera la patrie!* »

Le vote de l'amendement Wallon dans la séance du 30 janvier 1875, à une voix de majorité, entraîna l'adoption d'une Constitution républicaine. Mais le parti clérical ne se déclarait pas vaincu. On le vit bien quand s'ouvrit le débat sur la liberté de l'Enseignement supérieur, débat au cours duquel Jules Ferry lutta avec un talent supérieur pour maintenir à l'État le monopole de la collation des grades. M. Dupanloup fit triompher le système des jurys mixtes qui donnait une sanction à l'enseignement catholique. Ce fut le dernier effort de « l'Assemblée élue dans un jour de malheur ». Elle se sépara le 31 décembre 1875. Les élections des 20 février et 5 mars 1876 furent un succès pour la cause libérale, et M. Jules Ferry, élu à Saint-Dié, à une énorme majorité, fut nommé président de la gauche républicaine de la Chambre. Le premier acte du cabinet Dufaure fut de déposer un projet de loi qui abrogeait les jurys mixtes et reproduisait l'amendement Ferry. La Chambre le vota le 7 juin, après un tournoi oratoire entre Jules Ferry et M. de Mun; mais le Sénat, plus timide, refusa de passer à la discussion des articles du projet ministériel. Sous le ministère Jules Simon (qui remplaça celui de M. Dufaure), les intrigues de la faction cléricale redoublèrent d'intensité et finirent par décider le Maréchal-Président à signifier au chef du cabinet un congé dépourvu d'atticisme. Jules Ferry donna vaillamment de sa personne dans le conflit qui s'ouvrait entre les républicains et le ministère de Broglie (16 mai 1877). C'est à cette époque que l'ancien rédacteur du *Temps* reprit sa plume de journaliste et adressa soit à la *Gironde*, soit à l'*Écho universel*, le journal de Jules Simon, des lettres politiques qui sont des modèles de polémique. Il seconda aussi l'action oratoire de Gambetta et, dans la séance du 18 juin, prononça un discours que la droite interrompit avec une extrême violence parce que l'orateur avait dit que « pour faire marcher la Constitution du 25 février 1875, une seule condition était nécessaire : *la loyauté* ».

Le Sénat ayant voté la dissolution de la Chambre le 22 juin 1877, la parole fut donnée au pays. Grâce à l'admirable discipline du parti républicain, le suffrage universel, consulté les 14 et 28 octobre, renvoya à la Chambre 318 républicains, sans compter le vote des colonies, contre 208 réactionnaires. Jules Ferry, qui, dans sa profession de foi, avait dit : « Entre le pouvoir personnel et nous, il n'y a qu'un juge : la Nation. — Nous ne doutons pas de sa réponse », fut élu par 13 230 voix contre 8 729 données à M. de Ravinel. Dans la séance du 14 novembre, Jules Ferry, répondant à M. de Fourtou, tira la morale des élections, démontra que le vaincu était le parti clérical, et refit le procès de la candidature officielle. Il affirma « que la France ne subirait ni coup d'État à ciel ouvert, ni coup d'État hypocrite et détourné ». La Chambre vota une enquête « sur les actes qui, depuis le 16 mai, avaient eu pour objet d'exercer sur les électeurs une pression illégale ». Et le ministè re de Broglie dut se retirer pour faire place à un cabinet d'affaires, le ministère Rochebouët. C'est Jules Ferry qui fut chargé de lire à la tribune la déclaration de la commission du budget portant que « la commission ne présenterait jusqu'à nouvel ordre aucun rapport sur le budget des contributions directes ». Le cabinet d'affaires fut remplacé, le 13 décembre, par un nouveau cabinet Dufaure. Le Maréchal de Mac-Mahon ayant lui-même quitté le pouvoir le 30 janvier 1879, M. Grévy fut élu Président de la République.

Dans son premier cabinet, le cabinet Waddington, M. Jules Ferry reçut le portefeuille de l'Instruction publique. Il allait être ainsi en mesure de réaliser l'ambition de sa jeunesse, car, dès le 10 avril 1870, il avait dit dans une conférence populaire, à la salle Molière : « Quant à moi, lorsqu'il m'échut ce suprême honneur de représenter une section de la population parisienne dans la Chambre des députés, je me suis fait un serment : entre toutes les questions, entre toutes les nécessités du temps, entre tous les problèmes, j'en choisirai un auquel je consacrerai tout ce que j'ai d'intelligence, tout ce que j'ai d'âme, de cœur, de puissance physique et morale : c'est le problème de l'éducation du peuple ».

L'orateur de 1870 a amplement tenu sa promesse. Ministre de l'Instruction publique à trois reprises et dans quatre cabinets différents (du 4 février 1879 au 14 novembre 1881; du 30 janvier au 7 août 1882; du 21 février au 20 novembre 1883), il a eu la gloire de réaliser le premier, d'une manière effective, ainsi que le fait remarquer M. Pierre Laffitte, la formule du parti républicain dans l'ordre de l'enseignement primaire : « l'Enseignement doit être gratuit, obligatoire et laïque ». Cette simple application de la liberté constituait toute une révolution et devait exposer le ministre qui la faisait passer dans l'ordre des faits à toutes les haines de la faction cléricale dont le gouvernement du Maréchal s'était fait le serviteur plus ou moins conscient. Comme l'a dit, le 22 mars 1893, l'un des successeurs de Jules Ferry au département de l'Instruction publique : « L'histoire placera Jules Ferry parmi les plus puissants, parmi les plus grands éducateurs de la démocratie. Il fut *un fondateur*.... Fidèle à la foi commune du parti républicain, il plaça au-dessus de toutes les préoccupations l'œuvre de l'Éducation nationale. Son principe était simple et fécond : il croyait à la Science et à la Démocratie, et entendit élever l'une par l'autre ».

Précisons. C'est à son administration qu'on doit la plupart des lois qui régissent aujourd'hui notre système scolaire :

Loi du 9 août 1879 sur l'établissement des Écoles normales primaires;

Loi du 27 février 1880 sur le Conseil supérieur de l'Instruction publique et sur les Conseils académiques;

Loi du 18 mars 1880 sur la collation des grades et la liberté de l'Enseignement supérieur;

Loi du 21 décembre 1880 sur l'Instruction secondaire des jeunes filles;

Loi du 16 juin 1881 sur les titres de capacité de l'Enseignement primaire;

Loi du 16 juin 1881 sur la gratuité absolue de l'Enseignement primaire dans les écoles publiques;

Loi du 28 mars 1882 sur l'Enseignement primaire obligatoire;

Loi du 20 mars 1883 sur la construction obligatoire des maisons d'école.

Et nous passons sur toute une série de mesures de détail, et sur des arrêtés tels que celui du 2 août 1880 qui a transformé les programmes de l'Enseignement classique!

C'est dans le projet de loi relatif à l'Enseignement supérieur que se trouvait le fameux article 7. Il avait pour but d'interdire le droit d'enseigner à tous les membres des congrégations *non autorisées*. Or cet article, qui a soulevé toutes les colères du fanatisme clérical, n'est pas autre chose que la réédition de l'article 36 du projet de loi présenté en 1836 par M. Guizot, un farouche révolutionnaire comme on sait, et des textes rédigés en 1841 et 1844 par M. Villemain, autre démagogue! Et les Chambres de Louis-Philippe n'ont repoussé ces dispositions que parce qu'elles entendaient maintenir le monopole intégral de l'Université, et ne voulaient ouvrir la porte de l'Enseignement ni aux congréganistes autorisés, ni aux prêtres séculiers, ni aux laïques. Enfin l'article 7 était directement inspiré de l'ordonnance royale du 16 juin 1828, dont l'article 2 exclut de la direction ou de l'Enseignement, dans les établissements de l'Université ou dans les écoles secondaires ecclésiastiques, les membres des congrégations religieuses « non légalement établies en France ».

Le rejet par le Sénat de l'article 7 a rendu nécessaires les décrets du 29 mars qui prononcèrent la dissolution des congrégations *non autorisées*, et principalement de celle des Jésuites. Bien que ces décrets n'aient été exécutés « qu'en gants gris perle » et n'aient constitué au fond qu'un avertissement et un simulacre, il ne faut pas chercher ailleurs l'explication de la campagne de diffamation et d'injures qui a fait de Jules Ferry le point de mire de toutes les réactions coalisées. Les Bons Pères ont comparé à Dioclétien l'auteur de l'article 7, et ils l'ont poursuivi d'une haine inexpiable en négligeant ses collègues du ministère.

Jules Ferry, soit comme ministre de l'Instruction publique, soit comme président du Conseil dans les cabinets du 23 septembre 1880 et du 21 février 1883, a servi deux grandes causes : l'*éducation du peuple* et l'*expansion de la France au dehors*. Estimant qu'une grande nation ne peut pas s'enfermer dans un isolement systématique, et se doit à elle-même d'assurer des débouchés nouveaux à son commerce, des stations à sa flotte, et de relever le prestige de son drapeau compromis par des malheurs inoubliables, il a fait de la France la seconde puissance coloniale, alors que nous pouvions avant lui rivaliser tout au plus avec le Portugal. En 1881, il nous a donné la Tunisie. En trois années, malgré les obstacles semés sur sa route par les puissances jalouses et par une opposition implacable et aveugle, il nous a donné l'Annam et le Tonkin. Un jour, le déplacement d'un suffrage a failli livrer cet empire à l'Allemagne ou à l'Angleterre, parce qu'un soldat malade avait eu un moment d'aberration à 4000 lieues de la métropole, et, au moment où il fut renversé, le 30 mars 1885, Jules Ferry allait forcer la Grande-Bretagne, sous la pression de l'Europe, à fixer un terme à son occupation de l'Égypte!

Aucune amertume n'a été épargnée à l'éminent homme d'État contre lequel les excitations des professionnels de la haine ont un jour armé le bras d'un assassin. Il ne s'est vengé qu'en consacrant ses dernières forces à dénoncer au pays l'ambition effrénée d'un « Saint-Arnaud de café-concert » qui faillit exposer la République à d'extrêmes périls. On a traité de *Prussien* celui qui comparait la cathédrale de Strasbourg à « une veuve désolée » et qui ne pouvait prononcer le nom de l'Alsace sans que les larmes montassent à ses yeux!

Enfin le jour de la réparation est venu. Appelé à la présidence du Sénat le 24 février 1893, il prononça, le 27, un discours superbe qui est comme le testament d'un stoïcien. Puis il mourut, dans une sorte d'apothéose, en fixant de loin ses yeux « sur la ligne bleue des Vosges d'où son cœur fidèle ne cessait d'entendre la plainte des vaincus » — 17 mars 1893.

Il appartient à notre grand Paris, qui a souvent des retours de justice et sait reconnaître jusqu'à ses erreurs, d'accorder au noble Vosgien l'hommage qu'il a déjà rendu à un illustre tribun (qui a connu, lui aussi, à certaines heures, les amertumes de la vie politique); et la France républicaine pourra bientôt contempler, côte à côte, unies dans l'immortalité du marbre, les effigies de ces trois grands hommes : *Gambetta*, *Waldeck-Rousseau*, *Jules Ferry*.

FIN

TABLE DES MATIÈRES

HISTOIRE (SUITE)

2e PARTIE

ÉCONOMIE SOCIALE

3e PARTIE

DROIT CONSTITUTIONNEL

4e PARTIE

DROIT CRIMINEL

5e PARTIE

VARIÉTÉS

1660-06. — Coulommiers Imp. Paul BRODARD. — 2-07.

LES GRANDS ÉCRIVAINS FRANÇAIS

ÉTUDES SUR LA VIE
LES ŒUVRES ET L'INFLUENCE DES PRINCIPAUX AUTEURS
DE NOTRE LITTÉRATURE

Notre siècle a eu, dès son début, et léguera au siècle prochain un goût profond pour les recherches historiques. Il s'y est livré avec une ardeur, une méthode et un succès que les âges antérieurs n'avaient pas connus. L'histoire du globe et de ses habitants a été refaite en entier; la pioche de l'archéologue a rendu à la lumière les os des guerriers de Mycènes et le propre visage de Sésostris. Les ruines expliquées, les hiéroglyphes traduits ont permis de reconstituer l'existence des illustres morts, parfois de pénétrer jusque dans leur âme.

Avec une passion plus intense encore, parce qu'elle était mêlée de tendresse, notre siècle s'est appliqué à faire revivre les grands écrivains de toutes les littératures, dépositaires du génie des nations, interprètes de la pensée des peuples. Il n'a pas manqué en France d'érudits pour s'occuper de cette tâche; on a publié les œuvres et débrouillé la biographie de ces hommes fameux que nous chérissons comme des ancêtres et qui ont contribué, plus même que les princes et les capitaines, à la formation de la France moderne, pour ne pas dire du monde moderne.

Car c'est là une de nos gloires, l'œuvre de la France a été accomplie moins par les armes que par la pensée, et l'action de notre pays sur le monde a toujours été indépendante de ses triomphes militaires : on l'a vue prépondérante aux heures les plus douloureuses de l'histoire nationale. C'est pourquoi les maîtres esprits de notre littérature intéressent non seulement leurs descendants directs, mais encore une nombreuse postérité européenne éparse au delà des frontières.

Depuis que ces lignes ont été écrites, en avril 1887, la collection a reçu la plus précieuse consécration. L'Académie française a bien voulu lui décerner une médaille d'or sur la fondation Botta. « Parmi les ouvrages présentés à ce concours, a dit M. Camille Doucet dans son rapport, l'Académie avait distingué en première ligne la *Collection des Grands Ecrivains français*.... Cette importante publication ne rentrait pas entièrement dans les conditions du programme, mais elle méritait un témoignage particulier d'estime et de sympathie. L'Académie le lui donne. » (Rapport sur le concours de 1894.)

J.-J. Jusserand.

SAINT-SIMON, par M. *Gaston Boissier*, secrétaire perpétuel de l'Académie française.

RABELAIS, par M. *René Millet.*

J.-J. ROUSSEAU, par M. *Arthur Chuquet*, professeur au Collège de France.

LESAGE, par M. *Eugène Lintilhac.*

DESCARTES, par M. *Alfred Fouillée*, de l'Institut.

VICTOR HUGO, par M. *Léopold Mabilleau*, professeur de Faculté.

ALFRED DE MUSSET, par M. *Arvède Barine.*

JOSEPH DE MAISTRE, par M. *George Cogordan.*

FROISSART, par Mme *Mary Darmesteter.*

DIDEROT, par M. *Joseph Reinach.*

GUIZOT, par M. *A. Bardoux*, de l'Institut.

MONTAIGNE, par M. *Paul Stapfer*, professeur de Faculté.

LA ROCHEFOUCAULD, par M. *J. Bourdeau.*

LACORDAIRE, par M. le comte *d'Haussonville*, de l'Académie française.

ROYER-COLLARD, par M. *E. Spuller.*

LA FONTAINE par M. *G. Lafenestre*, de l'Institut.

MALHERBE, par M. le duc *de Broglie*, de l'Académie française.

BEAUMARCHAIS, par M. *André Hallays.*

MARIVAUX, par M. *Gaston Deschamps.*

RACINE, par M. *G. Larroumet*, de l'Institut.

MÉRIMÉE, par M. *Augustin Filon.*

CORNEILLE, par M. *G. Lanson.*

FLAUBERT, par M. *Émile Faguet*, de l'Académie française.

BOSSUET, par M. *Alfred Rébelliau.*

PASCAL, par M. *É. Boutroux*, membre de l'Institut.

FRANÇOIS VILLON, par M. *G. Paris*, de l'Académie française.

ALEXANDRE DUMAS PÈRE, par M. *Hippolyte Parigot.*

ANDRÉ CHÉNIER, par M. *Émile Faguet*, de l'Académie française.

LA BRUYÈRE, par M. *Morillot*, professeur de Faculté.

FONTENELLE, par M. *Laborde-Milaà.*

CALVIN, par M. *A. Bossert*, inspecteur général de l'Instruction publique.

VOLTAIRE, par *M. G. Lanson.*

LAMARTINE, par *M. René Doumic.*

Chaque volume, format in-16, broché, avec un portrait en héliogravure, 2 fr.

Coulommiers. — Imp. PAUL BRODARD. — 2-07-1600.

LIBRAIRIE HACHETTE ET Cie, 79, BOULEVARD SAINT-GERMAIN, PARIS

BIBLIOTHÈQUE VARIÉE, FORMAT IN-16

A 3 FR. 50 LE VOLUME

HISTOIRE ET DOCUMENTS HISTORIQUES

BOUCHÉ-LECLERCQ, membre de l'Institut : *Leçons d'histoire grecque*....................... 1 vol.

COTTIN *et* **HÉNAULT** (H.) : *Mémoires du sergent Bourgogne*. 2e édit.................. 1 vol.

DAUDET (E.) : *Histoire des conspirations royalistes du Midi sous la Révolution* (1790-93)......... 1 vol.

Le roman d'un Conventionnel. Hérault de Séchelles.......... 1 vol.

La Terreur Blanche........ 1 vol.

DURUY (V.) : *Introduction générale à l'histoire de France*. 4e édition.................... 1 vol.

FUSTEL DE COULANGES, de l'Institut : *La Cité antique*, 18e édition........................ 1 vol.

GAUTHIEZ (P.) : *L'Italie du XVIe siècle. L'Arétin* (1492-1551). 1 vol.

GUIZOT (E.) : *Le duc de Broglie*........................ 1 vol.

Lettres de M. Guizot à sa famille et à ses amis............... 1 vol.

Les années de retraite de M. Guizot (Lettres à Mme Lenormand). 1 vol.

HERVÉ (F.) : *La crise irlandaise depuis la fin du XVIIIe siècle jusqu'à nos jours*............ 1 vol.

LAMARTINE : *Histoire des Girondins*........................ 6 vol.

LANGLOIS (Ch.-V.) et **SEIGNOBOS** (Ch.) : *Introduction aux études h*[illegible] ... 1 vol.

LARCE[illegible] *pilai*[illegible]

LAVIS[illegible] *çaise* [illegible] *Prus*[illegible]

Essais [illegible] *riale*[illegible]

LAVELEYE (E. de) : *La Prusse et l'Autriche depuis Sadowa*. 2 vol.

LÉVY-BRUHL : *L'Allemagne depuis Leibniz*.................. 1 vol.

LUCHAIRE (A.), de l'Institut : *Innocent III. Rome et l'Italie*.. 1 vol.

Innocent III. La Croisade des Albigeois...................... 1 vol.

Innocent III. La Papauté et l'Empire....................... 1 vol.

MONOD (B.) : *Le moine Guibert et son temps*................ 1 vol.

MOUY (Ch. de) : *Discours sur l'histoire de France*........... 1 vol.

PICOT (G.), de l'Institut : *Histoire des États généraux*. 2e édit. 5 vol.

PRÉVOST-PARADOL : *Essai sur l'histoire universelle*. 5e édit. 2 vol.

QUINET (Ed.) : *Œuvres complètes*................... 30 vol. Qui se vendent séparément.

ROUSSET (G.) : *Histoire de la guerre de Crimée*. 2e édit. 1 vol.

SAINT-SIMON : *Scènes et portraits*. 5e édit................. 2 vol.

Mémoires complets et authentiques 22 volumes

TAINE (H.), de l'Académie française : *Les origines de la France contemporaine*.................. 12 vol.

Un séjour en France de 1792 à 1795 : [illegible] d'un témoin de la Révolu[illegible] ... 1 vol.

[illegible] l'empire [illegible] de notre [illegible] ... 1 vol.

[illegible] ... de la [illegible] ... 1 vol.

www.ingramcontent.com/pod-product-compliance
Ingram Content Group UK Ltd.
Pitfield, Milton Keynes, MK11 3LW, UK
UKHW020126220726
13923UKWH00001B/29